홀 로 서 서 함 께 가 는 여 성 을 위 한 상 담 사 례 5 1 가 지

전단향 7

女

중년 여성 이야기

性

신경정신과 전문의 **이근후 지음**

도서출판 **한강수**

중년 여성 이야기

또 한권의 책을 엮으면서

책을 낸다는 것은 참 어려운 일이다.

어렵다는 말은 책이 나오는 과정이 번거롭다는 말도 되겠지만 나의 경우는 그것도 그렇지만 그보단 활자화된 내용이 여러 사람들에게 읽혀진다는 사실이 더 어렵게 느껴진다.

처음 책을 내었을 때는 그런 생각보단 내 글이 활자화되고 예쁜 책으로 탄생한 것에 더 감격해 했었는데 몇 권의 책이 더 나오게 되자 슬그머니 걱정이 앞서기 시작했다.

언젠가 읽은 함석헌 씨의 글에 자신이 쓴 젊었을 때의 글을 모아 책을 내자는 출판사의 요구를 듣고 단호히 거절했었던 경험을 적은 것을 본 적이 있다. 거절의 이유는 그때 자신이 무슨 말을 적어 놓았는지, 지금의 자신이 하는 말과 확연히 다른 소리를 적어 놓은 것은 아닌지, 그런 류의 불안 때문에 거절했으나 어쨌든 당신의 글로 말한 것이니까 설혹 변화는 있다고 하더라도 결국은 당신의 말일테니 물리칠 수만은 없어 출판을 한다는 글을 본 적이 있다.

나는 반대의 경우라고나 할까, 처음 수필집을 낼 땐 나의 전공서적이 아닌 외도로 나의 책을 갖는다는 기쁨이 앞서서 그런 치기에 가려 함 선생 같은 깊은 통찰을 갖지 못했었다. 1970년대 중반 『까치야 까치야』라는 제목으로 대화출판사에서 책을 낸 것이 나로선 처음이었다. 첫 책을 안은 지 20년 가까워 도서출판 한강수의 도움으로 『중년여성 이야기』를 안게 되었다. 그 사이 『임금님의 귀(삼일당)』, 『사랑한다면 증거를 보여줘(보건신문사)』, 『위기의 남자(집현전)』, 『화가 나면 공상을 즐겨라(삼환)』, 『자연의 모자이크』, 『아, 불타여 불타여』 외에 여럿이 함께 낸 수필집도 몇 권 갖게 되었다. 혼자의 이름으로 낸 단행본으로는 여덟 번째 책인 셈이다. 첫번째의 겁없던 기쁨과는 반대로 두려운 기쁨으로 남으니 부끄럽지만 나이탓인가 보다. 두렵지만 기쁨을 감출 수 없는 나의 치기가 나로 하여금 나를 다시 한 번 생각케 만들어 주니 그 또한 기쁜 일이 아니겠는가 하고 자위해 본다.

책을 낼 양으로 미리 작정하고 쓴 원고들이 아니기 때문에 한눈에 들 만큼 짜임새가 있는 것은 아니나, 다시 한번 읽으니 역시 두서는 없지만 줄기차게 하고자 하는 말은 있구나 하는 것을 보면서 함 선생은 첫 책의 출판에서 느꼈던 점을 나는 여덟 권째에 와서야 비슷한 생각을 했으니 사람됨의 차이가 이렇구나 하고 실감했다.

여덟 번째에 비록 부끄러움을 실감했지만 아직도 나의

마음 밑바닥에 숨어있는 치기를 마주하면서 웃음을 흘려본
다.

　여기에 실린 글들은 대부분 월간 『불광』에 몇 년 동안
연재되었던 것들인데 대상이 중년의 여성들이었기 때문에
『중년여성 이야기』로 제목을 삼았으나 넓은 의미에서는 연
령을 제한하지 않고 읽어도 될 것이다.

　연재될 때나 이번에 책으로 엮어져서 나온 책을 대하는
인연이나 인연지워진 모든 분들께 감사드린다.

1994년 6월
원고를 다시 한 번 보면서
저자 이근후

차례

나의 가정, 내 손으로 지킨다

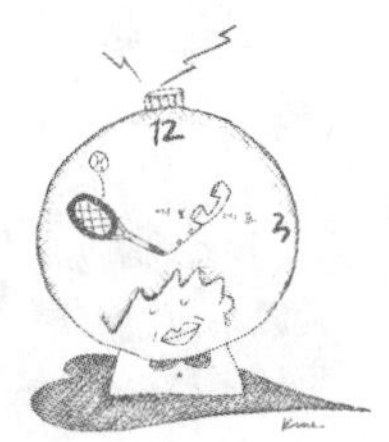

3장

중년의 삶과 나의 행복

1장

사랑을 엮어가는 아내의 지혜

부부는 무촌(無寸)

　　부부, 촌수가 있는 관계일까 촌수가 없는 관계일까. 서로 사랑하여 취하면 가슴을 맞대고 모든 것을 용납하지만 서로가 등을 돌리면 남보다 못한 촌수다. 촌수가 없이 가깝다는 것을 증명해 주는 우리나라 속담으로 "곯아도 젓국이 좋고 늙어도 영감이 좋다."는 말이 있고 나아가선 "내외의 싸움은 칼로 물베기"란 말도 있다. 사람이 아무리 늙어도 배우자만한 이가 없고 서로 원수처럼 싸울 때도 있지만 그 또한 흔적도 없이 곧 화합을 하니 가까운 사이가 아니고선 보기 힘든 행동들이다.

　　반면에 백년 원수 같다는 시각도 있다. 역시 프랑스의 속담에 "하느님이 사람을 만들고 악마가 부부를 만든다."거나 "귀머거리 남편과 눈 먼 아내가 가장 행복한 부부"라는 역설적인 덴마크의 속담도 있는 것을 보면 부부가 만만찮은 촌수를 지니고 있음이 분명하다. 그래서 부부는 가까

사랑을 엮어가는 아내의 지혜

울 땐 가까워서 무촌이지만 서로 헤어지고 나면 남남이 되니깐 또한 무촌인 관계다.

부부가 일생을 두고 행복하게 살아가고자 원하지만 이런 소망은 그냥 결혼을 했다고 해서 자연적으로 이루어지는 것이 아니다. 부부란 두 개의 반신이 되는 것이 아니고 하나의 전체가 되는 것이기 때문에 그 하나로 융해되어 새롭게 태어나자면 그만큼의 진통은 너나없이 겪게 마련이다.

버트런드 럿셀이 갈파한 한 문장을 소개해 본다.

"결혼에서 누가 고통을 주는 자가 되고 누가 고통을 받는 자가 될 것인가. 경쟁하는 것을 보면 끔찍해집니다. 대개 2~3년이면 그 문제가 정해지고 그것이 정해진 연후에는 하나는 행복을 다른 하나는 덕을 갖게 됩니다. 그래서 고통을 주는 자는 능청스럽게 웃으면서 결혼생활의 행복을 이야기하고 희생자는 더 나쁜 사태를 두려워해서 처참한 동의를 미소로 표현합니다."

부부 간의 힘의 역동이 어디로 작용하며 치우치느냐에 따라서 행복을 느끼는 자, 덕을 갖게 되는 자로 나뉘어진다는 뜻이다. 이런 힘의 역동성은 물론 부부 각자의 인격의 잠재된 정서 양식과 무관하지 않다. 성격이 발달한 바탕이 다르고 그 성격을 바탕으로 배우자에게 희구하는 욕구가 서로 다르다. 이런 서로 다른 욕구가 사랑이라는 이름 아래 서로 결합하지만 상충된 욕구로 인해 발생하는 갈등은 한쪽은 행복을 다른 한쪽은 덕을 남길 수도 있다. 여기에 까지 이르지도 못하는 부부는 상충된 갈등의 폭을 좁히지 못하고 영영 남인 무촌 관계로 갈라서고 만다. 두 사람 사이의 갈등이 심화되어 적개심으로 팽배되어 있다면 오히려 남보다 못한 상태이다.

바람직한 부부 생활을 어떻게 꾸려볼까 하는 소망은 부부이면 누구에게나 있는 것이지만 실상 '어떻게'하는 방법론에선 왕도가 없다. 이는 그만큼 개개인이 갖는 성격상의 감정양식이 다르기 때문에 규격화하여 설명하기가 어렵다는 뜻일 뿐 방법이 없는 것은 아니다. 만일 방법이 없다면 얼마나 많은 부부들이 막다른 벼랑에 서서 남남이 되겠는가.

첫째, 부부생활을 평생 지속시켜야 한다는 전제를 가져야 한다. 부부 간에 갈등이 심화되면 쌍방이 서로 '이 사람과 만나지 않았었다면….'하는 상상에 쉽게 빠져든다. 만일 그렇다면 '지금보다는 나은 부부 생활을 할 수도 있지 않았을까'하는 공식을 쉽게 믿으려고 한다. 그렇지만 부부 관계를 평생토록 지속시켜야겠다는 확고한 의지가 있다면 어떤 심각한 갈등도 융해될 수 있기 때문에 우선 쌍방이 그런 의지를 분명히 할 필요가 있다.

둘째로는 부부의 상호관계성을 헤아려야 한다. 결혼이란 두 사람이 모여 이루는 최소의 사회적 단위이기 때문에 어느 한쪽의 일방적인 욕구대로 흘러가지 못한다. 럿셀이 지적했듯이 힘의 흐름에 따라 평형이 잡혀가는 것이다. 결혼

사랑을 엮어가는 아내의 지혜

의 배우자를 자신의 욕구를 충족시키는 대상으로만 생각한다면 그것은 이미 배우자가 아니다. 노예이거나 꼭두각시에 불과할 뿐이다. 내가 배우자에게 갖는 욕구와 기대가 있다면 당연히 배우자도 나에게 욕구와 기대를 갖게 마련이다. 그렇기 때문에 나의 욕구를 충족하는 대신에 배우자가 원하는 욕구를 충족시켜 주어야 할 의무가 생긴다.

나는 나의 욕구대로 충족하고 내가 충족시켜 주어야 할 희생은 감수하지 않는다면 진정한 부부관계라고 할 수가 없다. 결혼은 부부관계에서 발생하는 갈등과 부담을 최소화할수록 가까운 촌수가 되고 최소화에 실패한다면 먼 촌수가 되고 말 것이다. 이런 의무적인 노력은 쌍방에게 공평하게 부여되는 부담이라고 말할 수 있겠다.

셋째로는 서로의 약속을 지켜야 한다. 부부가 된다는 것은 사랑을 바탕으로 한 친밀감의 결실이기도 한데 종종 혼외정사와 같은 약속 위반 때문에 친밀감을 상실할 때가 있다. 아무리 타인과 친밀한 관계에 있다고 하더라도 배우자와의 성관계 이외의 성관계는 배타적이어야 한다. 이런 서약은 결혼을 할 때 묵시적으로 서로 하게 된다. 결혼이란 사회적 관습이 이미 타인과의 성에 대한 배타성을 강력히 요구하고 있으며 부부 서로는 이를 지키겠다고 약속을 한 것이다. 혼외정사는 대개 모든 갈래의 갈등을 오로지 성적 행동으로만 풀어가려고 할 때 발생하기 쉬운 행동이란 것을 간과하지 말아야 한다.

넷째로는 부부간의 합의점 또는 관계에서 발생하는 결과는 공평하게 공유해야 한다. 내 몫이다, 네 몫이다 하고 따질 것은 아니지만 결과는 언제나 공유해야 한다. 흔히 예식장에 선 부부에게 이르는 말로 '즐거울 때나 슬플 때나' 언제나 함께 할 것을 당부하지만 결과를 공평하게 공유하지는 못하는 것 같다. 이런 부부 사이의 괴리는 갈등을 더욱 심화시키거나 결혼 자체를 평생 지속시킬 가치가 있는 것일까 하는 의문에 쉽게 빠져 들게 만든다.

마지막으로 한 가지 덧붙인다면 대화를 통해 서로를 읽을 수 있어야 한다. 오랜 결혼 생활에도 불구하고 배우자가 나에게 무슨 메시지를 보내는지조차 알 수 없다면 부부 관계를 바람직하게 이끌어 갈 수가 없다. 표정이나 손짓, 몸짓, 행동 등은 말이 아니더라도 의미를 지니는 것이기 때문에 그 뒤에 숨어 있는 뜻을 이해하는 데 쌍방이 노력해야 한다. 부부 사이에만 중계되는 특수한 주파수를 맞추어 놓아야 한다는 뜻이다. 부부 관계는 일반적이고 사전적인 의미만을 지니는 언어뿐만 아니라 그들 두 사람만의 은밀한 언어도 갖고 있어야만 한다.

'척하면 척'하는 관계는 역시 비언어적 또는 언어적 교통을 통해 두 사람만이 가꾸어야 할 과제이다.

사랑을 엮어가는 아내의 지혜

갈등 있는 부부가 행복하다

세상에 촌수가 있고도 없는 관계가 있다면 그 관계가 부부 관계다. 서로 금슬이 좋아서 아낌없이 주고 받을 때는 그럴 수 없이 좋은 사이이지만 어떤 갈등으로 연유해서 틈이 벌어지기 시작하면 그것은 부부가 아니라 원수다. 남이라면 그러려니 하고 지나칠 것도 부부이기 때문에 더 즐겁고 부부이기 때문에 더 갈등스러운 것이다. 이런 정서적 깊이 때문에 상처 또한 다른 관계에 비길 바가 못된다. 그래서 밀접할 땐 무촌이지만 이미 틈이 생겨 균열이 심각하면 오히려 남보다 못하게 되는 것이다.

인간관계를 보면 어떤 관계에서나 소망스러운 관계만 있는 것은 아니다. 나 자신의 성격이나 배우자의 성격으로 인해 부딪치는 갈등이 있을 수 있고, 아니면 서로는 바람직한 관계가 유지된다고 하더라도 가족과 주변상황 때문에 갈등이 유발되는 경우도 얼마든지 있다. 이도 저도 아니면 각 개인의 내면적 문제 때문에 상황에 관계없이 갈등이 이어질 수도 있다.

근래 들어 현대사회의 다양한 가치관이 수용되기 시작하면서 갈등의 양상이나 깊이도 다양화되기 시작했다. 과거의 가치관으로 보면 하나도 갈등을 유발할 이유가 되지 못하는 것이라도 현대사회가 지니는 다양성 때문에 문제로 제기되기도 한다. 과거 같으면 가족 전체에 묻혀 지나갈 갈등도 현대 가족제도 하에서는 부부 간의 중심적 친밀성 때문에 노출되고 마는 경우도 허다하다. 그래서 부부 관계에서의 갈등이 양적으로 증가한 것은 사실이지만 이 증가 자체도 사회적 변화에 따른 노출일 뿐, 없었던 갈등이 새삼스레 나타나는 것은 아니라고 보여진다. 짧은 지면에 일일이 갈등 자체를 설명하기보다는 어떻게 부부 갈등을 긍정적으로 해소시킬 수 있을 것인지에 초점을 맞추어 보고 싶다.

우선 부부 갈등은 누구에게나 있다는 것을 인정해야 한다. 불행한 부부에게만 갈등이 있고 행복한 부부에겐 갈등이 없다는 생각은 잘못된 생각이다. 어떤 부부에게나 갈등은 있으며 그것을 어떻게 잘 풀어나가는가 하는 과정이 다를 뿐이다. 그 과정이 긍정적인가 부정적인가에 따라서 부부 관계의 질적 수준이 결정된다.

다음으로 유의해야 할 것은 부부 중심적이어야 한다는 것이다. 흔히는 자녀를 중심으로 또는 부모를 중심으로 가

사랑을 엮어가는 아내의 지혜

족이 이루어지지만, 현대 가족제도 하에선 부부가 가족의
중심적 주체로 확립되어 있지 않으면 갈등이 심화된다. 주
체적이고 확고한 부부 관계를 바탕으로 부모와 또는 자녀
와, 넓게는 가족 이웃과의 관계가 성립되어야지 반대로 밖
의 관계가 주가 되고 부부 관계가 부수적인 것이라면 아무
리 다른 관계에서 만족할 만한 성취감이 있더라도 갈등은
팽배하기 마련이다. 바로 부부 관계가 가장 중심 관계라는
것을 인식해야 한다.

성관계도 대단히 중요한 관계다. 흔히 성관계는 있어도
그만 없어도 그만인 것처럼 표현하는 사람들이 많다. 그런
데 사실 이 성관계야말로 부부 관계에서 가장 기본적이고
빼놓을 수 없는 관계인데 드러내 놓고 말하기 어렵다는 이
유 하나만으로 억압하거나 왜곡하기 쉽다. 다른 어떤 관계
에서도 허용되지 않는 이 성관계는 부부 관계에서만 허용
할 뿐 가장 배타적인 관계 가운데 하나이다. 성적 관계는
자녀의 생산과 연관된 생식기능뿐 아니라 성적 화합을 통
해 주관적인 만족감을 만끽할 수 있는 것으로 그래야만 갈
등이 줄어든다. 서로 성적 관계를 밝게 논의하고 합의하여
실현함으로써 성적 편견과 억압으로 인해 발생할 수 있는
갈등을 완화시킬 수 있다면 상대적으로 만족감과 행복감을
증진시킬 수 있을 것이다.

처음부터 천생연분이 따로 존재하는 것은 아니다. 그 말
은 각 개인이 배우자로서 성숙한 완성된 인격체일 수만은

없다는 뜻이다. 서로 미완성인 채로 만나 새로운 한 단위의 부부를 창조해 나가지 않으면 안되는데 이 창조는 부부 서로가 길들이고 길듦으로써 이루어지는 것이다. 어떤 형태의 만남을 통한 부부라도 그 부부는 자신들의 결혼 생활을 행복하게 영위해 나가기 위해 노력해야 한다는 충고는 결국 서로 맞추고 길들여져야 한다는 내용을 강하게 담고 있다.

'내가 길들여져야 한다고?' 그렇게 생각하면 강한 저항감이 누구에게나 생길 것이다. '내가 배우자를 길들여야지!' 이 말은 누구에게나 저항감을 줄여줄 것이다. 하지만 부부는 어느 한쪽이 다른 한쪽을 길들이는 것만으로 유지할 수 없으며 반대로 길들여지는 것만으로도 유지되지 않는다. 말하자면 서로 독립적이면서 상호의존적인 관계로서, 내가 상대방에게 맞추어야 할 것이 무엇이며 상대방을 나에게 맞추어야 할 것이 무엇인가를 함께 생각할 때 부부 갈등은 최소화된다.

"우리는 지금까지 한번도 다퉈 보지 못했는데 그만큼 갈등이 없어서일까요?" 만약 이런 의문을 가진 부부가 있다면 갈등이 없는 것이 아니라 갈등 상황에 직면하기를 그만큼 두려워하고 있지 않았는지를 한번쯤 생각해 볼 일이다.

다툼은 합의를 전제한 과정이다. 갈등을 해소하기 위해서, 서로 상반된 욕구를 접근시키기 위해 서로의 주장이 다를 수가 있다. 다른 욕구 수준을 다툼을 통해 합의하고

사랑을 엮어가는 아내의 지혜

서로 나눔으로써 부부 공통의 것으로 만들어 맞추어나가느
냐, 아니면 다툼을 통해 자신의 공격적 욕구를 충족시킴으
로써 합의를 회피할 것인가에 따라서 결과는 엄청나게 달
라진다. 전자가 어려운 갈등을 극복하여 새로운 성취에 도
달할 수 있다면 후자는 서로 파괴적인 행동 때문에 심화된
갈등을 겪게 될 것이다.

부부가 겪는 갈등은 부부 개개인의 개별성이 강하기 때
문에 교과서에 실린 해결책처럼 왕도가 따로 있을 순 없겠
다. 하지만 갈등은 어떤 부부에게나 존재하므로 이를 피하
지 말며 제때 제때에 직면할 수 있다면 그렇지 못한 부부
에 비해 갈등 해소 가능성은 훨씬 높다는 것을 인식하자.

기왕 직면할 수 있는 부부 상호간의 용기가 있다면 다툼
을 통해 합의에 이르고 합의에 이른 결과를 함께 노력해서
실현하는 행동으로도 옮겨보자. 우리가 머리로는 알았다
하지만 몸으로 행동화하긴 쉬운 일이 아니다. 때문에 한
번 하고 두 번 하고 자주 그러는 사이에 부부 갈등을 긍정
적으로 해결하는 습관이 몸에 익숙하게 배야 한다. 이런
익숙함이 몸에 밴 부부는 겉으로나 속으로나 잘 맞추어진
부부라고 할 수가 있겠고 잘 맞추어진 부부는 어떤 갈등
상황이라도 어려움을 함께할 것이며 긍정적으로 풀어가는
저력이 훨씬 강할 것이다. 이런 부부가 행복한 부부다.

부부 간 주파수를 맞춰라

부부는 좋을 때 부부이지 등 돌리면 남이다. 남은 내가 상관하지 않으면 될 일이지만 부부사이였던 사람이 남이 되면 서로 미워하는 마음 때문에 자신의 건강도 해치게 된다.

사람이 모여 살면서 언제나 좋은 일만 생기라는 법도 없고 보면 일생을 같이 하는 부부 사이에 문제가 어찌 없겠는가. 거꾸로 생각하면 문제가 없는 부부가 되레 이상한 문제를 지닌 부부라고 할 수 있다.

며칠 전에도 주례를 섰다. 앞에선 한쌍의 부부, 행복해 보이는 표정, 어떤 어려움도 쉽게 극복할 것 같은 맹세.

"이제 잘 살아보세요, 재미있게도 사세요. 그리고 모든 과정을 통해 행복도 만끽하시길 바랍니다."

이런 주례사를 통해 당부를 했더니 그 부부는 연신 고개를 끄덕이면서 그렇게 살아 보겠노라고 내게 다짐해 주었

사랑을 엮어가는 아내의 지혜

다. 어느 부부인들 결혼식에서 그런 다짐을 하지 않았으랴만 뒤안길을 보면 그런 다짐들이 꼭이 마음에 새겨진 것 같지만도 않은 것 같다. 무엇이 저토록 맞지 않기에 심지어는 헤어지기까지 하는 것일까. 서로 헤아림을 통해 해결할 수 있는 것은 아닌지…. 남이 보긴 아쉽지만 당사자들은 나름대로 어려운 고통이 있었을 것이다.

많은 교과서들은 부부 문제에 있어서 한몸 되기를 권하면서 흔한 말로 성공과 실패를 함께 나누고 기쁠 때나 슬플 때나 희망과 두려움을 공유하는 부부가 되도록 권유하고 있다. 작든 크든 부부 간의 문제를 잘 해결한다고 하는 것은 바람직한 부부관계를 이루는 첩경이다.

'이렇게 한번 해보자'하는 적극적인 사고와 행동을 우리가 선택한다면 적어도 무모한 결혼생활의 문제는 일으키지 않을 것이다. 함께 생각해 보자.

먼저 부부생활을 바람직하게 이끌어 나가기 위해선 부부 서로가 이를 수용할 수 있는 자세가 필요하다. 부부생활을 원만히 해나가기 위한 태세 갖추기라고 할까…. 우선 결혼하면 종전의 독신 시절에 지녔던 자세에서 부부 중심 자세로 전환하는 것이 필요하다. 독신이었을 때는 각자 자기 가족 내에서 부모-자녀 관계로만 관계지웠지만 결혼은 새로운 부부관계를 요구하기 때문에 자녀로서의 자세만 가지고는 해내기 어렵다.

부모로부터 떠나서 배우자와 만나 한몸을 이루는 변화에

적응할 수 있는 자세의 변화가 꼭 필요하다. 부모로부터의 분리가 전제되지 않으면 배우자와의 결합이 잘 이루어지지 못한다. 부모와의 분리는 정서적인 성숙이 바탕이 되어 이루어져야 하는 필연적인 과정이다.

두번째로는 부부가 된 서로를 통해 의사소통하는 방법을 익혀야 한다. 흔히 대화라고 표현되는 이 과정은 서로 다른 가족 문화 배경을 좁히는 손쉬운 방법이 된다. 누가 말을 하면 못 알아들을까만 부부 간 대화는 이런 사전적인 용어의 뜻만으로가 아니고 부부 둘만이 통하는 부부 간의 언어를 가지고 있어야 한다. '툭하면 척'할 수 있는 비언어적 소통까지 포함하여 부부 서로의 대화 주파수 맞추기를 해야 한다.

아무리 절차상 한몸이 되었다고 해도 의사소통에 장애가 있으면 심각한 문제를 야기시킨다. 많은 부부 문제를 상담하다 보면 의외로 이 의사소통이 잘못되어 일어나는 의사소통 불일치가 장애요인으로 부각될 때가 많다. 부부는 서로 자신의 메시지를 전하는 방법도 강구해야 하겠지만, 상대방의 메시지를 굴절없이 올바르게 수용하는 것도 알아야 한다.

"마누라가 그런 생각을 하고 있는지는 몰랐는데요."

진찰실에서 처음 듣는다고 말하는 남편에게 부인은 으레, "제가 어디 한두 번 말했나요? 도무지 듣질 않아요."라고 말할 때가 있다. 사실 그렇다. 말을 하는 쪽에선 여러

사랑을 엮어가는 아내의 지혜

번 발신을 했지만 배우자가 그 발신을 의미있게 수용하지 못했으니까 의사소통에 장애가 온 것이다. 마음속으로 아무리 배우자를 사랑하고 있으면 무슨 소용이 있겠는가. 그 사랑이 말로든 행동으로든 그 부부 특유의 방법으로 전해져야 그게 사랑이다.

세번째로는 부부는 서로 자기 중심적인 사고, 행동체계에서 벗어나 타인 중심적인 자세가 되어야 한다. 인간은 완벽하거나 철저히 독립적인 존재가 아니기 때문에 타인으로부터 욕구 보충적인 바람을 갖는다. 사랑한다는 한마디로 끝없이 나만을 생각해 달라면 그것은 자기 중심적이다. 나는 내가 원하는 욕구를 배우자로부터 충족하고 배우자가 원하는 욕구는 나의 희생과 봉사로써 충족시켜 주어야 한다.

그래서 사랑이란 주고 받으면서 가꾸고 키워나가야 하는 것인데 이런 사랑 가꾸기엔 달콤한 '받음'만 있는 것이 아니다. 때론 고통스런 '줌'이 있어야 한다. 잘 가꾸어진 사랑의 자세에는 타인 중심적이며 이타적이며 인내와 봉사가 있어야 한다. 이런 자세가 없이 배우자를 내 마음속에만 묶어 두려거나 아니면 반대로 나를 배우자의 마음속에만 안주시키려는 것은 그만큼 자기중심적이고 미숙한 사랑이라 하겠다.

네번째로는 부부의 주변에서 여러 가지 일어날 수 있는 대인관계의 긴장을 해소시킬 수 있는 능력을 갖출 일이다.

부부 사이에는 부부 간 성문제, 역할의 문제, 종교나 이념, 인생관, 가치관, 욕구 등의 상이점에서 발생되는 다양한 긴장이 있다. 이런 상이점이 상호 대화나 노력에 의해 이완되지 못한다면 바람직한 부부관계를 형성시킬 수가 없다.

마지막으로 한 가지 덧붙이고 싶은 것은 아무리 금실이 좋은 부부라고 해도 권태는 있게 마련이다. 이런 권태는 개인이 지니는 생활리듬과도 관계가 있지만 둘이서 한몸이 되는 과정에서도 역시 있게 마련이다. 리듬에는 포지티브한 면도 있지만 네거티브한 면도 있다. 이런 율동적 생활부침 속에서 부부는 쌍방이 개선시키고자 하는 노력을 해야 할 의무가 있다. 여기에서 의무라고 못박는 뜻은 개선을 위한 노력도 해보지 않고, 아니면 자기중심적인 의존만을 내세워 잘못이 상대방에게만 있다고 미루어선 안된다는 뜻이다. 권태는 어쩌면 금 갈지도 모를 부부관계를 다시 한번 챙겨보라는 경고 신호로서 의미있게 받아 들여야 한다.

우선 한번 해보자. 부부관계를 부정적으로 가로막을지 모를 이런 요인들을 적극적인 자세로 극복하는 노력을 해보자. 해보고 안 되는 것은 그때 다시 생각하면 될 일인데 적극적인 실현을 미루고 '어떻게 하면 바람직할까'를 밑도 끝도 없이 생각만 한다면 그 또한 부부관계를 수렁에 빠뜨리는 요인이 된다.

대화하는 방법

　부부가 인척일까, 아니면 전혀 남일까? 이런 의문은 의문으로서 가치있는 주제는 아니지만, 병원의 외래를 찾아온 부부의 문제를 중재하다보면 그런 부질없는 의문도 들게 된다.

　좋을 때는 촌수조차 없이 가까운 사이지만 관계가 깨어지고 보면 남보다 못한 게 부부다. 남은 차라리 남이기 때문에 상관하지 않으면 될 일인데 부부는 부부이기 때문에 오히려 남보다 못한 것이다. 가히 원수나 다를 바 없다.

　결혼할 때는 누구나 주례로부터 좋을 때나 궂을 때나 일생토록 서로 사랑하고 양해할 것을 서약하지만 관계가 악화되면 그런 약속쯤은 아예 없었던 것으로 여기거나 서로 약속을 어겼노라고 다투기도 한다. 부부간의 대화가 그래서 중요하다고 하지만 정작 대화와는 거리가 멀게 살아가는 부부들이 많다.

“사람을 볼 수 있어야 말을 나누어 보지 않겠어요?”

남편과 의논을 해보라고 권하면, 모르면 잠자코나 있으란 표정을 지으면서 그렇게 말한다.

“말을 하면 말을 듣나요?”

그런 말을 하는 주부도 있다. 너나 지껄여라 하고 딴전만 피우니 말하는 자신이 제풀에 꺾여 지쳐버린다고 말하는 주부도 있다. 어떤 경우이든 외래의 문진에서 잘 듣고 보면 실제의 경우 그대로를 말하는 것이 아닌, 자신의 감정을 보태어 표현하기 때문에 신뢰도가 떨어질 때가 많다. 말하자면 자신의 정당성을 확신시키기 위해 조금은 과장하거나 상대방의 반응을 생략해 버리고 이야기하는 경우가 많다는 뜻이다.

사실 대화라고 하는 것은 내가 말해서 전하고 싶은 내용을 잘 정리해서 전하고 또 그에 대한 상대방의 반응을 찬찬히 듣다보면 이해가 안 될 일이 이론상 전혀 없다고 할 수 있겠다. 그러나 말이 어디 이론대로 그런가.

우리 속담에 “말은 ‘아’ 다르고 ‘어’ 다르다.”는 말이 있듯이 말은 그 말의 의미보다는 그 말의 말초적인 감각에 의해서 들을 수도 듣기를 거부할 수도 있는 묘한 것이다. 친한 사람으로부터 듣는 말과 원수 같은 사람으로부터 듣는 말은 같은 내용의 말이라도 듣기도 다르려니와 새기는 뜻도 다르다. 이런 사정을 염두에 둔다면 대화 가운데 가장 뜻과 기술을 요하는 것이 바로 부부간의 대화가 아닐까

사랑을 엮어가는 아내의 지혜

생각된다.

　부부 간의 여러 형태의 대화 곤란 때문에 부부 생활 자체가 어려운 경우도 많다. 어떤 형태든 부부 간의 대화의 막힘이나 갈등 때문에 어려움을 겪는 부부들을 위해 이를 해결해 볼 수 있는 요체 몇 가지를 소개해 본다.

　첫째, 부부 간의 대화가 막힌 경험을 가지면 내가 나의 배우자를 잘 알고 있는가 하는 문제를 검토해 보자. 부부 간에 서로를 모르고 부부 생활을 하고 있지는 않겠지만 정말로 ‘올바르게’ 알고 있는가 하는 것이 초점이다. 부부 간의 대화에 결함이 있는 사람은 대개 자신의 배우자를 피상적으로 알고 있거나 자신의 욕구대로 주관적인 배우자상을 고집하는 사람이다. 배우자를 올바르게 안다는 것은 어떻게 배우자를 대해야 할까를 바르게 아는 사람이다. 바르게 아는 사람은 대화가 막히지 않는다.

　둘째, 사람이나 사물을 보는 잣대를 자기 것만이 옳다고 하는 고집을 피우지 말아야 한다. 고집을 피우면 그 고집이 싫어서 동의해 주는 듯 보이지만 그것은 진정한 대화가 아니다. 진정한 대화는 합의에 의한 새로운 이해이기 때문에 부부가 함께 갖는 잣대가 필요하다. 그래서 이런 잣대를 함께 만들어 나가기 위해서는 듣고 말하고, 그렇게 해서 나온 동의를 약속하는 과정이 필요하다. 이런 과정이 번거롭고 고통스럽다고 피해 버린다면 대화는 항상 막히고 말 것이다.

셋째, 대화는 상호적인 것이며 일방통행적인 것이 아니라는 사실을 인식하자. 일방통행적인 말은 명령이거나 설교거나 잔소리일 뿐 대화는 아니다. 상대방을 항복시켜 내가 생각하고 있는대로 고치려 들어서는 안된다. 대화는 고치는 것이 아니라 이미 서로가 갖고 있는 긍정적인 공통성을 찾아 서로가 양해하는 작업이다. 긍정적인 공통성의 확대가 바로 대화이다.

넷째, 부부 사이의 사랑이 밑바탕이 되어야 한다. 이런 평범한 지적이 말로는 쉽지만 실제 결혼 생활에서 실현이 어려운 것은 부부는 으레 사랑이 전제된다는 착각 때문에 그렇다. 부부 간의 사랑은 서로가 소중하게 가꾸려는 동기가 있을 때 확인되어지는 것이지 결혼이라는 형식만을 통해 자연발생적으로 생성되는 것은 아니다. 사랑을 가꾸는 방법으로서 대화는 대단히 중요하며, 이런 대화는 일반인 사이에서 오고 가는 실천적 언어가 아니라 두 사람 사이에서만 신속히 그리고 진솔하게 이해되는 언어여야 한다. 두 사람만의 언어가 풍부하고 합의가 빠를수록 대화는 막히지 않는다.

다섯째, 자신이 말하지 않더라도 알아서 배우자가 척척 해주기를 바라는 마음을 버리자. 이론적으로 부부 대화는 한마디도 하지 않더라도 척하면 척하고 알아들을 수 있는 게 제일 좋다. 하지만 서로 범속한 사람이 만나 살아가는 관계에서 이처럼 도 통한 것 같은 관계를 유지하기란 대단히 어렵다. 그렇기 때문에 자신의 욕구도 밝히고 배우자의 욕구도 듣는 방편을 써보자. 내가 말하지 않았는데 어떻게 상대방이 알아서 하겠는가. 마찬가지로 상대방이 나에게 아무런 어려움 없이 자신의 욕구를 자유롭게 표현할 수 있도록 수용해야 한다. 서로 자신의 욕구를 주문해 보자.

여섯째, 대화의 중심이 현재, 그리고 문제 중심이면 대화가 잘 풀린다. 그리고 핵심이 있어야 한다. 말은 많이 했지만 무슨 말을 했는지 무슨 말을 들었는지 종잡을 수 없다면 이미 대화가 아니다. 흔히 한 문제에 대해서 이야기를 나누다가 '그 전에도…' '당신은 항상…' 이런 말로 핵심을 흐릴 때가 있다. 말이란 듣기에 따라서 아무리 옳은 말이라도 가시처럼 걸려 싫을 때도 있다. 항상 대화하고자 하는 문제의 핵심을 따라 현재를 벗어나지 않는다면 대화는 어렵지 않게 나눌 수 있다.

일곱째, 상대방의 자존심을 고려해야 한다. 화가 나서 말로 뱉는 쪽에선 자신의 감정을 못이겨 마음에도 없는 말을 하게 될 때가 있다. 하고 나면 속은 좀 후련해질는지 모르지만 그 말의 독은 상대방 가슴에 박혀 오래오래 가슴을 앓게 만든다. 말을 하지 않은 것만 못한 결과를 빚는다. 아무리 극한 상태라도 해도 될 말과 해서는 아니될 말을 가릴 줄 알아야 하며 그 가운데서도 가장 중요한 것이 배우자의 자존심을 긁는 말은 피해야 한다는 것이다.

여덟째, 대화라고 하면 꼭 소리 나는 말이 오고 가야 대화라고 생각하는데 그렇지 않다. 소리가 아니더라도 표정, 태도, 몸짓… 등 우리 몸으로 표현되는 여러 가지도 비언어적 교통수단이 된다. 백 마디의 말보다 한 번 던져 주는 시선, 백 마디의 수다보다 믿음을 이끌어 내는 자세 등이 비언어적인 언어로서 대단히 중요하다. 이러한 모든 것이 다 소중한 말이다.

마지막으로 부부는 모든 대화 가운데 다른 누구에게도 허용되지 않는 두 부부 사이에서만의 대화를 적극적이고 활기차게 활용할 필요가 있다. 타인에게는 배타적이지만 부부에게만은 법률적으로 윤리적으로 모든 면에서 허용되고 장려되는 대화가 바로 성적 대화다. 부부 간의 성적 대화는 언어적인 것이나 실제의 부부 생활을 통한 비언어적 행동이나 모두가 중요하다. 성적 실현이 부부 사이에 막힌다는 것은 어떤 대화의 막힘보다 심각한 갈등을 빚는다는 것을 염두에 두자.

그렇다면 이쯤에서 어떻게 대화를 나누는 것이 바람직할까 하는 의문이 제기되지만 이 역시 절대적인 왕도가 있을 수는 없다. 각 개인의 성격이 다르고 말을 수용하는 감정적인 배경이 다르기 때문이다. 이런 각기 다양한 이질성은 여기에서 접어두고 일반적으로 공통된 대화의 요체 같은 것을 생각해 볼 수는 있을 것이다.

첫째 관심이 있어야 한다. 부부 간에 관심을 갖지 않고 어떻게 살까 싶겠지만 의외로 관심이 적은 부부들이 적지 않다. 서로 사랑한다, 어쩐다 말은 하면서도 정작 상대방에게 관심을 기울이지는 않는다. 관심이라고 하는 것은 곁에 없으면 지금쯤 무엇을 하고 있을까 하는 궁금증이랄 수도 있다. 있어도 그만 없어도 그만인 것은 관심이 아니다. 그래서 상대 배우자에게 관심 갖지 않으면 상대방이 무엇을 나에게 전하려고 하는지 알 수가 없게 된다. 부부는 일거수 일투족에 대한 관심이 있어야 한다.

"여보, 나 변한 거 없어요?" 아내가 이런 물음을 던질 때 자신에게 관심이 있는지 없는지의 여부를 확인하고 싶을 때 하게 되는 질문이다. 대화를 나누고 싶어 보내는 신호이다. 이럴 때 관심있는 부부는 금방 알아차린다.

"뭐가 변해 변하긴." 만일 그런 대답을 듣게 되는 주부는 그 다음 말을 이어갈 의욕을 잃고 만다. 예민한 주부는 저런 사람하고 내가 일생을 함께 살 가치가 있을 것인가 하고 상상을 넓혀 나간다.

둘째로는 관심이 있다면 듣고 말하는 것을 익혀야 한다. 벙어리나 귀머거리가 아닌 이상 누가 말 못하고 말을 못 들으랴 싶지만 그게 그렇지 않다. '듣고 말하기'를 익히거나 '말하고 듣기'를 익히지 않으면 안 된다. 내가 하고 싶은 말을 전하고는 상대방이 나에게 하고자 하는 말도 함께 들어야 한다. 상대방의 말을 듣고 나면 내가 하고 싶은 말을 전할 줄도 알아야 한다. 그래서 대화란 말을 주고 받는 것이다. 말만 주고 답을 듣지 않으면 그것은 일방통행적인 것으로 훈시나 독백일 뿐 대화라고 하긴 어렵다. 서로 양 방적으로 의사를 표명하고 수용하는 것을 익혀야 한다.

셋째로는 말의 뜻을 새겨들을 줄 알아야 한다. 말의 뜻은 사전적인 의미만 있는 것이 아니다. 낱말에 숨어 있는 말맛이란 게 있다. 이런 말맛이나 말투는 부부가 살아가면서 서로를 익히는 과정에서 이해된다. 이런 이해가 낮으면 의사소통은 매끄럽지가 못하다. 일생을 살아가면서 기계적인 대화 이외에는 하기가 어려울 것이다.

넷째로는 사이클이 맞아야 한다. 소위 주파수가 맞지 않으면 동문서답하게 되고 그 결과 오해를 많이 일으키게 된다. 내가 하고자 하는 말과 이를 받아 수용하고 이해하는 배우자의 주파수가 맞아야 한다. 무전기의 주파수가 틀리면 아무리 송수신을 열심히 하여도 통화가 불가능한 것과 마찬가지 이치다.

다섯째, 대화는 합의점을 구하는 수단이어야 한다. 그냥 옛이야기나 나누는 추억담이면 몰라도 어떤 문제의 해결이나 갈등의 해소를 위한 대화라면 합의점을 구하는 공동의 목표가 있어야 한다. 이런 공동의 목표는 완전히 어느 한쪽의 주장만이 옳고 그르다는 이분법적 사고로는 구하기가 어렵다. 대화는 서로 나누는 것이므로 때로는 넘치고 모자람을 서로가 양해해야 한다.

여섯째로는 앙금은 될 수 있는 대로 남기지 말아야겠다. 대화를 통해 합일점에 도달하고 서로 양해된 수준을 준수

사랑을 엮어가는 아내의 지혜

하다가도 불쑥 화가 나면 새삼스럽게 재탕 삼탕 논의할 때가 있다. 그것은 앙금이 지워지지 않았기 때문이다. 앙금이 남았다는 것은 그만큼 대화를 소홀히 했거나 대충대충 표피적인 것만을 함으로써 핵심적인 대화를 나누지 못했다는 증거도 된다. 한번 논의되어 마무리된 갈등의 수습은 일사부재리 원칙처럼 또다른 결정적인 갈등 요인이 반복하지 않는 한 재론한다는 것은 대화에 있어서 반칙이나 다름없다.

마지막으로 한 가지 덧붙이고 싶은 것은 무엇보다도 부부 간의 관계이다. 이 관계는 신뢰와 사랑이 바탕이 되어야 한다.

부부에게 이런 바탕이 없으면 남보다 못하다는 것을 서두에 적은 바 있다. "천냥 빚도 말로 갚는다."는 말이나 "가는 말이 고와야 오는 말도 곱다."는 등 대화의 바탕에는 정서적인 문제가 아주 민감하게 영향을 준다는 암시가 포함되어 있다. 말을 안 해도 다 알아 들을 수 있다면 그것은 최고 수준의 대화이긴 하나 우리 같은 평범한 사람은 대화를 나누어야 알아 들고 전할 수가 있다.

이 세상에는 말을 해도 못 알아 듣는 대화가 부족한 부부가 생각보다 너무 많다.

이긴 자 없는 부부싸움

어느 부부가 예전처럼 부부싸움을 신나게 했다. "에그 저 혹들만 없으면…" 누구 입에서랄 것도 없다. 싸움만 하면 습관처럼 내뱉는 소리니깐 딱히 부부 가운데 누가 했다고 하긴 어려운 그런 소리다. 말하자면 자식만 없었다면 벌써 봇짐을 싸도 여러 번 쌌을 것이라는 표현이다. 이 말은 사실이기도 하지만 기실 싸움의 방패막이로 삼기도 하는 것이다. 아이들이 어렸을 땐 이런 말들이 먹혀들어 갔다. 상대방에게나 아이들에게 이런 말은 여간한 위협이 아니어서 웬만한 문제는 이런 말을 내뱉으면 그냥 해결되었다.

오늘도 예외없이 두 부부가 "에그 자식들만 없었어도 벌써…" 하면서 다투었는데 아이들 넷이 어울려 "아빠, 엄마 이젠 우리들 걱정일랑 하지 마시고 하시고 싶은 대로 하세요."했다. 자식들 핑계삼지 말고 하고 싶은 대로 하라는 충

사랑을 엮어가는 아내의 지혜

고(?)를 받고선 정신이 확 들더라는 고백을 들은 적이 있다. 그 한마디에 부부싸움이 어떤 것인지 통찰했다 한다.

사실 일생을 살아가면서 남남이었던 부부 사이에 싸움이 없을 수가 없다. 숫제 아주 남남이라면 싸움이란 것이 없이 살겠지만 남남이 모여 한 가정을 이룬 부부라는 남에게 아주 배타적인 관계를 형성하자니 자연히 싸움이 없을 수가 없다. 가벼운 의견 충돌에서부터 심한 육탄전에 이르기까지 다양하다.

우리네 속담에 "부부싸움은 칼로 물 베기"란 말로 대신한다. 싸울 때 뿐이지 기실 승패를 가르기가 어렵다는 뜻이다. 이쪽 말을 들으면 이 말이 옳고 저쪽 말을 들으면 저 말이 옳은 게 부부싸움이다. 그만큼 상대성이 있는 것이고 절대로 한쪽이 옳고 한쪽이 그른 것이 아니다. 서로 영향을 주고 영향을 받으며 또 연관된 요인이 한 둘이 아니고 보면 부부싸움만큼 각양각색인 것도 없겠다.

그러나 부부 가운데도 기능적인 부부가 있는가 하면 역기능적인 부부도 있게 마련이다. 부부 간의 갈등을 해소하기 위해서 파괴적인 갈등해소 방법을 항상 사용한다면 이는 역기능적인 부부다. 반대로 부부간의 갈등을 생산적이고 건설적인 갈등해소 방법으로 임한다면 이는 기능적인 부부임에 틀림이 없다. 싸우는 데도 무슨 파괴적인 방법이 있고 생산적이고 건설적인 갈등해소 방법이 있는가 하고 의문이 생기겠지만 우리가 두루 혼용하고 있을 뿐 생각해

중년 여성 이야기

보면 명백히 다르다.

기왕 싸움이 피할 수 없는 것이라면 이런 싸움을 한번 해보자. 부부싸움을 위한 기준이랄까? 그런 것도 한번 생각해 볼 일이다. 한 번의 싸움도 없이 일생을 해로할 수 있다면 그것은 대단히 이상적인 결혼생활일 것이다. 하지만 우리 부부 대부분이 이상형이 아니고 보면 싸움은 피하지 못할 갈등 노출이다. 그렇다면 어떻게 하는 것이… 하고 생각해 보는 것이 오히려 건강한 지표가 아니겠는가 싶다.

첫째, 승패를 가름하는 자세를 버리자. 부부싸움은 누가 옳고 누가 그른 것이 아니라 서로 의견이 일치하지 못한 데서 오는 것이다. 내 입장에서 보면 상대방 입장을 생각하기가 어렵고 나는 항상 옳다. 그래서 결국 이기기 위해선 상대방의 과거나 약점을 비방함으로써 어떻게든 비열한 싸움의 승리자가 되려고 한다. 바로 그 비열한 승리자가 되길 포기해야 한다. 정정당당한 그리고 서로가 동의할 수 있는 규칙 안에서 한판 싸움이 벌어져야 한다.

둘째, 싸움을 할 때의 적절한 장소와 시간을 갖추어서 해보자. 아무데서나 시도 때도 없이 싸움을 벌인다면 앞에서 사례를 든 부부처럼 자식들로부터 충고를 받게 된다.

셋째, 싸울 때 보면 흔히 싸움의 원인된 이야기는 뒤로 미루고 개인의 인격에 손상을 주는 말들을 흔히 하게 된다. 원인된 행동은 비판하되 상대방의 자존심을 해치는 인격적 비판은 삼가해야 한다. '화가 나면 무슨 소릴 못하느

냐'는 것이 당사자들의 말이지만 말해 놓고 후회할 말이라
면 안하는 게 낫다. 아무리 화가 나도 해야 할 말이 있고
하지 말아야 할 말이 있다. 이를 구분하지 못한다는 것은
칼을 잡고 마구 휘두르는 것이나 다를 바가 없다.

넷째, 대화로 풀어야 한다. 행동화하는 것은 어떤 이유에
서든 삼가야 한다. 말로 천냥 빚을 갚는다고 하지 않았는
가. 대화도 일방적인 훈계나 설교조의 말은 대화가 아니다.
상대방이 듣던 안 듣던 혼자 중얼거리듯 독백하는 것도 대
화가 아니다. 대화는 쌍방적인 것이다. 내가 말하고 상대방
이 말하는 것을 듣고 그래서 합의에 이르기까지를 대화라
고 본다면 일방적인 것이 얼마나 무모한 것인가를 인식할
수 있을 것이다. 서로 상대방의 이야기를 듣고 수용하는
자세가 없다면 대화는 이루어지지 않을 것이다. 격려와 지
지, 상대방의 심리적 욕구를 이해하려는 노력을 갖고 대화
에 임한다면 안 풀릴 일이 무엇이 있겠는가 싶다.

다섯째로는 갈등을 일으킨 문제를 중심으로 대화를 나누
어야 한다. 문제를 구체적으로 좁혀 바로 그 문제에 직면
해야 한다. 문제의 핵심은 저만치 두고 엉뚱한 대화를 주
고 받는다면 영원히 핵심문제는 풀리지 않을 것이다. 직접
적으로 영향을 준 문제를 먼저 다루어 보자. 간접적으로
영향을 준 요인도 많겠지만 그것은 직접적인 것에 비해 순
서를 뒤로 미루어도 될 일이다.

마지막으로 화해할 준비를 미리해 두자. 싸움의 끝은 언

제나 화해여야 한다. 서로 갈라설 일이면 부부싸움은 해서 무얼 하겠는가. 기왕 남남으로 살 사람인데 알뜰살뜰 싸워 득될 일이 무엇이 있겠는가. 기를 쓰고 싸우는 뜻은 어쩌면 어떻게 하면 좀더 나은 상태로 살아갈 수 있을까에 대한 강한 소망의 표현이다.

이런 강한 소망을 성취하기 위해선 자주 갈등 상황에 놓일 수밖에 없고 갈등을 해소하는 방법이 부부가 서로 다른 한은 자주 다툴 수밖에 없다. 화해를 전제로 싸움을 한다면 좋은 결과를 얻기 위해 서로 노력한 과정만큼 보람을 얻을 것이다. 화해를 준비하는 것은 좋은 결과를 예기하는 꼭 필요한 행동이다.

이렇게 몇 가지를 나열하다 보니 그런 것을 이성적으로 챙길 수 있다면 숫제 싸움을 안하고 말겠다고 생각하는 독자도 있을 것이다. 하지만 싸움을 안하고 피한다고 하는 것은 언젠가는 폭발할 위험성이 있다. 개인 서로에게 쌓이는 갈등을 차곡차곡 쌓아두었다가 아주 하찮은 자극에 폭발적으로 반응한다면 이는 서로가 이해하기 어려운 파괴적인 상황으로 치다를 수도 있을 것이다.

무조건적으로 참으면 된다고 생각하는 독자도 있을 것이다. 시쳇말로 참는데도 한계가 있기 마련이다. 우리 모두가 부족한 인격을 지니고 사는 미완성의 부부임을 전제한다면 갈등을 직면하고 그 갈등에 걸맞는 해소를 위해 차선의 방법을 함께 강구하기 위해 싸워 보는 일은 대단히 중요하다.

“남편이 잘해 주세요?”

나는 부부 간의 갈등으로 인해 병원을 찾는 주부환자를 위해 적당한 시간에 이런 질문을 던져 본다.

“남편요? 네, 잘해 주세요. 저희 부부는 지금까지 싸움이라곤 한 번도 해보지 않았어요.” 이런 어색한 대답을 하는 주부일수록 부부 간이 냉담한 관계일 때가 더 많다.

싸울 일이 있으면 한번 싸워 보자. 그리고 화해하자. 화해할 때 얻은 합의를 함께 노력해서 이루도록 행동으로 이어보자. 싸우지 않는 부부가 50:50의 부부라면 싸워서 또 다른 발전을 얻는 부부는 100:100의 부부다. 부부는 싸우면서 서로를 이해하게 될 것이다.

매맞고 사는 결혼생활

가정 폭력. 생각만 해도 끔찍한 일이다. 그러나 우리 주변에선 아직도 이런 문제 때문에 고통을 받는 여성들이 있고 보면 이 문제가 단순히 부부문제로만 국한하여 다루어질 성질의 것이 아니다. 가정에서의 폭력은 어떤 이유로든 간에 합리화될 수 없는 일이다. 물리적인 힘을 가해 신체적으로나 정신적으로 배우자를 폭행하는 일은 어떤 합당한 이유를 앞세우더라도 용인될 수 없는 행동인 것이다.

왜 이런 가정 폭력이 있을 수 있을까 하는 의구심에 대해 많은 학자들은 이렇고 저렇고 원인 규명을 해 내지만 이를 어떻게 모면할 수 있을까 하는 문제는 한두 가지 방법으로는 해결 되지 않는다.

한 주부가 온몸에 멍이 들어 병원을 찾아왔다. 사정을 들어보니 남편으로부터 이유없이 얻어 맞고 집을 뛰쳐 나왔으나 갈 곳이 마땅치 않다고 했다. 친정으로 가자니 허

구헌날 부부싸움으로 친정행을 할 수도 없으려니와 자기가
다친 것을 보면 친정식구들이 가만히 있지 않을 것이고,
호텔이라도 들어앉아 쉬고 싶으나 나중에 남편으로부터 무
슨 억울한 말을 듣나 싶어 그러지도 못한단다. 생각끝에
병원에 와서 치료도 받을 겸 남편의 폭행에 대해 상담도
하고 싶어 왔노라고 했다. 입원해서 치료받는 동안 자신은
절대로 남편을 면회하지 않을 것이니 그 점을 선생님이 책
임지고 보호해 달라는 주문을 했다.

　며칠 간의 입원치료에서 환자는 생기를 되찾았고 남편도
몇 번 찾아와 면회를 요구했으나 주부의 요구대로 거절했
다. 본인이 남편을 만나기를 완강히 거부했고 또 치료에
있어서도 얼마간 안 만나는 게 도움이 될 것으로 믿었다.

　남편은 부인의 성격을 누구보다도 잘 알고 있으며 이번
폭행도 그럴 사정이 있어서 그런 것이니 제발 한번만 면회
를 시켜달라면서 면회를 하고 나서 입원을 더 하라면 더
하겠노라고 했다. 남편의 요구가 하도 간절하여 부인의 거
부에도 불구하고 면회를 허용했더니 그 주부는 더이상 입
원하지 않아도 된다면서 퇴원을 요구하여 치료진을 어리둥
절하게 만든 적이 있다.

　이런 병원에서의 사정이 아니더라도 필자의 친구 부부가
부부싸움을 벌이곤 중재를 요청하는 경우도 있었는데 서로
싸울 땐 저런 원수가 있을까 싶게 격렬하게 싸우지만 얼마
지나지 않으면 잉꼬부부처럼 언제 그랬더냐 싶게 평온하

중년 여성 이야기

다. 주부 환자나 친구의 이야기를 들어보면 폭행할 때는 지겹게도 밉지만 평소에 자기를 사랑해줄 땐 끔찍이도 사랑한단다. 그 사랑해주는 끔찍함을 잊지 못해 헤어지지 못한다고 설명을 했다.

"설교가 없는 교회나 다툼이 없는 부부는 존재하지 않는다." 이 말은 체코의 속담이라고 전해지는데, 이모저모 생각해볼 때 부부란 근원적으로 다투게 되어 있는지도 모르겠다. 이에 비해 "부부싸움은 칼로 물베기"란 우리나라 속담이 있다. 다툼이 없는 부부가 없듯이 부부싸움은 칼로 물 베듯 뒤끝이 없다는 논리도 된다. 앞서 사례로 든 주부 환자나 친구의 경우처럼 싸움과 화해의 줄다리기가 부부 관계인가 싶다.

그러면 폭력적인 습관 때문에 부부싸움이 일어날 때마다 항상 폭력으로 번진다면 어떻게 하는 것이 좋을까를 한두 가지 생각해 보자.

첫째, 우선은 피해야 될 것 같다. 폭력을 피하지 않고 맞고만 있다는 것은 소나기를 일부러 맞고 섰는 어리석음과 같다. 소나기는 지나고 나면 개이기 마련이기 때문에 일단은 피하는 것이 현명하다. 피하지 않고 때리려면 때려봐라 하고 미련하게 대항하는 것은 오히려 급한 성질을 돋우고 때리는 것을 합리화시키는 구실도 된다. 또 매를 맞으면 아프기도 하겠지만 인격적인 손상을 입게 되어 자존심에 상당한 손상을 입게 되므로 피하는 것이 좋다.

사랑을 엮어가는 아내의 지혜

매맞는 여성들과 상담을 해보면 육체적인 고통은 오히려 참겠으나 심리적인 압박감과 고통은 훨씬 참기 어렵다는 표현을 많이 하고 있는데 이것이 바로 인격적인 모욕과 자존심을 짓밟힌 아픔일 것이다. 법보다는 주먹이 앞선다고 논리보다는 감정이 앞서기도 하고 시간의 여유를 조금만 가진다면 진정될 수 있는 문제도 급한 성격을 죽이지 못해 폭력을 일삼게 된다는 것을 염두에 두면서 이런 상황에 이르렀을 때 일단 피해야 할 것이다.

둘째로는 폭력을 짚고 넘어가는 습관을 들여야 한다. 가해자에게는 폭력을 행사하고 나서 이래저래 없던 일로 하고 지나가려는 습관이 있다. 며칠 간 서로 입을 다물고 말을 안 하거나 별방 거처를 하는 보복도 하지만 이런 폭력 후의 행동은 서로에게 좋은 결과를 남기지 못한다. 일단 소나기를 피하고 난 연후엔 이 폭력이 왜 일어났는가 하는 것을 검토해야 한다. 원인이 없는 결과는 부부 사이에서 일어나지 않는다. 서로 따지자는 게 아니라 분석을 할 필요가 있다는 뜻이다.

직접적인 원인은 무엇이며 구체적인 문제는 어디에서부터 비롯되었는가 하는 것을 검토하지 않고 없던 일로 치부하고 앞으로 안 그러면 될 것이 아닌가 하지만 원인의 검토가 없으면 결과는 계속 되풀이되게 마련이다. 그래서 짚고 넘어가야 한다. 이때 상대방을 인격적으로 모독하거나 이미 옛날에 지나간 과거사를 되풀이 반복하는 일이나 그리고 주제를 벗어난 일들을 거론하는 것은 바람직하지 못하므로 주의를 해야 한다.

셋째로는 서로 대화를 통해 결과의 분석이 합의되면 그 공감대를 바탕으로 새로운 약속을 할 필요가 있다. 이때의 약속은, 말은 무슨 말이라도 좋지만 폭력은 아무리 가벼운 것이라도 용납되지 않는다는 약속을 할 필요가 있다. 물론 이런 약속은 금방 지켜질 성질의 것은 아니지만 상대방이 노력을 한다면 수용할 수 있는 범위에서 약속을 해 본다. 그리고 이런 약속을 이행하려는 노력을 할 수 있도록 서로 도와야 한다.

약속을 어겼을 땐 가해자가 어떤 불이익이라도 감수해야 한다는 구체적인 약속도 필요하다. 건강한 부부는 이런 정도의 노력으로 폭력을 극복할 수가 있다. 그러나 이런 시도가 아예 필요치 않은 부부라면 부부 어느 한쪽이 정신건강을 잃고 있다는 증거도 된다. 정신건강의 상실은 부부 단위의 노력만으로는 개선이 불가능하므로 상담 전문가나 정신과 전문의의 도움을 청해야 한다.

"결혼에서 누가 고통을 주는 자가 되고 누가 고통을 받는 자가 될 것인가 경쟁하는 것을 보면 끔찍해집니다. 고통을 주는 자는 능청스럽게 웃으면서 결혼의 행복을 이야기하고 희생자는 더 나쁜 사태를 두려워해서 처참한 동의를 미소로 표시합니다."

럿셀이 남긴 말인데 처참한 동의를 하지 않자면 직면과

재검토가 칼날 같아야 한다. 폭력은 특수한 정신질환의 한
증상이 아닌 이상 후천적으로 학습되어지는 것이다. 상습
적인 행동으로 번지는 것도 학습과 연관된다. 폭력을 용납
하는 수준만큼 폭력은 일반화되고 합리화된다는 사실을 잊
지 말아야 한다.

중년 여성 이야기

의부증

"이혼해요, 당신하고 이렇겐 못살아요." 한 중년 부부가 외래에 와서 문진도 하기 전에 부인이 와락 소리를 지른다. 대개 이런 상황은 부부 간에 누군가가 혼외정사를 저질렀거나 아니면 터무니없게도 배우자의 정조를 의심하는 데서부터 비롯된다.

실제 배우자 이외의 사람과 혼외정사를 저질렀다가 들키는 경우, 당사자도 당사자려니와 지금까지 배우자를 믿고 결혼생활에 충실해온 쪽에선 충격과 배신감에서 정신적 혼돈을 일으키게 된다.

"보면 알아요. 왜 여자들한텐 있는 직감이란 게 있잖아요?"

남편이 어떻게 바람피우던가 하고 묻는 데 대한 부인의 대답이 이렇다면 대개 공연한 의심인 경우가 많다. 직감이란 것은 개인의 주관적인 느낌이기 때문에 맞을 수도 있지

사랑을 엮어가는 아내의 지혜

만 대개는 사실과 거리가 멀 때도 있다.

"내 남편이 그런 주변머리라도 제발 좀 있었으면 좋겠어. 그럴 위인이 못된다니까 …." 친구로부터 남편이 다른 여자와 외도하는 것 같다는 제보를 받고도 그렇지 않다고 완강히 거부하는 부인도 있다. 사실이 아니길 바라는 마음이 그렇게 표현되는 것이다.

우리나라의 흥신소가 영업이 잘되는 이유는 원래의 업무보다 이런 부부 간의 사생활을 탐색해 주는 일로 수입을 더 올린다니 부부의 신뢰문제가 알 만하다.

의부증, 부부생활을 통해 남편의 결혼생활에 대한 성실성을 의심하는 부인들의 증상이다. 막연하게 '바람을 피울 것이다'라는 불안에서부터 바람을 피우고 있다, 아기가 있다, 살림을 차렸다는 등으로 비약하기도 한다. 혼자 마음속으로 꿍꿍 담아 두어 우울증 비슷하게 출발하는 사람도 있고 그런 터무니없는 생각을 실제상황으로 믿고 행동하는 적극적인 표현파도 있다.

"이게 뭐예요? 이러고도 아니라고 할 거예요? 바른 대로 말해요…" 밤을 새워가면서 따지기도 하고,

"때려? 그년이 집에 가서 조강지처 죽이라고 그럽디까? 죽여요 죽여…." 듣기엔 남편으로부터 손찌검을 당한 듯한 항의지만 대개 맞붙어 육탄전을 벌인다. 이런 싸움끝에 대개 이혼하자거나 병원에 가보자거나 해서 외래에서 만나게 된다. 강제로 끌려오는 경우도 많은데 이런 경우는 증상이

중년 여성 이야기

자신을 해치거나 남을 해치는 수준에까지 이른 상태다. 남편의 혼외정사를 확실히 믿고 있기 때문에 복수를 행동화한다.

의부증은 남편이 바람을 피운 것을 가지고 피웠다고 그런데서 의부증이 아니라, 실제는 그렇지 않은데도 '바람 피웠다'는 잘못된 생각을 믿고 행동하는 증세를 보이는 것을 말한다. 사실이 아닌 것을 사실이라고 믿고 확신하는 것을 망상이라고 하는데 이 망상의 주제가 부부간의 성적 정조에 관한 망상일 때 의부증 또는 의처증이라고 한다.

이 망상은 세 가지 특징을 지닌다. 첫째는 실제 상황과는 거리가 먼 잘못된 믿음이고, 둘째는 교육과는 관계가 없다. 배운 사람이나 안 배운 사람이나 이 증세가 나타나면 똑같은 반응들을 하기 때문에 교양과는 무관하다. 셋째는 어떤 논리적인 설명으로도 교정되지 않는다. 흔히 어떤 상황을 조리있게 또 논리적으로 설명하면 사람들은 곧장 이해를 하는데 이 의부증은 그런 논리적인 설명이 도움이 되지 않는다.

'남편을 살해…' 운운하는 패륜적 신문기사가 간혹 실려 우리를 깜짝 놀라게 하는 경우가 있는데, 이때는 대개 숨겨진 의부증의 결과일 때가 많다. 다른 여자와 정을 통하고 자신을 멀리한다는 망상은 극단적으로 살의를 갖게 한다. "시앗을 보면 부처님도 돌아 앉는다."는 우리네 속담이 숨은 뜻을 잘 표현해 주고 있다.

　의부증은 왜 일어날까? 많은 연구가 있지만 크게 세 가지 점에서 정리해 보면, 첫째는 개인의 성격과 관계가 있다. 이미 알려진 대로 개인의 성격은 발달과정에서 학습에 의한 동일시 등 여러 방어기제를 통해 형성되는데 이때 초기 발달과정에서 문제가 있으면 의부증 즉 의심하는 성격이 생긴다. 어릴 때 부모와 자신과의 관계에서 매사 신뢰할 수 없는 불신이 커져 가면 어른이 되어 부부의 성관계에 자극받게 된다. 이런 불신하는 성격의 소유자는 세상만사를 일단 의심하는 눈으로 보고 그 의심하는 내용을 증명하려는 자세를 취하여 만에 하나라도 그 의심이 증명되는 듯하면 이를 과장해서 표현한다. 성장과정 중에서 사람을 못믿도록 학습되었다는 뜻이다.

　둘째로는 환경에 의하여 온다. 아무리 개인이 건강한 발달단계를 거쳤다고 하더라도 세익스피어의 비극「오셀로」처럼 환경에 의해 그렇게 되어버리는 경우인데, 이도 사실은 개인적 정신건강과 무관하지 않다. 가정에만 앉아 가정생활에 충실한 부인이 텔레비전이나 영화, 소설 또는 실재 환락가의 전혀 다른 상황을 목격하면 내 남편도… 하는 의심이 싹트게 된다.

　셋째로는 실제의 연장 선상에서 생각되는 의부증이다. "선생님, 남자들은 한두 번은 바람을 피우지 않습니까? 그렇지만 제 남편은 한두 번이 아니에요…." 바람을 피우기로 말하면 한두 번은 괜찮고 두세 번은 안 된다는 논리는 어디 있을까? 이런 부인의 불안은 실제 경험이 현재에도 이어지고 있다는 불안 때문에 지속적인 의심이 지워지지 않기 때문에 생기는 것이다. 남편이 지금은 절대 그렇지 않노라고 정색을 하면 "늙은 말이 당근을 마다하나요? 남자치고 열 계집 싫다 하는 사람 봤어요? 안 그래요 선생님?…" 치료자까지 싸잡아 몰아붙이는 이런 부인은 만에 하나라도 하는 지워지지 않는 실제경험이 다시 재현되는 듯한 상황에 대한 철저한 저항이다.

의부증의 원인은 심리적인 측면에서 두 가지로 연구되고 있다. 하나는 자기 자신의 성적 정체감이 열등하다고 느껴지면 생긴다. 신혼 때에는 자신도 젊고 성적 매력도 있고 남과 견주어 빠질 것이 없다고 생각하지만 차차 결혼생활을 통해 연령이 들어가면 '성적'이란 측면에서 자신감을 잃는다. 내면적으로 자신의 정체감에 대한 줏대가 뚜렷하지 못한 사람은 자신보다 젊거나 매력 있다고 느껴지는 사람에게 강한 질투와 경쟁의식을 지닌다. 남편이 나보다 나은 사람과… 이런 비약의 씨는 급기야 의부증으로 발전된다. 부부생활에서 자기 스스로의 자신감의 결여를 배우자의 부정 때문에 그렇다고 뒤집어 씌운다.

둘째로는 의부증을 지닌 부인의 마음속, 무의식 저 깊은 곳에 스스로 자신이 바람피우고 있을 때 생긴다. 바람은 피우고 싶은데 자신의 양심이 그것을 허락하지 않고 '그래서 배우자가 피웠을 것이다' 하는 논리적 비약을 하게 된

사랑을 엮어가는 아내의 지혜

다. 물론 이런 원인은 모두 무의식적인 것이기 때문에 자신이 인식하고 병식을 갖자면 정신과적인 치료를 받아야 할 것이다.

"환자는 남편이지 내가 아니예요." 완강하게 저항하지만 의부증은 분명한 정신병이다. 정신병은 일상적인 설득이나 충고, 요양 등으로 치료되지 않는다.

"내가 미쳤어요? 정신과엘 가게…." 이런 저항도 의부증의 개선에는 도움이 안 된다. 의부증을 가진 환자는 자신의 의심에 대한 증거를 그럴듯하게 대가면서 설명을 과장하기 때문에 주변에서 그 말을 믿는 사람도 생긴다. 의부증은 정신장애 때문에 생기는 증세로 철저한 정신과적 치료의 대상이다. 의부증은 다른 병과 마찬가지로 치료하지 않고 그냥 방치해 두면 진행하여 악화된다. 서둘러서 치료하고 조처를 취해야 할 그런 질병이다.

중년 여성·이야기

중년기의 방황 충동

요즈음 신문의 사회면을 보면 끔찍한 사건들이 많이 일
어 난다. 이런 끔찍한 기사들 가운데서 일 잘하고 성실하
게 살아가던 중년 직장인이 하루 아침에 행방불명이 되어
버렸다는 기사를 종종 접한다. 우리나라에도 벌써? 하고
놀라보지만 이미 이웃나라 이야기만은 아닌 듯싶다. 남이
보기엔 인생의 그럴싸한 성취도 이룩했고 안정된 가정 생
활, 직장 생활을 해나가면서 아무런 이유없이 증발해 버린
다는 것은 언뜻 이해하기 어려운 처사다.

'누가 납치해 간 것이 아닐까?' 세상이 하도 험하니 그런
쓸데없는 생각도 가족들이나 주변에선 하기 마련이다. '자
살이라도 했음 어떻게 하나?' 급기야는 이런 방정맞은 생
각도 해본다. 아무리 겉보기엔 행복하게 보였더라도 정작
자신은 행복하다는 주관적인 느낌을 지니지 못했을 수도
있지 않을까. 아니면 갑자기 생긴 어떤 좌절을 이기지 못

해 저질러진…. 본인을 제쳐두고 남들이 생각할 수 있는 상황 논리는 비약에 비약을 거듭하게 된다.

아닌 게 아니라 집을 이유없이 탈출해 가출하는 중년이 드물지 않다. 가출했다 되돌아온 중년은 가족이나 주변을 걱정시켰을 때 "자기 인생을 어쩌고 해가면서 참 도움이 되었다."는 말들을 곧잘 한다. 중년기의 방황 충동이랄까….

지금까지 인생을 어떤 틀 속에 넣어 잘 적응했던 사람들이 하루아침에 '나는?' 하고 강한 의문을 상기하게 되면서 불현듯 현실을 잊고 증발해버리는 증상이 바로 중년에게 많이 일어나고 있다. 실제 방황을 통해 증발하지 않더라도 증발해 버리고 싶은 무의식적 충동은 누구에게나 있을 법하다.

다른 한 사례는 중년을 넘어선 주부이야기인데, 이분은 아들이 결혼하는 문제로 심기를 앓다가 급기야는 정신을 잃고 혼돈 속에서 병원의 응급실을 찾았다. 처음부터 마땅하게 생각한 결혼은 아니었지만 정작 결혼 날짜를 받고 며느리될 사람과 아들이 결혼예물을 함께 사러 다니는 꼴을 보려니 심사가 뒤틀린다. 둘이 언제부터 만났다고 '어머니'를 따돌리고…. 이야긴 이렇게 간단하지만 마음속의 감정은 대단히 복잡하다.

"어머니 왜 그러세요, 어머니답지 않게." 보다 못해 한마디 던진 아들의 '이 한마디' 때문에 눈을 감기 전엔 아들을 그 며느리에게 결혼시킬 수 없다고 버티었다. 설득하면 양해하려니 하고 희망을 걸었던 온 식구가 어머니의 졸도로 인해 결혼 자체를 재고해야 하지 않을까 하고 의견이 분분했다. 사실 아들의 말대로 평소의 어머니로선 도저히 그런 반응을 보일 수 없는 행동이었지만 정작 현실적인 행동으로 죽음과 버금가는 졸도로 표현되고 보니 가족들이 근심에 찰 수밖에 없다.

사추기. 사춘기에 대한 대응말을 누가 생각해 내어 쓰기 시작했는지 중년을 두고 이르는 참으로 적절한 표현이다. 의학적으로는 장년기를 넘어서면 퇴행기, 또는 갱년기란 말을 써서 노년기로 이행하는 중년기를 이른다. 인간은 나이가 들어감에 따라서 생물학적으로나 정신적으로 그 나이에 적합한 신체 성장과 정신적 성숙을 하게 된다.

건강하다는 말은 신체적으로나 정신적으로 그 나이에 적합하고 평행을 이루어 잘 통제되어 있음을 의미한다. 가령 나이는 들었는데 신체 발달이 사춘기 수준이거나 신체는 사춘기 수준인데 생각하는 것은 애늙은이 같다면 이는 나이에 걸맞지 않고 부적합하며 평형을 잃어 통제되어 있지 못한 것으로 불건강하다고 부른다. 사추기는 비록 이런 걸맞는 신체 정신적 발달을 이루고 주관적으로도 건강하게 살아온 사람에게도 몇 가지 특성이 나타날 수가 있다. 대개 새로 자라는 젊은이들과의 사고 감정 행동 체계가 다름으로써 젊은이들과의 괴리감을 느낀다.

사랑을 엮어가는 아내의 지혜

장년기에는 자신에게 속한 어린이들이 자신의 생각이나 행동에 잘 따라주기 때문에 저항받는 일이 적지만 제 몫을 강하게 주장하게 되는 청년들에겐 사추기의 힘은 역부족일 때가 상대적으로 많아진다. 상대방의 목소리가 커진다는 것은 그만큼 내 목소리가 작아지거나 양해하거나 거리감을 느끼게 되는 것을 한다.

다른 하나는 자신의 건강에 대한 염려가 높아진다. 젊었을 때라고 해서 건강에 걱정이 없었던 것은 아니겠지만, 사추기는 젊었을 때처럼 저돌적인 힘에만 의존하긴 기실 힘이 모자란다. 건강에 따라 이어지는 여러 미래에 대한 자질구레한 걱정들은 남이 보기에 자질구레한 것이지 정작 본인들에겐 금방 닥칠 중대한 걱정거리가 아닐 수 없다. 이런 걱정들이 어느날 갑자기 우리를 엄습한다면 증발이란 행동으로도 나타날 수 있고, 말 한마디의 꼬투리 때문에 졸도하는 반응으로도 나타날 수 있겠다.

지금까지 쌓아올린 사회·경제적인 안정을 얻기 위해 추구해온 자신의 경쟁적 행동이 갑자기 의미가 없다고 생각해 보라. 마치 등산을 하면서 산등성이에 앉아 자신이 올라온 등반길을 점검하며 자신을 관조해 보라. 후회없이 살았노라, 새로 태어난다 해도 이렇게 살겠노라고 자신있게 외칠 사람이 과연 얼마나 될까.

그래서 한번쯤 자신이 얽매인 틀에서 자유롭고자 하는 충동으로 지금까지 살아온 책임있는 행동의 틀을 부수고 잠적하게 된다. 이런 잠적은 양면성이 있다. 자신을 새롭게 태어나게 만드는 일면도 있고 아니면 병적 수렁에 빠뜨려 스스로 헤어나지 못하는 경우도 있다. 졸도한 주부처럼 자식이 자신으로부터 벗어나는 것에 대한 불안이 "내가 이렇게 죽어도 장가 갈 것이냐. 장가가 어머니가 죽는 것보다 중요하단 말이냐."하는 감정적 논리 비약으로 나타나고 아들의 혼사를 무의식 또는 의식적으로 방해하는 행위로 나타난다.

사추기에 흔히 볼 수 있는 이러한 행위는 정도의 차이는 있지만 다 서로 헤어지는 데 대한 불안이다. 사추기는 아래 위로 분리되는 즉 헤어지는 일에 많이 노출되는 시기다. 위로는 부모를 잃어야 하고 아래로는 자녀를 분가시켜야 한다. 좀더 불행한 사람은 배우자를 사별해야 하는 가장 심각한 분리를 맛보지 않으면 안된다.

사람이 이 세상에 나서 늙고 병들어 죽는 괴로움(苦) 가운데 어느것 하나 수월한 것이 있겠는가만 죽는 괴로움, 죽는 두려움에 비할 게 어디 있을까 싶다. 사춘기 땐 아주 멀리 있는 것처럼만 여겨지던 이렇듯 절박한 두려움이 사추기엔 정작 코앞에 닥쳤으니 어떤 모습으로든 불안이 외형화 될 수밖에 없다. 아주 초연한 듯 낙관적인 사람이나 금방 죽음의 늪에 빠질 것만 같은 불안 속에 떨고 있는 사람이나 모두 '죽음의 괴로움'에 대한 한뿌리에서 나오는 반응이다.

어떻게 사추기를 건강하게 맞고 지낼 수 있을까 하는 명
제는 이상적인 기준은 제시할 수 있을지 몰라도 그 이상적
인 기준이 사람 개개인에게 일괄적으로 적용된다 라고는
말할 수가 없다. 우리는 우리 힘으로 어떻게 해 볼 수 있는
일과 아무리 아둥바둥 해도 우리 힘으로는 어쩔 수 없는
일이 있다. 어쩔 수 없는 일에 너무 오래도록 집착하면 불
안은 가중될 것이다. 어떻게 해 볼 수 있는 일에 매달려 보
자. 그렇게 해보면 개인의 능력이나 잠재력에 따라서 이룰
수 있는 성취가 있게 마련이다. 안되는 일에 아무리 매달
려 봤자 얻을 것이 없다는 것을 조금만 생각해 보면 사추
기 사람들은 쉽게 깨달을 수 있는 문제다. '나만은 예외가
아닐까?'하는 집착을 끊는다면 나이에 걸맞는 성숙을 얻으
련만, 그게 말 같지 않으니 그래서 우리를 두고 불쌍한 중
생이라 일렀나 보다.

홀쩍 떠나도 자기를 관조하는 쪽으로, 졸도의 혼돈에서
깨어 나더라도 '이젠 아들을 보내 주어야 할 나이구나.'하
는 쪽으로 현실을 받아들인다면 최소한 우매한 중생이 되
지는 않을 것이다.

"저런 남자하고 한번 살아봤으면…"

'저런 남자하고 한번 살아봤으면….' 텔레비전을 남편과 함께 보면서 자신도 모르게 무심히 던진 이 한마디.

남편의 성격에 따라선 그건 말뿐이지 실제 행동과는 거리가 먼 것으로 생각하는 사람도 있고, 때로는 그게 말의 씨가 되어 다툼으로 번지는 경우도 없지 않다. 흔히 안방 여성들이 선망해 마지 않는 텔레비전 연속극의 남성 주인공은 대개 이상적인 모델인 경우가 많다. '저런 남자와…' 하는 무심결에 던진 이 한마디가 기실 그 부인의 내면적인 절실한 욕구와 줄이 닿아 있는 경우가 드물지 않다.

"어이구, 당신도 아직 여자라구. 종로 바닥에 내 놓아도 누가 거들떠보지도 않을 다 늙은 사람이, 뭐라구?…." 남편이 자존심을 바닥에 까는 이런 핀잔이라도 하게 되면 질세라 부인들의 항변은 거세다.

"정말 나가봐요? 지금이라도 오라는 덴 많아요. 아무렴 당신보다 못하려구."하며 흘겨 본다. 원래의 뜻이 서로 할퀴자고 시작한 입씨름은 아니지만 이쯤되면 서로의 자존심을 있는 대로 할퀸 이후다. 그래서 싸움이 된다.

사실 40대의 여성이 일으키는 바람은 젊은 나이에 일으키는 바람보다 훨씬 강하고 후유증이 크다. 정말 바람과 맞부닥친 40대의 부인들은 이제부터라는 생각과 지나온 과거가 모두 속은 듯한 느낌, 한꺼번에 보상받고 싶은 충동들이 어우러져 물불을 가리지 않게 된다.

우선 40대의 부인을 논하기 전에 사람은 누구나 연령에 제한없이 바람기를 생물학적으로 지니고 있다는 말을 먼저 하고 싶다. 넓은 의미에서의 바람기는 이성에 대한 관심을 갖는 마음인데 문명된 생활을 해오는 동안 여러 형태의 성 풍속과 결혼 제도를 통해 나름대로 약속된 질서를 확립해 왔었다. 가령 일부일처제라든가 일부다처제와 같은 제도, 혼외정사의 금기 또는 허용과 같은 습속을 통해 이성에 대한 관심의 용납되는 범위를 설정하고 또 지켜 오는 것으로 스스로의 바람기를 내면적으로 통제해 왔었다.

그렇다면 성별이나 연령의 계층 문화적인 조건들에 따라서 조금씩 나타나는 바람기의 표현이 다를 수 있겠지만 있다 없다 단정적으로 표현하긴 어렵다. 그래서 원천적으로 바람기는 지니고 있다고 표현한 것이다. 40대 부인의 특징을 살펴 보자.

첫째, 자신 스스로가 여성임을 확인하고 싶어서 바람을

중년 여성 이야기

피운다. 이 말은 바람을 피우는 행위를 통해 '아, 역시 나도 여성이구나'하는 자기의 성적 정체감을 확인한다는 뜻이다. 남편이 자신을 부엌데기 취급하고 종로 네거리에서 아무도 거들떠보지 않을 할망구라고 운운한다면 정말 자신이 그렇지 않다는 것을 보여 주기 위해선 바람을 피워야 한다고 생각하게 되는 것이다. '보세요, 나도 남자가 있잖아요?' 물론 이런 심정은 의도된 것이 아니다. 무의식적 욕구를 분석해 보면 그런 것일 수도 있다는 뜻이다. 여성임을 확인받는 결과는 결과적으로 자신이 타인으로부터 사랑받을 수 있다는 가능성과 자신감을 안게 된다.

둘째, 새로운 변화를 갖고 싶을 때 바람을 피운다. 매일 하는 일이 판에 박힌 듯하면 사람들은 이런 지루한 생활을 못견뎌 한다. "맨날 밥만 먹고 이럴려고 결혼한 줄 아세요?" 남편에게 항변해 보지만 남편은 오히려 어리둥절해 한다. 그도 그럴 것이 그 전보다 경제적으로도 윤택해졌고 가정 내의 갈등도 해소되어 안정기에 들었는데 또 무엇이 불만인가 싶은 것이다.

그렇지만 부인의 말대로 '밥만 먹고…'하는 반복하는 다람쥐 쳇바퀴 같은 변화없는 생활은 부인에게 크나큰 스트레스 요인이다. 그래서 변화를 갖고 싶어 한다. 교양있게 차라도 한잔 나누면서 자신의 이런 공허를 메워줄 사람은 없을까'라고 생각하면서 처녀 시절의 애인이나 몇 번 선을 봤던 상대를 불쑥 생각하기도 한다. "여보, 여기 회사 근방인데…."이런 신호를 남편에게 전해 보지만 대답은 여전히 거절이다. 이쯤되면 새로운 변화에의 첫발을 들여 놓는데 훨씬 용감해진다.

셋째, 40대가 되면 결혼생활의 쓴맛 단맛을 모두 경험한 시기라서 신혼 때와는 다르다. 무조건 남편이 좋고 이상적이고 의지하고픈 대상이, 살다 보니 보기 싫은 구석도 더러더러 눈에 뜨이게 된다. 젊었을 땐 이해되던 게 40대엔 그 보기 싫은 구석을 양해할 마음이 예전같지 않다. 실망을 앞세워 본다. 그렇지만 자신의 마음이 채워지지 못하는 것은 매마찬가지다. '당신 부인의 이 속고민도 하나 시원히 못풀어주세요?' 마음속으로 쏘아붙여 보지만 원래 갖지 않은 재주인데 갑자기 생길 리가 없다.

그래서 다른 남자가 세련되게 보이는 거다. '저런 남자와 한번만…' 비록 텔레비전을 보고 뱉어 보는 넋두리지만 부인의 마음속 깊이 잠재하는 바람기에 불이 당겨진 신호라는 것을 알아야 한다.

넷째, 젊은 나이와는 달리 성에 대해 조금은 뻔뻔해(?)진다. 이 말은 사춘기나 청년기 때 성에 대한 말만 나와도 역겨워하던 사람이 아들 낳고 딸 낳고 이래 저래 살다 보면 성이란 게 사춘기 때처럼 그런 환상적인 것만도 아니란 걸 알게 된다.

그래서 그런지 40대의 남자 모임에서 흔히 보는 성적 이야기들이 때로 용납되는 것을 볼 수 있다. 사회적 변화에

도 영향을 받았다. 성적 정보나 선정적 시각 경험은 어느
새 보편적인 정보로 바뀜으로써 부인들의 잠자는 바람기를
자극하고 '나도' 하는 소망을 충족시키는 행동을 합리화시
켜 준다.

사실 옛날에는 생각하는 것만으로도 부도덕하다고 생각
했던 현상들이 텔레비전의 화면을 통해 행동화된 결과를
두고두고 볼 수 있게 되었으니 나라고 해서 그 주인공이
되지 말라는 법이 없지 않은가. 말하자면 죄의식이나 욕구
의 억제와 같은 통제력을 풀어 놓는 그럴싸한 이유들과 너
무 빈번히 만나게 된다. "남이 하는 것은 바람 피우기지만
내가 하는 것은 로맨스다."하는 우스개 소리를 낳을 정도
로 양심을 둔화시켜 주고 합리화시켜 준다.

다섯째, 흔한 것은 아니지만 화가 나면 바람을 피운다.
우리 속담에 "홧김에 서방질 한다."는 말이 있듯이 적개심
의 표현이다. 부부관계가 증오에 차 있으면 성적 편력을
통해 배우자를 괴롭히는 복수적 의미를 지닌다.

40대 부인의 바람기가 따지자면 이런저런 이유들이 있겠
으나 가장 중요한 것은 이미 부부 관계를 통해 성적 쾌락
을 추구해 본 경험의 소유자라는 점에서 사춘기나 청년기
의 바람과는 구분된다.

경험을 통해 누적된 부부 관계의 불만으로부터의 탈출이
나 복수 아니면 더 나은 환상적 이상을 추구하기 위해 바
람을 일으킨다. 바람은 재미있다. 들키면 패가망신할 일이

지만 들킬 위험을 등에 짐지고 바람 피운다고 하는 것은 확실히 스릴있는 일이다.

하지만 한 가지 명심해야 할 일은 당신의 선택이다. 패가망신을 무릅쓰고도 해 볼 가치가 있는 새로운 가치의 창조라면 서슴지 말고 바람기를 부려볼 일이나, 한낱 잠재우기 어려운 불장난이라면 우리 모두가 지키는 규범 속에서 자신의 욕구를 다스리는 게 좋겠다. 머리를 한번 흔들고 현실로 돌아와 보자.

인간은 누구나 '바람기'를 지니고 살지만 우리가 부부로서 서로 만날 때 질 높은 결혼생활을 유지하기 위해 약속했던 바를 지키기 위해 노력해야 하며, 그리고 이렇게 하고자 노력하는 배우자를 고맙게 생각해야 할 것이다. 부부 간의 서로에 감사와 따뜻한 애정이 바람기를 달래는 가장 확실한 약이다.

현모양처

'현모양처'

얼마 전만 해도 어린 소녀에게 장래 희망을 물으면 금방 반응하는 말이 이 말이었다. 기실 현모양처란 무엇인지 알고 반응하는 것인지 모두들 선배들이 그렇게 표현하니깐 덩달아서 그렇게 반응했는지도 알 수 없다.

현명한 어머니가 되고 좋은 아내가 되겠다는 말이다. 이런 목표가 어찌 동서고금을 통해 다르리오만 무엇이 현모양처인가 하는 문제는 시대나 동서를 통해 다를 수 있다고 생각한다.

『장아함경』에 실린 부모가 자식을 기르는 다섯 가지를 옮겨 본다. 첫째 자식을 제어하여 나쁜 짓을 하지 않게 할 것, 둘째 착한 것을 가르쳐 줄 것, 셋째 학문과 도를 가르쳐 줄 것, 넷째 자식에게 좋은 배필을 구하여 혼인시켜 줄 것, 다섯째 때에 따라서 공급할 것 등이다.

아내된 도리를 잘해내는 양처를 생각해 보자. 우리 전통 속에 흐르는 아내의 길은 삼종지도로 대표되어 왔었다. 여자는 평생을 통해 남자를 좇아 살아가는 데 어릴 때는 아버지를 따르고 시집가서는 남편을 따르고 늙어서는 아들을 따르라는 뜻이다.

남의 아내로서 양처가 되지 못하고 악처가 되어 시집에서 쫓겨나는 일곱 가지 기준이 있었는데 이를 칠거지악이라고 했다. 시부모의 말씀에 순종하지 않는 것, 자식을 낳을 수 없는 것, 부정하고 음란한 행동을 하는 것, 전염될 염려가 있는 불치의 병을 지닌 것, 투기심이 많은 것, 말이 많은 것, 손이 거칠어 남의 것을 훔치는 행위를 하는 여성은 악처로서 시집에서 내쫓아도 마땅한 여자로 알았었다.

이렇게 부모가 자식을 대하는 이치나 부인이 남편을 대하는 이치가 근본적으로 크게 달라졌다고는 생각되지 않으나 방법론에는 상당한 변화가 있다고 느껴진다.

현모양처란 말로 쓰지 않고 "어떤 어머니 어떤 아내가 되고 싶은가?"를 내 주변에서 함께 일하고 있는 여성에게 물었다.

우선 어떤 어머니가 되고 싶은가 하는 질문(현모)엔 *자녀가 가진 잠재력을 발휘케 하여 즐겁게 인생을 살도록 뒷받침한다. *사랑을 주고 기본 건강, 안정된 성격을 형성하도록 도우며 독립적인 인격체로서의 발달을 돕는다. *아이들의 울타리가 되어 줄 수 있는 어머니, *자식이 가치관과 생활관을 건전하게 지닐 수 있도록 양육한다.

　＊자녀의 재능을 살리고 사회에 보탬이 되는 사람으로 키울 수 있는 어머니, ＊한 가정을 잘 이끌어 나가면서 자식을 사랑하며 이웃간에 덕이 있는 사람이라고 설명했다. 요약하면 자녀를 잘 키우는 능력 있는 어머니가 현모라는 뜻이다. 어떻게 키우는 것이 능력 있는 것일까 하는 의문을 남기지만 목표는 예나 지금이나 다르지 않다.

　아내가 해야 할 양처의 역할은 무엇일까? 옛날 『육방예경』에 나와 있는 것을 인용해 본다. 첫째 남편이 밖에서 집으로 돌아오면 일어서서 맞이할 것, 둘째 남편이 밖에 나가서 들어오지 않았거든 밥을 지어 놓고 기다릴 것, 셋째 다른 남자에게 마음을 팔지 말고 남편이 꾸짖더라도 달려들거나 얼굴빛을 바꾸지 말 것, 넷째 늘 남편의 가르침과 경계함을 받아서 여러 가지 물건을 감추어 속이지 말 것, 다섯째 남편이 고이 잠을 자거든 방안을 정돈한 뒤에 누울 것 등으로 적혀 있다.

　이것이 말하자면 옛날 방식의 좋은 아내의 역할이다.

　"어떤 아내가 되고 싶은가?(양처)" 물론 결혼한 분도 있고 아직 결혼하지 않은 분도 있지만 역시 나의 주변에서 함께 일하고 있는 여성들에게 물었다.

　＊양순하고 온순하며 성실하고 지혜스러운 아내 ＊집안의 분란 없게 시집과 친정 양쪽을 무마하고 남편을 내조하고 집안 걱정 없이 사회생활에 전념할 수 있도록 남편을

보조할 수 있는 아내 ＊남편이 사회적, 정신적, 가족적으로 편안하게 지내고 발전할 수 있도록 보필하는 아내 ＊서로간의 대화가 통하는 오랜 길동무 같은 아내 ＊남편의 정서적인 안정을 돕고 가정의 공동목표를 달성할 수 있도록 노력하는 아내 ＊남편이 가장 편안하게 느낄 수 있도록 하는 아내 등이 양처라고 했다. 모두들 전문직에 종사하는 여성들로부터 나온 표현을 한 자도 고치지 않고 그대로 적어 보았다.

현모양처가 되고자 하는 여성의 소망에는 변함이 없다고 보여진다. 다만 어떤 것이 현모양처인가 하는 문제는 현격한 변화가 있다고 생각된다.

가령 과거의 가족제도는 확대가족이었으나 오늘날의 가족구조는 핵가족이 바탕이 됨으로써 가족 속에서 의존을 통해 자기실현에 이르던 것이 자기실현을 통해 부부가 맺어지는 유형으로 바뀌었다고나 할까. 그래서 과거의 부부관계가 남성 중심의 경직성과 동질성을 바탕으로 했다면 오늘날에 와선 융통성과 다양성을 바탕으로 변화가 뚜렷하다.

어떤 한 가지가 절대적인 가치를 이루었던 게 옛날이라면 오늘날에 와선 그런 대표되는 단일 가치보다는 다양한 가치체계를 인정하고 추구해 나가는 사회 속에서 현모양처란 무엇일까를 생각해야 하는 시점에 와 있다.

'맹모 삼천(孟母三遷)'이란 고사가 오늘날에도 자식을 잘 가르치고 잘 양육하고 훌륭한 인생관과 사회관을 지니고 살아갈 수 있도록 만들고 싶다는 욕구로 변형되어 표현되어지고 있을 뿐이다.

부인의 역할은 부모 역할보다는 훨씬 다양한 변화를 보여주고 있다. 대개의 현대 여성들은 부부관계를 자아실현의 입장에서 보려고 한다. 과거처럼 자신을 희생하고 참고 밑거름이 되는 수동적인 자세에서 보다 적극적인 자기실현을 통해 부부로서 상호의존과 나눔을 가지려는 자세는 확실히 괄목할 만한 변화다. 서로를 도와서 잠재력을 실현하고 성장해 나가는 과정에서 아내의 양처 기준을 설정하고 있는 것은 그만큼 적극적인 사고 행동체계로 전환되었음을 의미한다. 자신의 욕구를 충족하는 것을 중히 여기며 상대방 욕구도 민감하게 배려하는 자세 또한 과거의 복종과 인내로 일관하던 자세와는 자못 다른 태도다.

자신의 욕구 성취가 대단히 중요하고 가치 있는 부분을 차지하며 이런 욕구충족 과정에서 일어날 수 있는 부부사이의 갈등을 싸우는 관계에서(생산적인 갈등해소 방법으로) 해결하고 해결된 결과를 합의 선택하는 대화를 이끌 수 있는 아내가 양처다. 이런 대화의 질을 높이기 위해선 부부 상호 간에 아주 긴밀한 관계를 유지하지 않으면 안되는데, 이런 관계 유지를 위해 공동의 취미나 자유로운 개인 공간의 필요성을 서로 인정하는 관계의 평형을 감당해 내는 아내가 또한 양처다.

사랑을 엮어가는 아내의 지혜

부부관계란 우연히 행복해지거나 우연히 불행해지는 것
이 아니다. 서로의 성격, 환경, 잠재력이 어울려 각 개인의
자아를 실현하고 그로 인해 부부의 몫을 키워나가도록 도
울 수 있는 아내가 양처다. 이제 어느 한쪽이 다른 배우자
의 한쪽을 위해 헌신적으로 존재하던 시기는 구세대에 속
한다. 부부는 서로가 서로에게 양처이고 양부인 관계여야
한다.

그리고 현모양처란 말은 현부모 양부부라는 뜻으로 동등
한 가치체계에서 논해야지 현모양처를 따로 논할 시기는
이미 지나버린 느낌이다.

아름다운 중년의 얼굴

'내가 나이들면 저러진 말아야지….' 이런 생각을 한두 번 안해 본 중년은 아마 없을 것이다. 어렸을 때 보게 된 중년이나 노인의 언동을 보고 못마땅한 부분을 그런 식으로 자신에게 다짐하곤 했었다.

지금 그런 분들이 중년의 문턱에서 나이 어린 사람들에게 어떻게 비쳐질까 하는 것을 거꾸로 생각해 보는 사람은 그리 많지 않다. 그 이유는 간단하다. 자기 스스로는 옛날 중년이나 노인과 같지 않다는 착각을 하고 있기 때문에 그렇지 기실 나이 어린 사람들로부터 평가받기는 매한가지다.

'요즈음 젊은 사람들은 도무지….' 이런 섭섭한 표현으로 자신을 달래고 있지만 이런 착각은 어떤 세월이든 이어질 반복이라 생각된다. 사실 곱게 늙고 싶은 것은 모든 사람들의 소박한 소망이다. 곱게 늙고 싶다는 것은 가령 현상에 의해 두드러지게 나타나는 부정적인 측면을 적어도 자신은 경험하지 말았으면 하는 바람이다.

나이가 들어감에 따라서 생활 사정으로 나타나는 일련의 변화는 꼭 병이라고 꼬집기는 어렵지만 건강한 생활을 영위했던 과거와 같지 않은 것도 사실이다. "내가 무엇을 찾으려고 서랍을 열었지?" 장농 서랍을 열어 놓고는 그 이유를 남편에게 물어본다. 내가 모르는 이유를 남편이 알 턱이 없다. 그러다 주섬주섬 다른 일을 하다보면 문득 생각이 날 때가 있다.

그러니 일이 순서있게 처리될 리가 없다. 부산하기만 했지 하루종일 이루어 놓은 일이 아무것도 없을는지도 모른다. 금방 벗어 놓은 안경을 못찾아 짜증을 내어본 경험이 있다면 그게 바로 중년 증세다. 요즈음 일어난 일은 도무지 기억이 없는 반면, 시시콜콜 옛날 일만 기억되면 그것도 중년 증세다. "엄마, 한 번만 더 들으면 꼭 열번째야." 똑같은 이야길 수도 없이 반복하니 딸로부터 핀잔 받기 알맞다.

갑자기 세상이 허무해지기도 한다. 세상이야 예나 지금이나…. 그러나 정작 느껴지는 느낌은 온 세상이 나를 외면한 채 저희들끼리만 돌아가는 것 같은 소외감 때문에 슬퍼진다. 전에는 가정에서나 모임에서 없으면 안 될 정도로 중심적인 위치였는데 어느새 소외자로서 주변을 돌게 된 듯한 느낌이니 슬프지 않을 수 없다. 남편도 자기 힘으로 출세한 줄 알고 자식들은 이젠 어미를 주책없게 여기니, '나는…' 그동안 이루어 놓은 것이 무엇인가 하는 회의에 빠진다.

'친구들은 땅도 사고 자식농사도 잘 짓고 남편 사랑도 받는다는데…' 별것이 다 떠올라서 자신의 허무감을 더해 준다면 이것 또한 중년 증세다. 같은 말도 곱씹게 되고 섭섭하게 들린다. 오해를 잘하게 되고 쓸데없는 말에도 쉽게 상처를 입고 마음 아파하는 나이가 중년이다. '나한테 그런 말을 할 수가 있어…' 하면서 마치 원수라도 갚을 듯이 마음에 맺혀 둔다면 그게 바로 곱게 늙지 못한 증거가 된다.

옛날보다 훨씬 감정적이고 쉽게 자극받고 늪에서 잘 헤어나지 못한다. 그래서 흔히 부부싸움이라도 벌이게 되는 날이면 미주알 고주알 이미 옛날 일로 흘러가버린 생활 사건들을 모두 거론하게 된다. '내가 처음 시집왔을 때…' 이런 식의 넋두리는 대개 자신의 감정수준이 예민해졌다는 증거가 되기도 한다. 그전 같지 않게 잔 걱정, 가족 걱정, 자신의 건강 걱정 등이 유별나면 이도 또한 중년 증세다. 걱정할 일을 걱정한다면 그게 무슨 중년 증세이겠는가? 생각하면 그럴 가능성이란 아주 희박한 확률의 미래를 지금 당장 닥치는 것처럼 걱정한다면 그게 바로 중년 증세라는 거다.

대개 비현실적인 상상이 많고 주변의 유사한 사건들에 의해 자극을 많이 받게 된다. 가령 건강에 대한 걱정과 같

사랑을 엮어가는 아내의 지혜

은 것은 주변사람들의 질병, 입원 또는 사망과 같은 사실
에 직면함으로써 이런 상황이 나에게도 있으리라고 지레
겁을 냄으로써 고통을 받게 된다. "젊었을 땐 안 그랬었는
데…"하는 평가를 주변이나 젊은 사람들로부터 받는다면
자신의 변화를 편견과 집착의 유무에서 찾아 보아야 한다.
젊었을 때의 합리성도 가령 현상으로 감정이 예민해지면
오히려 비논리적인 사고나 감정에 크게 영향을 받게 되기
도 한다.

"늙어 갈수록 점점 옹고집이야."하는 소리는 그만큼 편
견이 심해졌다는 평가로 들어야 한다. 대개 이런 증세들을
경험하게 되는 중년은 기본적으로 기존관계와 분리되어 이
별을 해야 하고 자신의 보살핌을 받던 관계는 독립적으로
떠나버리니깐 갑자기 자신의 존재 가치를 잃고 헤매게 되
는 데서 기인한다. 이런 헤매임은 주변에서 일어나는 원치
않는 불행한 현실이 '나의 일'임을 검증해 준다. 옛날처럼
신체적으로 건강한, 힘에 넘치는 수준에 있으면 쉽게 넘길
일도 그게 미치지 못하니 마음만이 한창일 수밖에 없다.

그냥 넘겨도 될 일이 마음에 와서 자꾸 걸리고 그렇다고
이를 새길 만큼의 자아 확대는 없고… 이런저런 이유들로
중년 증세는 가중된다. 건강이 안 좋은 사람에겐 이런 현
상은 가중되겠지만 건강한 사람이라고 하더라도 정도의 차
이가 있을 뿐이다. 이게 바로 가령 현상에서 볼 수 있는 피
하지 못할 인체의 생리 현상인 것을 어떻게 하겠는가? '그

렇다면 우리가 나이 들면…'하는 소박한 소망은 이루어지지 못할 비현실적인 소망일까?

생리적인 변화는 정도의 차이일 뿐 인생의 과정에서 모두 겪어야 할 일이라면 그에 대한 대책도 있을 법하다. 새 차 같지는 않지만 이래 저래 굴러가는 데는 지장이 없을, 있데도 조금만 불편을 감수한다면 구르는 데는 그런 대로 만족할 수 있는 차도 있게 마련이다. 중고차는 새 차만 같지는 않겠지만 이미 익숙해진 알음을 활용한다면 새 차보다 편리한 점도 없지 않다.

첫째, 자신의 신체 정신 건강에 현실적인 유의가 필요하다. 막연한 걱정보단 실재하는 불건강을 더이상 진행하지 않도록 하거나 개선하는데 실제적인 노력을 해야 한다. 자신이 지킬 수밖에 없다. 이런 자세를 갖추지 않는 사람은 자신이 병이 들어 타인에게 의지해야 된다면 어떻게 하나 하는 예기되는 불안에 보다 깊이 휩싸이게 될 것이다.

둘째, 떠나 보낼 것은 떠나 보내야 한다. 전문용어로는 흔히 분리라 일컫는 이 현상은 심하게는 사별에서부터 자녀가 자라서 슬하를 떠나는 모든 이별이 포함된다. 이런 현상은 변화로 수용해야지 '나에겐 영원히 불변하는' 것으로만 집착한다면 증세는 더욱 심각한 수준에 이를 것이다.

셋째, 차선책을 강구해 보자. 어떤 상황이 있다면 그 상황을 해결하는 방법이 있게 마련이다. 항상 원래 상태로의 복귀 또는 최선책만을 생각하니까 기회가 스쳐지나갈 뿐이다. 차선책도 대책은 대책이다.

넷째, 자신과 이웃을 진정으로 생각하는 시기를 중년으로 잡아 보자. 그동안 나를 필요로 했던 좁은 의미에서의 가족이 모두 제 몫을 해내도록 성장하여 분리되었다면 그 여백을 이젠 진정한 자기 시간으로 활용하여 그것이 이웃에게 번져 나가도록 해 보자. 사실 내가 오늘에 있기까지 눈에 안 보이는 많은 다른 사람의 도움에 의해 완성되었으며 그 완성의 빚갚음을 타인을 위해 할 필요가 있다.

마지막으로 중년은 인생을 관조할 수 있는 산등성이와 같다. 새롭게 정리해 본 자신의 내부에서 싹트는 우주적 진리와 인간의 한계성을 통찰한다면, 당신은 당신이 선택하는 종교와 마주앉아 보는 것도 중년을 슬기롭게 사는 지혜가 될 것이다. 나는 절대로 안 그러겠다가 아니라 이렇게 이렇게 해 봄으로써 그럴 가능성을 최소화시켜 보는 노력을 해 보는 것이다. 그것은 누구나가 곱게 늙어가길 바라기 때문이다.

부부 간 은밀한 공감대

일생을 함께 살아가면서 서로 말이 안 통하는 벽창호라면 얼마나 답답할까. 아니 말은 통해도 간간이 서로의 주장이 다르고 자기의 주장에 동의해 주지 않는 상대방을 우리가 얼마나 원망하는지를 생각하면 언어소통의 중요성은 새삼 강조할 필요가 없을 것 같다.

서로 만나지 않아도 되는 남남일 것 같으면 적어도 그런 불편은 피할 수 있겠는데, 평생을 함께 살아가야 할 부부간이고 보면 어려움이 여간하지 않을 것 같다.

정신과 외래를 찾아 부부문제를 상담하는 많은 사례를 통해 보면, 그 호소자의 배우자가 조금만 귀를 기울여 주면 쉽게 풀리고 말 일이 그렇지 않았기 때문에 관계를 더욱 악화시킨 경우를 흔히 보게 된다. 이런 점에서 부부관계는 여러 측면에서 볼 수 있겠지만 '대화 중심'으로 부부문제를 먼저 생각해 보고자 한다.

첫째로는 부부는 듣고 말하는 법을 서로 익혀야 한다. 말한다는 것은 자신의 의사를 전달하기 위해서이고 듣는다는 것은 배우자가 무슨 생각을 하고 있는지를 알 수 있는 것이기 때문이다. 이런 평범한 진리도 우리가 지키기 어려운 것은 말하기는 쉬워도 들어주는 인내는 감내하기 어렵다는 데 있다. 자기의 생각을 표현하는 것도 남의 이야기를 끈질기게 듣고 있는 것도 참으로 어려운 일이다. 잘 듣고 잘 말하고 그래서 잘 합의한다면 그보다 더 원만한 대화가 어디 있겠는가. 그렇지만 부부는 서로 다른 성격, 서로 다른 내면적 갈등 그리고 서로 다른 성장 과정 등의 영향 때문에 조화로운 합의를 이루는 데는 다소의 갈등을 겪는다. 대화의 궁극적인 목적은 합의에 있는 것이지 파괴적이고 공격적인 데 있는 것이 아니다. 그래서 어렵겠지만 듣고 말하는 훈련이 필요하다.

두번째로는 대화는 반드시 소리내는 말에만 있는 것이 아니고 말로도 표현되지 않는 표정, 행동 등과 같은 것으로도 표현된다. 그래서 이를 언어적인 표현인 말에 비해 비언어적이라고 표현한다. 언어적 또는 비언어적 방법이 모두 대화의 수단이 된다는 것을 알고 이를 활용할 일이다. 가령 말은 청산유수로 비단결같이 하지만 말할 때의 표정이나 태도가 건성으로 지나친다면 진실성이 의심된다. 말하지 않더라도 배우자로부터 표현되는 진실되고 믿음직스런 표정과 태도 그리고 행동은 백 마디 말을 얼마든지 압도할 수도 있다.

세번째로는 대화를 사전적으로만 한다거나 이해해서는 부부 간 교통에 어려움이 생긴다. 어떤 말이라도 이 말이 지니는 일반적인 뜻이 있는데 이런 일반화된 뜻이 곧 사전적인 의미가 된다. 그러나 개개인이 말할 때에는 사전적 말뜻 이외에 특별한 단어가 상징하는 특별한 의미를 따로 지니고 있는 경우가 있는데 부부는 모름지기 이런 숨은 의미의 합의가 있어야 한다. 부부는 학술적인 토론을 위해 대화하는 것이 아니다. 두 사람 사이의 공감대를 높이고 이런 이해를 통해 주관적으로 느낄 수 있는 소위 행복감을 성취하기 위해 대화를 나눈다. '툭하면 척하고' 알 수 있어야 하는 것이 부부 간의 대화다. 이런 개별성, 다양성, 독특성에도 불구하고 자신의 배우자를 일반화시켜 사전에 나오는 글뜻만 가지고 대화를 한다는 것은 질이 낮은 대화라고 할 수밖에 없다. 부부 간의 은밀한 의미를 경험을 통해 합의하고 그것을 이해해야 한다. 이것은 둘만이 이룰 수 있는 가장 배타적이면서도 둘 사이의 공감대를 증진시키는 대화가 될 것이다.

네번째로는 부부간 대화 가운데서 서로 합의하지 못하는 갈등이 생기는 경우가 많은데 이런 경우엔 그 합의하지 못한 주제에 국한해서 대화를 나눌 필요가 있다. 초점이 되는 주제는 뒤로 미루고 미주알 고주알 지금까지 있었던 여러 불편스러웠던 갈등을 한목에 다 쏟아 놓으면 어떤 것이 주된 것이고 어떤 것이 부수적인 것인지 길을 잃게 된다. 그러므로 현재 여기서 문제가 되고 있는 내용을 화제의 초점으로 삼아 대화를 나누어야 한다. 주된 것이 해결되면 부수적인 것은 자연히 해결되어질 수 있지만 부수적이고 지엽적인 것에서만 겉돈다면 주된 문제는 어떤 대화로도 풀기 어려울 것이다.

마지막으로 유의해야 할 것은 대화의 내용인데 어떤 대화에서도 상대방이 쉽게 상처받게 되는 내용은 피하는 것이 좋다. 아무리 대화가 성공적이라고 하더라도 그 대화의 상처 때문에 자신을 가눌 수 없게 된다면 이는 '빈대 잡으려다 초가 삼간 불태우는 격'과 다를 바가 없겠다. 서두에 이미 언급했던 바대로 대화가 서로의 이해를 증진시켜 합의에 이름으로써 주관적 행복을 성취하는 것이라면 상처주는 말은 피할 필요가 있다. 상처를 감당해내는 힘이 상대방 자아에도 있다면 별문제이겠지만 대개는 가장 듣기 싫어하는 내용이 개별적으로 한두 가지 있게 마련이다. 이 점을 피하는 것이 좋다는 뜻이다. 이해 못해준다고 배우자를 몰아세우지 말고 이만큼 이해가 증진되었구나 하는데 서로의 신뢰와 긍지를 가져 보자. 이런 자그마한 성취에서부터 부부 간의 대화는 건강하게 이어지고 확산되어 나갈 것이다.

사랑의 건강학

"사랑을 하면 예뻐져요." 그런 노랫말도 있다. 사랑이라는 말만큼 우리 귀에 익숙한 말도 그리 흔치 않지만 듣고 보면 정작 그게 정말 사랑이었을까 싶게, 말하는 사람에 따라 그 뜻이 천차만별이다. 다행히 사전에는 '아끼고 위하는 따뜻한 인정을 베푸는 일이나 그러한 마음' '마음에 드는 이성을 몹시 따르고 그리워하는 일이나 또는 그러한 마음'이라고 적고 있다. 그럼에도 불구하고 이를 지각하고 이해하고 실현하는 사람들이 개인에 따라선 반드시 사전말의 뜻과 일치하지 않는 것을 볼 수 있다. 그만큼 사랑이란 게 무형적인 것이기 때문에 사물을 보듯 가늠할 수 없는 것이구나 싶다.

"사랑해요 당신" 이런 표현이나 "당신, 나를 사랑하세요?"하는 물음이나 모두 따지고 보면 서로 간에 느끼는 사랑을 확인하고 싶어서일 게다. 어쩌면 들으나 마나한 '그렇

사랑을 엮어가는 아내의 지혜

다'는 그 말 한마디가 무엇이 그렇게도 중요한 의미가 있 길래 "거짓말이라도 좋으니 사랑한다고 말 한마디만…"어 쩌고 하는 노랫말도 있다.

사랑은 정말 위대한 힘을 지니고 있다. 사랑하는 대상과 의 사이에 진정한 사랑이 오가면 사람의 얼굴 표정이 확 달라진다. "요즈음 연애하는 것 아냐?"하고 주변사람들로 부터 금방 지적받을 수 있기도 하지만 사랑받지 못하면 우 울해진다. 사랑을 하는 것도 중요하지만 사랑을 받는 일도 중요하다. 신체적 변화뿐만 아니라 정서적인 안정과 불안 정으로 갈피지워지는 사랑은 어떻게 보면 신체 정신적인 이상적 조화로움의 극치가 아닐까 싶다. 흔히 대상에 애착 하는 것과 진정한 사랑이라는 것을 구분하려 드는 이유는 사랑이 조화라면 애착은 사랑에 미치지 못하는 불확실한 부조화이기 때문이다.

인간은 심리적으로 욕구가 발생하면 이를 동기화하고 성 취하도록 행동화하는 일정한 갈등 해소의 틀을 지니고 있 다. 이런 과정에서 욕구와 성취 사이에는 거리가 멀수록 갈등 상태에 놓이게 되는데 반대로 괴리가 적을수록 평형 상태란 안정을 뜻한다. 이런 안정으로 개인이 내면적으로 만족감을 느끼게 되는데 그것이 바로 행복이라 할 수 있 다. 외부적인 또는 객관적인 조건이 행복해야 함에도 불구 하고 개인의 내면적 만족에 이르지 못하면 행복하게 보일 뿐 진정한 행복감은 아니다.

사랑도 예외가 아니다. 겉보기에는 사랑처럼 보이지만 내면에는 독이 묻은 가시가 있을 수 있고 겉보기엔 덤덤해도 행복감 넘치는 주관적인 사랑의 느낌을 만끽하는 사람도 있다. 사랑이 있으면 상황을 변하게 만든다. 그것은 사랑을 하건 사랑을 받건 그 사랑이란 평형과 조화 그리고 주관적인 만족감에 의해 신체적으로나 정신적으로 변화를 일으키게 된다. 어떤 변화들일까?

좀 재미없는 이야기부터 먼저 하면, 인간 유기체는 자신이 처해 있는 상황에 적응하기 위해 그에 적절한 신체 정신적 방어 태세를 갖추게 된다. 그런데 이런 방어 태세를 갖추자면 부정적인 상황과 긍정적인 상황에 따라서 대처하는 내용이 달라져야 할 것이다. 근간의 연구들은 부정적인 스트레스 상황에 대처하기 위해선 긍정적인 스트레스에 비해 월등 많은 정신에너지가 필요하며, 설사 정신에너지가 많이 투입된다 해도 평형 상태를 잃은 상태로 오래 지속되기 때문에 신체 정신적 증상을 유발하게 만든다.

이 말은 바꾸어 말하면 긍정적인 상황도 스트레스이긴 하지만 개인의 신체 적응 태세는 정신에너지를 훨씬 경제적으로 활용할 수 있게 됨으로써 전혀 다른 결과를 초래한다는 뜻이다. 사랑한다면 또는 사랑받는 유기체라면 우리에겐 어떤 심리, 정신적 변화를 가져 올 수 있을까를 한번 살펴 보자.

첫번째로 예뻐진다. 예뻐진다는 것은 우리 신체의 일부

사랑을 엮어가는 아내의 지혜

를 구성하고 있는 근육의 움직임이 활발해짐으로써(특히 안면) 다양한 표정을 연출해 낼 수 있다. 자극에 따르는 충분하고 적절한 표현은 표정이나 물질을 통해 잘 나타나게 되는데 이 활발한 표현들은 결국 경직된 무표정에 비해 예쁘게 보일 수밖에 없다. 예뻐지는 것뿐만 아니라 생체 내의 온갖 리듬이 생체 적응 태세에 걸맞는 것이 되기 때문에 바이탈리티가 높아질 것은 당연한 이치다. 예쁘고 건강미 넘치고 그래서 바이탈리티가 증가한다면 가장 신체적으로 평형과 건강이 유지되는 상태라고 할 수가 있겠다.

두번째로 변하는 것은 즐거움과 행복감이다. 쾌적한 신체 상태에서 주관적으로 느끼는 사랑의 성취로 인한 만족감은 '행복감'이란 표현으론 부족한 정서다. 이런 행복감의 지속은 새로운 행복감의 성취를 위한 또다른 동기가 되기 때문에 인간은 이 주관적 행복감을 적절히 지속시키기 위해 계속 신체 정신 상태를 평형과 조화로운 상태에 두고자 노력하게 된다. 이런 노력은 결국 우리 신체 내의 복잡한 내분비를 조절함으로써 피드백(feedback)된다.

세번째로는 융통성과 관용으로 인해 수용하는 범위가 넓어진다. 사랑이 무엇인지 경험해 보지 못한 사람은 경직되고 융통성이 없으므로 타인의 감정을 수용하는 능력이 상대적으로 좁게 마련이다. 사랑이란 결국 애정에 대한 욕구가 자신으로부터 타인에게로 옮겨져 갈 때 발생하는 것이기 때문에 이타적인 애정 추구 욕구를 사랑이라고 포괄해

서 표현한다. 자기만을 아는 것도 좁은 의미에서의 사랑은
사랑이다. 그러나 이를 진정한 사랑과 구분하기 위해서 '자
기애'라는 말로 표현하는데, 자기애가 나타나는 형태는 자
기 중심적이고 자기만을 사랑해 주기를 원하며 이런 유아
적인 욕구가 충족되지 않으면 심한 정서적 갈등을 겪게 된
다.

사람이 차차 성장함에 따라서 자기애적 사랑에서 애정
추구 욕구가 타인에게로 옮아가자면 결국 '자기만' 하던 자
세에서 '만'대신 그 크기만큼 타인을 수용하게 된다. 이것
이 이타적인 사랑인데 이런 사랑이 실현되자면 그만큼 관
용과 수용의 범위가 넓어지지 않으면 안된다. 사랑을 알고
부터 그전 같지 않게 양해하는 것이 많고 타협하는 것이
많으며 인내하는 것이 많아지게 되는 이유가 여기에 있는
것이다.

네번째로는 헤아리는 능력이 생긴다. 헤아림이란 억지로
되는 일이 아니다. 마치 내 마음에 든 것이 없이 남을 도울
수 없듯이 헤아림도 내 마음속에 사랑이 가득차 있지 않으
면 불가능하다. 마음에 든 것도 없이 헤아린다고 하는 것
은 오히려 헤아림을 빙자하여 대상에게 밀착하려는 유아적
이고 신경증적인 행동이다. 헤아림은 내가 나를 넘어설 때,
내가 나를 버릴 줄 알 때 비로소 생기는 것이지 나만을 챙
기는 사람에겐 절대로 생겨나지 않는다. 헤아림은 또 어떤
학습이나 훈련과 같은 것으로 이루어지는 지식의 성취와는

다르다. 지식이 잘못되면 오히려 헤아림을 가리는 어리석음을 자초하기도 하기 때문이다. 사랑이 없는 헤아림은 눈을 감고 사물을 구분하려는 어리석음과 같다.

다섯번째로는 성숙해진다. 성숙하다는 것은 미성숙함에서부터 발전하여 나가는 것을 뜻하는데 다른 말로 하면 어른스러워진다는 뜻과도 통한다. 성숙의 기준을 어디에 두느냐에 따라서 많은 논란이 있을 수 있겠으나 성숙은 정지 상태라기보다는 끝없이 진행하는 경과라는 생각이 든다. 그러니깐 상대적으로 어떤 상태보다 지금이 더욱 성숙하다고 표현할 수 있지만 "이러이러한 상태에 있으면 모두 '성숙'하다."라는 표현은 하기 어렵다. 사랑은 성숙 그 자체이며 미성숙 상태를, 성숙 상태로 이끌어가게 되는 묘약이기도 하다. 사랑이란 것을 제외하고 무엇이 인간을 그토록 성숙하게 만들 수 있는지 아직은 알기 어렵다.

여섯번째로는 창의성과 자발성이 돋보인다. 사랑은 미래지향적이기 때문에 과거에 파묻히거나 집착하는 것과는 다르다. 보다 창의성이 돋보이고 자발성에 의해 행동지워진다. 그만큼 동기가 강하고 창의적이고 자발성이 있다면 이미 그 자체로서 사랑을 체험해 보지 못한 사람과는 구분된다. 창의성은 항상 새롭게 자신을 탐색하도록 동기지워지기 때문에 하루하루가 다른 자신을 창조해 내는 힘을 지닌다.

일곱번째로는 상호 의존과 합일에의 욕구가 지금까지는

독불장군같이 나 혼자 못해 낼 일이 없다고 생각했던 착각을 온화하게 교정해 준다. 무엇이든지 하면 된다는 착각은, 해서 될 일이 있고 아무리 하려고 애써도 성취할 수 없는 일이 있다는 스스로의 한계랄까 그런 것을 인식하는 계기를 만들어준다.

사랑은 무한한 것이긴 하지만 이 진정한 사랑이 개인의 유한한 한계를 일깨워주는 갈피가 된다. 그래서 홀로 서기뿐만 아니라 가장 사랑하는 대상과 함께 살면서 배우게 되는 지혜를 갖게 된다. 홀로 서는 힘이 없이 함께 살려는 것은 의존일 뿐이다. 홀로 서는 힘을 바탕으로 함께 사는 지혜를 사랑으로 터득했다면 이런 상호의존은 의존을 위한 의존이 아니다. 의존이 미성숙성의 표현이라면 상호의존은 성숙함의 결과이다. 그래서 합일에의 욕구가 자신의 한계를 수용하고 극복하고 고즈넉히 받아들이는 인생의 자세를 변화시켜 주게 된다.

여덟번째로는 인생을 긍정적으로 보는 눈이 뜨인다. 사랑이 충만한 사람은 같은 상황이라도 부정적인 시각보다는 긍정적인 시각으로 볼 수 있는 능력이 더 많다. 같은 상황이라도 나쁘게만 보면 모두 버려야 할 것으로 보이지만 상황을 긍정적이고 좋게 보는 자세이면 오히려 취할 것이 더 많이 보인다는 성현의 말씀처럼 이런 긍정성은 결국 사랑의 경험자가 아니고는 실천하기 어려운 점이다.

마지막으로 한 가지만 더 지적하자면 정서적 안정과 조

화가 사랑이 충만한 사람에겐 한결 돋보인다는 것을 지적하고 싶다.

　이상 열거한 모든 사랑의 건강학이 따로 하나씩 떼내 생각할 문제는 못 된다. 서로 상호 간에 연관성과 조화로움이 잘 이루어질 때 사랑은 충만할 것이다. 신체 정신의 상태가 아주 건강한 수준이면 사랑이 창출될 것이고 또한 사랑이 넘쳐 흐르는 개인의 평형 상태면 바로 그것이 신체 및 정신의 건강 상태라고도 말할 수 있겠다. 사랑으로 건강을, 건강으로 사랑을 실천한다면 어느 쪽이든 당신에겐 최상의 행복감을 선물해 줄 것이다.

2장

나의 가정, 내 손으로 지킨다

고부 간의 갈등

"선생님, 며느리를 이리 오라고 해서 그 말씀을 들려 주세요."

외래에서 며느리 험담에 신명을 내던 한 시어머니가 자신에게 솔깃한 말이 나오면 놓치지 않고 치료자에게 그런 주문을 한다. 옛날 같지 않게 정신과 외래에 찾아오는 시어머니가 숫적으로 늘고 있다는 것은 그만큼 고부 간의 세력다툼에서 조금씩 밀려 난다는 뜻도 된다.

"선생님, 틀림없이 밖에 시어머니가 와 있을 거예요. 등이 가려운 걸 보면 틀림없어요." 어느 며느리를 외래에서 치료하던 중 들은 호소다. 그녀의 말로는 시어머니의 시선이 닿으면 그 시선이 닿는 자신의 몸에 두드러기가 난다고 했다. 설마 하는 의문을 갖고 등을 벗겨 보았더니 넓적한 두드러기가 보란 듯이 퍼져 있었다.

"틀림없이 밖에 있을 거예요." 간호원을 시켜 확인해 보

나의 가정, 내 손으로 지킨다

왔더니 아니나 다를까 그녀의 시어머니가 밖에 있었다.

　시어머니와 며느리, 영원한 사랑과 증오의 대상인 이들은 요즈음 말로는 고부 간 갈등으로 치부된다. 이 갈등이 어떻게 방향지워지느냐에 따라서 시어머니가 병이 나기도 하고 며느리가 병이 나기도 한다. 지금까지는 시집살이 때문에 며느리들이 병원을 찾는 것이 상례였지만 요즈음은 마음 약한 시어머니가 되레 병이 나서 병원을 찾는 것도 흔히 보게 되는 세월로 바뀌었다.

　왜들 그럴까 생각해 보지만 '질투'를 빼놓곤 별다른 이유가 없다는 생각이 든다. 자기보다 능력이 우월한 사람을 시기하고 증오하는 감정을 일반적으로 질투라고 하는데 고부 간 갈등은 고부 간의 질투 때문에 그렇다. 고부 간에 무슨 질투랴 싶지만 질투는 계층이나 성별, 나이와는 무관하다. 시어머니가 며느리 질투하는 것은 쉽게 이해된다. 지금까지 자기들끼리 자기들의 가족문화 속에서 잘 살아온 울타리에 느닷없이 며느리라는 이방인이 다른 가족문화 배경을 안고 들어 온다. 한 사람의 이방인이 나타난다는 것은 기존의 상황을 흔들리게 만든다. 지금까지의 질서에 변화를 일으킨다. 때로는 기득권자의 이익이 제한되기도 하고 새로 들어온 식구에 대한 집안사람들의 관심이 쏠릴 수도 있다.

　이런 변화는 시어머니로서는 견디기 어렵다. 시어머니는 지금처럼 모든 상황이 자기중심적으로 진행되고 결과되어지기를 바라지만 이미 변화의 소용돌이는 시작되었다. 옛날, 모두 자신의 이야기에 귀를 잘 기울여 주던 그런 시절(그런 시절은 아들이 어렸을 때 뿐이다)로 돌아가고 싶어 하지만 이미 그럴 순 없다. 심기가 몹시 불편하다. 이 모든 원인이 새로 들어온 며느리 탓이라고 생각하면 며느리의 뒷통수가 예쁠 까닭이 있겠는가. 그래서 말은 누가 들어도 그럴싸하게 하지만 기실 그 바탕에는 질투가 도사리고 있다. 시어머니가 며느리를 시기하여 못살게 구는 일화는 우리네 고부 간의 민담이나 설화로 남아 있는 게 많은 것만 보아도 짐작이 간다.

며느리쪽에서 보아도 매한가지다. 시집가서 남편을 차지하고 싶지만 이미 결속되어 있는 모자 사이를 헤집고 들어가기엔 역부족일 때가 많다. 과거엔 흔히 시집가는 딸들에게 친정에서 교훈하는 것이 벙어리 3년, 귀머거리 3년, 장님 3년이라야 살아남는다고 가르쳤다. 이런 긴 세월의 인내와 억압을 견디지 못한다면 결혼 생활은 커녕 자신의 목숨이 살아남기도 어려웠던 세월도 있었다. 지금은 서로의 주장을 수용하는 때로 변했다고는 하지만 이런 감정적 흐름의 바탕은 서로 내재시켜 두고 있을 뿐이다.

정신분석학에서 고부 간의 갈등을 소위 에디프스 컴플렉스로 해석한 것이 있다. 에디프스 컴플렉스란 유년기에 경험하는 정상적인 공상으로 이성의 부모를 사랑하고 동성의 부모를 증오하는 느낌이다. 이런 느낌은 증오의 대가로 성

나의 가정, 내 손으로 지킨다

적 처벌을 받을지도 모른다는 두려움에 직면한다는 가설인
데 쉽게 설명하면 아들은 어머니를, 딸은 아버지를 사랑의
대상으로 공상하는 반면, 아들은 아버지를 딸은 어머니를
사랑의 경쟁자로 생각하여 질투하고 미워하고 적개심을 갖
는다고 한다.

　이런 감정의 발달은 5세 쯤이면 모두 경험하면서 사춘
기, 청년기로 이행되는데 이때 에디프스 컴플렉스는 저 무
의식 깊은 곳으로 숨고 의식수준에선 현실성이 있는 배우
자 선택으로 바꾼다고 설명한다. 공상 속에서 실속없는 부
모를 사랑의 대상으로 고집하기보다는 현실적으로 가능한
이성을 선택하여 결혼을 하게 된다는 가설이다.

　이해를 돕기 위해 조금더 자세히 설명하면, 처음 세상에
태어나선 아들이건 딸이건 사랑의 대상은 그를 보살피는
'어머니'에게 국한된다. 자신의 성장에 절대적인 영향을 주
는 어머니에게 처음은 국한되었다가 5세 쯤에 이르면 소위
남근기라는 정신성격발달 단계를 맞는다. 이 단계는 성별
에 대한 관심이 높아지는 시기로 사랑의 대상을 이성으로
바꾸게 된다. 남성(아들)은 어머니에서 사랑의 대상을 이
성으로 바꾸어 보지만 그 상대는 바로 어머니다. 어머니가
어머니이기도 하지만 이성이기도 하다는 뜻이다.

　그러나 여성(딸)은 어머니에서 이성으로 바뀌는 과정이
남성에 비해 훨씬 복잡하다. 즉 어머니에서 이성으로 바뀌
어지니깐 아버지로 사랑의 대상을 대치하지 않으면 안된

다. 아버지로 바꾸는 과정에서 세 가지의 패턴이 있다고
한다. 첫째는 어머니와의 사랑의 유대가 너무 탄탄하여 이
성인 아버지로 사랑의 대상을 바꾸지 못하는 경우다. 둘째
로는 자신을 열등한 여성으로 태어나게 만든 탓이 어머니
에게 있다고 공상한 나머지 자신은 남성처럼 살기를 원한
다. 그래서 자신이 남성처럼 사니까 이성의 선택이 불필요
하거나 선택한다 해도 동성애의 파트너를 구하게 된다. 셋
째로는 자신의 남성적 추구가 현실적으로 불가능하다는 것
을 깨닫고 여성적 역할을 수용하는 패턴이다.

이 말은 여성이 에디프스 컴플렉스를 극복하는 데는 남
성에 비해 훨씬 복잡한 과정을 겪는다는 뜻이다. 복잡한
과정은 그만큼 감정을 복잡하게 만들고 복잡한 감정은 그
만큼 갈등의 깊이를 더하게 된다. 이 정신분석적 가설을
원용해 본다면 고부 간의 갈등은 동서양을 막론하고 누구
에게나 있음직한데 알려진 것으로는 동양 문화권에서 더
심한 것처럼 비쳐진다. 그러나 그것은 외형일 뿐 그 가설
의 뜻대로라면 단지 가족형태나 결혼제도가 다른 데서 연
유될 뿐 근본은 다르지 않다.

여성은 어려서는 아버지를 사이에 두고 어머니와 치열한
질투의 전쟁을 벌여야 하고(물론 에디프스 컴플렉스란 공상
속에서) 자라서 성년이 되고 결혼한 이후에는 남편을 사이
에 두고 시어머니와 치열한 질투의 전쟁(이것은 현실적인
에디프스 컴플렉스다.)을 벌인다. 이런 가설을 놓고 보면 고

부 간의 갈등은 일생동안 피할 수 없는 숙명 같은 질투다. 사위와 장인 사이에도 같은 논리라면 질투가 있겠지만 여성보다는 에디프스 컴플렉스의 극복 과정이 단순하기 때문에 고부 간의 갈등에 비길 바는 못된다. 서양사람들이 고부 간의 갈등이 없는 것처럼 비쳐지는 것은 우리보다는 거리를 일찍 수용하기 때문에 그렇다.

"질투는 먼저 나를 해치고 그 다음에는 남을 해친다. 질투하는 이는 남을 때리기도 하고 맞기도 하면서 끝내 그것을 버리지 못한다." 『출요경』에 나오는 부처님 말씀이다. 이 업보 같은 고부 간의 갈등은 마음속 깊숙이 자리잡은 무의식적인 질투 감정을 해결하지 않고서는 해결되지 않는다. "질투는 바로 빼앗겼다는 사실이다. 그 이상 아무것도 아니다."라고 말하는 사람도 있다.

아들을 빼앗긴 게 아니라 제 몫을 하게끔 자랐다는 사실을 어머니가 인정한다면 질투로 인한 갈등은 훨씬 줄어들 것이다.

중년 여성 이야기

인정받지 못하는 외로움

"……."

"외로우세요?"

이런 질문을 던지면 금방 눈물이 주르르 흐른다. 지금까지 겨우 참고 버티고 있던 감정이 일시에 폭발하여 눈물로 쏟아진다. 좀더 참는 힘이 있는 환자는 얼굴 표정을 애써 감추고 버티지만 그것은 시간 문제일 뿐 끝내는 눈물을 흘리고 만다. 외롭고 쓸쓸하기 때문이다.

무엇 때문에 쓸쓸함을 느낄까? 이런 어리석은 의문은 자신도 외로움을 느끼고 때로는 이를 극복하기 위해 애쓴 경험을 되살린다면 해답은 그리 어려운 것이 못 된다.

"다 소용이 없어요…."

이런 표현을 하는 사람은 대개 자신이 정을 쏟아 붓던 대상으로부터 섭섭한 대접을 받은 경우에 속한다. 가령 자식 키워 놓아도 결혼하면 그만이며 다 소용이 없더라는 말을 자꾸 한다. 결혼 전처럼 엄마인 자신의 말에 순종하고 잘 따르기를 바라지만 결혼을 하고 나면 그의 마누라와 어머니의 말을 가려 듣거나 아예 어머니의 말이 우선순위에서 밀려나게 되기도 한다. 그러면 '전에는 안 그랬는데….' 하는 섭섭한 마음이 커지게 된다.

"당신 오늘 일찍 들어오세요?"

출근하는 남편에게 이런 질문을 던져 보지만 어째 대답이 예전 같지 않다. 보기에 따라서는 표정마저 예전 같지 않은 것을 예민하게 느낄 수 있다. 이런 경험을 가진 주부는 '내가 이 집안에서는 이제 아무 쓸모가 없는 존재일까, 남편에겐 내가 거추장스런 존재일까….'하고 자기 비하를 하다 보면 끝이 안 보이게 된다.

'이럴 때 마음 툭 터놓고 이야기 나눌 친구라도 있었으면….'

이런 생각도 해 보지만 친구도 신통치 않다. 친구가 없는 것은 아니다. 단지 친구는 자기 자랑만 늘어 놓을 뿐 내 외로움을 상쇄시켜 주지는 못한다. 동창회라도 나가 보고 싶지만 그동안 달라진 모습들 앞에 자신의 초라한 모습을 나타내 보이기도 싫다. 이 세상에 나를 알아주는 사람이 이토록 없고 보면 갑자기 혼자 숨어서 울고 싶어진다. 외로움이 뼈속까지 스미는 경험도 하게 된다.

지금 건강하게 생활하고 있는 사람들은 이 뼈속까지 스미는 외로움이 어떤 것인지 막상 닥쳐 있지 않아서 모르는 것일 뿐이다. 생각해 보면 외로움은 누구에게나 있는 것이다. 그렇게 사소한 것들을 가지고 외로움을 느낀다니 이해할 수가 없다고 생각하는 사람도 많겠지만 외로움은 거창한 명분을 갖고 찾아오는 것이 아니다. 어느날 갑자기 찾아올 수도 있고 꾸준히 축척되는 외로움의 바탕 속에서 일생을 살아가는 이들도 있다.

외로움이란 곁에서 가까이 의지할 데가 없어서 쓸쓸한 것을 말한다. 여기에서 의지할 데란 사람이기도 하고 사물이기도 하고 때로는 자기 자신이기도 하다.

대상이 사람일 때는 가치를 부여하는 중요한 사람과 있으면 외롭지 않은 것은 물론 즐거움으로 인해 행복하다는 주관적인 느낌을 갖고 살게 된다. 반대로 이런 가치를 부여한 귀중한 사람이 자신의 마음을 몰라주거나 거절한다면 갑자기 외로워지는 것이다.

보통 사람들은 자신을 남이 알아 주지 않으면 외로워한다. 자기 마음을 알아 주지 않으면 외로워한다. 내가 해 놓은 결과에 대해 인정을 받지 못하면 외로워진다. 특히 가까운 사람이나 자신이 중요하다고 생각하는 사람으로부터의 불인정이나 거절은 참기 어려운 외로움으로 바뀐다. 어느 학자는 자신이 분류한 인간이 갖고 있는 열 가지 신경증적 욕구 가운데 하나가 남으로부터 인정을 받고자 하는 욕구라고 하고 있다.

내 마음을 알아 달라. 나의 마음 쓰는 과정을 알아 달라.

나의 가정, 내 손으로 지킨다

내가 애써서 이룬 결과를 알아 달라. 이 모든 알아 달라는 욕구는 신경증의 근원이 되는 욕구라는 것을 지적하고 있다. 이런 욕구가 강할수록 되돌려지는 반응은 비례한다. 불가능한 일이긴 해도 계속해서 환자가 원하는 인정의 욕구가 충족되어진다면 그의 일생은 외로움 없이 지낼 수도 있을 것처럼 보인다. 그러나 그렇게 된다손 치더라도 자신의 내면에서 일어나는 부조화 때문에 외로움은 피할 수 없게 될 것이다.

"인생이란 고독한 것이다. 누구도 타인을 모른다. 모두 혼자다."

고독의 시인 헷세가 말한 한 구절이다.

"자신은 결국 자신의 길을 모두 고독하게 걸어 온 것이다. 산책뿐 아니라 인생의 걸음걸음을 모두 외롭게 걸어 길을 모두 외롭게 걸어 인생 행로를 고독하게 걸어온 것이다."

역시 헷세가 갈파했다는 소리다.

어느 하나 틀린 말은 아니지만 이것이 지금 뼈에 사무치게 외로운 사람에게 얼마만큼의 위로가 될 수 있을는지 모르겠다. 헷세의 말처럼 누구도 타인을 모르기 때문이다.

외로움이라면 빼놓을 수 없는 철학자가 있다. 그 유명한 니체는 "당신이 마주치는 최악의 적은 항상 당신 자신일 것이다. 동굴이나 숲속에서 당신을 기다리며 매복하고 있는 것은 당신 자신일 것이다. 고독한 자여, 당신은 당신 자신의 길을 걷고 있는 것이다. 당신은 당신 자신의 불길로 자신을 불태워 죽이지 않으면 거듭나지 못한다."라고 절규했다.

마땅한 처방이지만 지금 뼈에 사무치도록 외로움에 빠져 있는 사람에겐 무슨 소리로 들릴까. 정신분석학의 태두 프로이드는 우리들은 혼자서 세상에 나와 혼자서 떠난다고도 했다. 태어나서 외로움을 극복하기 위해 별난 몸부림을 다 치면서 살다가 '아, 그게 아니구나' 하는 것을 깨닫는 순간 세상을 떠나는 것은 아닌지 모르겠다.

부처님의 말씀이 아니더라도 이 세상을 살다간 많은 선각자들이 갈파한 외로움에 대한 말만 음미해도 충분히 고독을 이길 힘을 얻고도 남으련만 외로움은 그대로 남으니 그 또한 무슨 까닭일까도 싶다. 외로움의 늪에 빠져 생사의 기로에 있는 환자는 약물의 도움이 필요하다. 이런 범주를 벗어난 환자는 상담이나 정신치료라는 치료적 방법이 요구된다.

건강하게 살아오고 지금도 건강하게 살아가는 사람들에게는 자신을 진정으로 볼 수 있는 자세가 되어야 한다. 남의 인정이나 칭찬에 의지하지 않는 높은 자신의 정신건강을 지녀야 한다. 이런 건강은 우리에게 자유자재로움을 줄 것이다. "만약 진정한 견해를 얻으면 생사에 물들지 않고 거주가 자유롭다."라고 『임제록』에 밝혔듯 이 생사로부터의 자유로움인데 외로움이야 일러 무엇하겠는가 싶다.

나의 가정, 내 손으로 지킨다

서로의 사랑은 관심으로부터

"오늘이 무슨 날인지 아세요?"

아내의 다그치는 질문에도 불구하고 그의 대답은 한결같다.

"오늘이 화요일인가… 그런데?"

으레 그런 대답이 나오리라고 결혼 생활 경험을 통해 예견한 바이긴 하지만 섭섭하다. 하긴 자신의 생일도 잊고 지내는 사람인데 남의 생일까지 일일이 챙겨 주랴 싶지만 결혼 초엔 그 점을 참아내기가 상당히 어려웠다. 다음해는 그렇지 않겠지 하고 기대해 보았지만 마냥 그 타령이다. 그는 그저 자기가 분주하게 추구하는 한 가지 외에는 무관심할 뿐이다. 아내의 생일도, 결혼기념일도….

"당신 내일 나하고 어디 좀 갔다오지."

뜻밖의 남편의 말이다.

"어딜요?"

"어디든지…."

아내는 갑자기 뚱단지 같은 제의에 알 수 없다는 듯이 "어딜 가시려는지 행선지를 알아야 따라갈 게 아녜요. 나는 뭐 가자면 무작정 따라나서는 당나귀인 줄 아세요?"

"싫으면 관두고…."

이쯤 되면 시비가 안 된다.

사실 남편은 15년 결혼생활을 통해 한 번도 변변한 부부 동반 여행을 가 본 적이 없었다는 생각이 들어 문득 다가오는 결혼기념일이 생각나서 자기딴에는 아내를 깜짝 놀라게 해줄 계획을 짜놓았는데 아내의 퉁명스런 표정을 보니 은근히 속이 상한다.

"어디 좀 갈까 했는데…."

"어딘지 몰라도 당신 혼자 다녀 오세요."

이쯤되면 두 사람은 서로 맥이 빠지고 만다.

이와 같은 현상은 부부 서로가 한 면만 바라보며 살아감으로써 대화의 부족, 이해의 부족으로 생기는 현상이다. 결혼 생활을 통해 부부가 서로 어떻게 적응하고 살아가는가 하는 것은 누구에게나 중요한 문제다. 결혼주기에 따라서 초기엔 금실이 좋다가 살아가면서 점점 냉전 상태로 들어가는 경우가 있고, 반대로 초기엔 서로의 주장이 팽팽했으나 살아가면서 금실이 좋아지는 부부도 있다. 부부 사이의 관계는 마치 파도타기 경기와 비슷하다고나 할까. 부부 생활엔 높낮이가 있고 리듬이 있기 마련이다. 이런 결혼 생

나의 가정, 내 손으로 지킨다

활의 높낮이나 리듬을 반대로만 살아간다면 서로에게 피곤한 관계가 된다. 파도타듯 그 높낮이와 리듬을 잘 이용한다면 힘도 덜들고 항상 새로운 흥분 속에 살 수도 있다.

"어이구, 지긋지긋해. 염라대왕이 눈이 멀었나, 이 주정뱅이는 안 잡아 가고 불쌍한 사람들만 잡아 가니…."

현관문을 열어 주면서 내뱉는 아내의 푸념이다.

"뭐라고, 이 여편네가…. 회사 생활에 스트레스 쌓여 좀 마셨기로서니…."

어쩌구 했지만 이미 그는 자신의 몸조차 가눌 수 없을 만큼 술에 취해 있다. 뭐라고 횡설수설하다 고꾸라진 채 잠들어버린 남편을 아내는 이불을 주섬주섬 덮어주고 건넌방으로 건너가버린다.

술은 참 좋은 거다. 흔히 사람들은 술을 탓하지만 술이 결코 나쁜 것은 아니다. 술을 먹는 사람들의 자제력이 문제지 어째서 술 그 자체가 나쁘다고 하겠는가. 기분 좋아도 술, 기분 나빠도 술, 슬퍼도 술, 반갑다고 술, 만났다고 술, 헤어진다고 술, 술 먹었으니 입가심 한다고 술, 술 취했으니 해장한다고 술.

그러다 보니 술 취해서 취생 몽사하는 불행을 자초한다.

"그 사람 술만 안 마시면 그럴 수 없이 좋은 사람인데 술이 사람 버렸어!"

주위 사람들은 그렇게 관용스럽게 말하지만 그 좋은 술을 먹는 그 사람의 나쁜 습성은 왜 탓하지 않는가 모르겠다.

어느 정도 나이를 먹어 타인으로부터 나쁘다는 지적을 받는 사람은 성격상 어딘가에 흠이 있다. 하물며 중년기에 이르러 부부 간에 배우자로부터 신뢰받지 못하는 지적을 받는다면 자신의 인생에 무엇인가 석연찮은 단점이 있다는 것을 깨달아야 한다.

이러한 사람들은 자기를 압박해 오는 갈등을 정면으로 냉철하게 극복하기를 은연중에 두려워하며 해결의 방법을 다른 수단에 의해 구하려 하는 것이다.

"여보, 술 가져와 수─울."하며 혀꼬부라진 소리로 이런 작태를 보이는 중년 남자와

"여보, 둘이 앉아서 반주한 지도 오랜만이지? 왜 있잖소, 우리 자주 가던 집…."하고 둘이서 함께 지낸 날을 회상하며 건배하는 중년 남자의 두 가지 경우의 모습을 비교해 보라.

그리고 이 두 가지 유형의 사람들이 꾸려 가는 가정을 비교해 상상해 보라. 남편이 술독에 빠져 있을 땐 반드시 그 이유가 있을 것이다. 무작정 불평하며 혐오만 할 것이 아니라 기쁨과 슬픔을 함께 해 줄 동반자로서의 자세를 갖는 사랑의 정신도 잊어서는 안된다.

간간이 스치는 인생을 음미하고픈 허전함이 당신을 엄습하거든 부부가 마주앉아 핑크빛 와인이라도 한 잔씩 놓고 건배해 보라. 그리고 서로에게 감사해 보라.

　"이번 주말에 어떻게 하실 거예요? 준비를 해요, 하지 말아요?" 단순한 핑계가 아니라 사실이 그렇다. 주말도 가족과 함께 오붓한 약속을 할 수 없는 사회의 중견 남성들, 그들에게 주말은 스트레스다. 휴일도 쉬지 못하고 회사에 나가서 일해야 하는 것도 스트레스지만, 가족들부터 받는 성화는 그 스트레스를 배가시켜 준다.

　"무슨 회사가 월급은 쥐꼬리만큼 주면서 일요일도 없어요!"

　이런 말도 이젠 듣기 익숙해져 있다.

　그렇다고 직장에 다니는 사람이 주말이 아닌 주중에 여행을 떠나기란 불가능한 일이다.

　"당신, 애들 데리고 가까운 데나 다녀오지!"

　사실은 이렇게 말하고 싶었다. 아내의 말은 들어 보나마나다.

　"내가 마부예요? 애들이나 주렁주렁 달고 나 혼자 구경이나 나서게…."

　사실 주말의 나들이에 주부와 애들만 몰려다니는 것도 보기 좋은 일은 아니다.

　회사측에 가족 형편이 이러니 주말은 쉬자고 해 볼까? 주말여행 다녀오라고 여비를 보태주는 것도 아닌데…. 그도 순탄한 청은 아니다. 퇴근시간이 가까워올수록 집에 들어가 아내를 마주할 생각에 난감해진다.

　"나는 괜찮은데 애들이 자꾸 보채니 어떻게 하죠? 애들

학교 가서 기죽으면 그건 당신 때문이에요!” 이런 투정에 어떻게 답할까.

별 수 없다. 가볍게 우선 한잔 하는 수밖에 없다. 이런 심정을 부인이 헤아릴 턱이 없다.

살아가면서 누구나 어려운 국면을 맞을 때가 있는 법이다. 그럴 때 서로의 입장에서 반대로 생각해 보는 것도 문제 해결의 한 방법이 될 것이다. 서로의 역할을 바꾸어 롤 플래잉(Role Playing)을 해 보는 것이다.

“당신이 나의 경우에 처했다고 하면 이럴 땐 어떻게 하겠소?”

실제로 할 수 없을 때는 어쩔 수 없어도 가끔은 실제로 역할을 바꾸어 보아도 좋다. 서로간 조금씩 이해하고 북돋워주면 될 것을 괜히 얼굴 붉히며 핏대를 올리게 된다.

남편된 사람들은 명심해야 한다. 가족은 가장과 함께 있는 시간을 갖고 싶어한다. 꼭 멀리 나가 행락인파에 섞이지 않더라도, 당신과 함께 있는 그 짧은 시간을 원한다. 또 아내들은 염두에 두어야 한다. 지금 당신의 남편은 과로하고 있다. 업무에 시달리고 있으며 이것저것 눈치보는 것이 한두 가지가 아니다. 부부가 서로 상대방의 입장에서 한번쯤 생각해 볼 때 금슬좋은 부부, 행복한 가정 생활, 활기찬 직장 생활이 될 수 있다.

결국 이런저런 갈등들도 가정과 직장의 균형이 상실됨으로써 발생한다는 전제를 갖고 한번 찬찬히 생각할 필요가

나의 가정, 내 손으로 지킨다

있다. 직장은 내가 선택해서 들어 오기도 했겠지만 직장이 나를 선택해 주었기 때문에 들어 왔다고 볼 수도 있다. 직장과 나는 서로 선택하고 선택당한 관계에 있다. 그렇다면 동질적인 목표를 지녀야 하는데 이런 동질성이 결여되고 이질적일 때 자신과 직장 사이에 갈등이 생긴다. 흔히는 적성에 맞지 않다고 느껴지면서 갈등이 심화된다.

또 한 가지는 자신의 변화에 소홀하거나 직장이 그 변화를 인정하지 않을 때 갈등이 생긴다. 당신은 언제나 말단 직업인이 아니다. 현재의 경험과 창의성이 새로운 직업상황에 적응함으로써 미래의 직업상황에 대비하는 새로운 자신으로 변신할 수 있어야 한다. 이런 노력은 개인이 해야 하며 직장은 그 노력에 대한 인정과 보상을 되돌려 주어야 한다. 개인적인 적응과 창의성이 많은데 비해 보상이 적거나 보상은 많은데 적응하는 진취적 노력이 부족하다면, 그 또한 갈등을 심화시킨다.

자기 자신이나 가정·직장은 고인 물처럼 항상 정지해 있는 것이 아니라 항상 새로운 요소들에 의해 부단한 변화를 거듭한다는 사실을 인식한다면 변화하는 가정 내에서의 욕구를 변화하는 직장에서 어떻게 충족하고 적응할 것인가 하는 것은 양쪽 모두에서 대단히 중요한 문제이다.

흔히 직장에서의 갈등을 가정으로, 가정에서의 갈등을 직장으로 확산시켜 갈등을 조장시키는 경우도 흔히 있다. 직장과 가정은 불가분의 사슬로 고리지워져 있기 때문에 어느 쪽에서 발생한 갈등이든 간에 서로에게 영향을 미치는 것은 사실이다.

가정에서 가정 내부의 갈등이 심하면 직장에서의 작업능률이 떨어지며 안전사고의 위험률이 훨씬 높아진다. 반대로 직장에서의 심각한 위기는 가정단위의 구성원으로선 어떻게 막아 볼 수도 없을 만큼의 무게로 영향을 주기도 한다. 이런 연계 관계는 갈등 자체를 전염처럼 상호 확산시킬 수 있는 소지이긴 하지만 그것을 최소화시키는 인위적인 노력 역시 쌍방에서 절실히 필요하다.

직장은 개인에게 있어서 가정 생활을 행복하게 꾸려나가기 위한 실현수단이다. 행복한 가정 생활이 무리하게 희생당할 직장이라면 실현수단으로서는 적합한 직업이 아니다. 반대로 지나친 가정적 행복만을 추구하여 직장의 일을 소홀히 한다면 그 또한 건강한 직업관이라 할 수는 없겠다. 말을 만들어 보자면 직업적 추구가 지나쳐서 가정적 추구가 소홀히 되어서도 안 되며, 가정적 추구가 너무 지나쳐서 직업적 추구가 소홀히 되어서도 안 되겠다.

가정과 직장 간의 갈등은 어떤 이상적인 모델하에서도 있기 마련이다. 그러나 그 갈등이 서로에게 터무니없는 욕구나 상황 때문에 생기는 일은 없어야 하겠다. 직장을 선택한 개인 자신에게 잠재한 병리적 욕구도 있겠고 개인을 고용한 직장의 터무니없는 병리적 욕구도 있을 수 있다. 그러나 서로 인식되는 한도 내에서의 모든 병리적 측면은

나의 가정, 내 손으로 지킨다

인위적 노력에 의해 제거해 가면서 발전해 가야 한다. 어
느 쪽이건 병리적 측면을 강하게 지니면서 발전해 나가기
를 기대한다는 것은 어렵다.

직장은 동질적인 목표를 실현시키기 위해 이질적인 사람
들이 모인 집합체이다. 동질성을 구심점으로 서로 다른 이
질적 특성들이 다양하게 기여함으로써 직장과 개인이 함께
성숙해 가야 한다. 합당한 노력과 적절한 보상의 되돌림은
직업적 추구와 가정적 추구의 평형을 오래도록 유지시켜
줄 것이다. 개인은 직장에서 자신이 참여한 공동인격체로
서의 직업 이미지를 가꾸어 나가야 한다. 개인은 그 직장
의 한 구성원이기도 하지만 개인의 기여가 새로운 직업 인
격을 창출해 내는 원동력도 함께 되어야 한다.

이상에서 가정과 직장에서 심각한 갈등으로 상담을 청해
온 경우를 몇가지 살펴보았다.

직장은 가정의 행복을 실현하기 위해 이 직장을 선택한
사람들에게 무엇을 해 주어야 할까를 생각하자. 개인은 자
신을 선택해 준 직장에 무엇으로 어떻게 이바지해야 할까
를 생각하자. 이런 상호 관심은 가정과 직장 사이에서 일
어날 수 있는 어떤 형태의 갈등도 최소한으로 줄여 나가는
데 공헌할 것이다.

자식, 끝없는 집착

확실히 업이다. 부모와 자녀 관계란 게 서로 원해서 인연지어지는 것이 아니고 보면 업이라도 단단한 업이다. 바꾸어 생각하면 그 많은 인연 가운데 유독 그 부모와 인연 짓게 된다는 것도 또한 확률적으로 희박할 뿐만 아니라 그 인연을 마다한들 끊을 수 있는 것도 못된다.

이러한 질긴 인연은 부모와 자식관계에 있어서 무조건적인 사랑 혹은 집착을 낳게 한다. 그러나 대부분의 부모들은 사랑이라는 명목하에서 생겨나는 집착으로 말미암아 자식들을 끝없이 소유하여 마음대로 휘두르려는 욕구를 갖고 있다.

자녀의 유아기는 부모가 자식에 집착하거나 그렇지 않거나 간에 표가 별로 나지 않는 시기다. 그 이유는 유아는 부모의 절대적인 보살핌이 없이는 생존 그 자체가 불가능하기 때문에 절대적인 의존을 한다. 절대적인 의존은 부모의 욕구를 고스란히 수용하지 않으면 안되지만 간간이 유아 자신의 욕구를 더 강하게 충족하려는 시도도 한다. 그러나 이런 시도는 결국 부모의 욕구 앞엔 좌절하거나 흡수되어 버림으로써 부모가 갈등하게 만들지는 못한다. 아무리 유아의 욕구가 강해도 부모의 욕구를 이기지 못하기 때문에 유아쪽에서 부모의 욕구에 맞추어 나가게 되는 것이다. 이런 와중에서 부모가 자식에게 갖는 집착은 집착으로 부각되지 못한다.

"우리 가문에 이런 애는 없었는데…" 정서적으로 불안정하거나 행동양식이 이상한 자녀를 데리고 와서 상담 중에 얘기하는 많은 어머니들의 호소다. 하지만 근원적으로 생각해보면 그런 아이가 그 가문의 내력에는 없을지 모르지만 그 어머니가 그렇게 키워 놓은 것은 사실이다. 자신이 그렇게 키워 놓고 그 싫은 결과를 자신의 가문에는 내력이 없다고 주장한다. 자신의 자식에 대한 집착의 결과가 그렇게 결과지워졌구나 하는 통찰이 없는 게 그저 안타까울 뿐이다.

"애가 달라졌어요. 전에는 안 그랬는데…." 사춘기 쯤 되어 보라. 많은 부모들이 이런 호소를 하게 된다. 그전처럼 고분고분하지 않다는 표현이다. 부모의 집착에도 불구하고 어렸을 때처럼 절대적인 의존도 해오지 않을 뿐만 아니라 부모가 없어도 제 스스로 해낼 수 있는 역할을 보여주기도 한다. 부모쪽에서 생각하면 자식은 영원히 어린이로 비춰지며 항상 부모를 필요로 하는 그런 존재였으면 하는 소망인데 그게 싫다고 하니 갈등이 아닐 수 없다.

"기뻐하십시오. 이제 따님이 제 몫을 해낼 연습을 하는 겁니다. 특별히 병이라고 하긴 어렵습니다." 사춘기 소녀를 데리고 온 어머니께 진찰 결과를 설명했더니 "너도 들었지. 이젠 너는 너고 나는 나다. 등록금도 네가 마련하고 모든 게 네 책임이다. 알았지…." 단호한 그리고 극단적인 이런 표현에 소녀는 몹시 당혹해 하면서 다시는 그러지 않겠다고 어머니에게 싹싹 빌고 끌려나갔다.

막 자기 몫을 자기가 해 보는 연습을 포기한 채 그 소녀는 다시 어렸을 때의 절대적인 복종체계로 퇴행함으로써 건강한 성장의 순이 꺾여 버린다. 어머니의 집착 탓이다. 어머니의 욕구, 영원히 자신의 절대적 영향 하에 두고 싶은 욕구, 자신이 하라는 대로 순순히 자라 주기를 바라는 욕구… 이런 집착을 이기지 못하면 자녀는 병이 생긴다. 반대로 자녀가 지나치게 강해 어머니를 꺾으면 어머니가 병이 나게 된다. 부모는 집착된 바를 되돌아 보아야 한다. 부모는 자녀가 자라 제 몫을 차지하는 내용을 조금씩 양해하지 않는다면 그 몫만큼의 좌절과 갈등은 클 것이다.

"어머니 시간 있으세요? 다음주 일요일에 저 결혼하는데 예식장에 오시겠어요?" 부모치고 아들 딸로부터 이런 통고를 받는다면 아마 기절초풍할 것이다. 외국 영화에서나 본 듯한 이런 대화가 차츰 우리 주변에서도 심심찮게 일어나고 있는 것을 보면 남의 일만은 아닌 듯하다. "내 눈에 흙이 들어가기 전에는 안된다. 학교도 시시한데 나왔다며…." 자녀가 그들이 사귀는 대상자를 부모에게 소개할라치면 당장 이런 반응에 부딪친다.

자기 자녀는 항상 세상에서 제일이고 남의 자식은 눈에 차지 않는 이유는 자식에 대한 집착 때문에 그렇다. "내가 어떻게 키운 자식인데… 선생님, 그놈의 마음을 돌려볼 수 없을까요." 자식의 혼사 문제로 여러 가지의 정신증상을 일으켜 찾아온 어머니의 집착이다. 이렇게 내가 아픈데도 네가 좋다는 배우자를 선택할 것인가 하는 거부다. "그렇다면 부모를 택하든지 네 배우자를 택하든지 양자택일하라"는 압력을 가한다. 원래가 양자택일을 할 수 있는 대상이 아닌데도 불구하고 부모의 집착은 그렇다. 가만히 있으면 내가 어련히 좋은 배필을 구해주랴 싶어 서운한 마음을 갖고 억지를 부리는 것이다. 자식이 제 짝을 스스로 구해왔다면 그 또한 좋은 일인데도 불구하고. 그러나 부모의 욕심은 그렇지 못한 것이다.

"거짓말이라도 좋으니 부모님 말씀 듣겠습니다 하면 나도…." 이쯤 매달리면 집착이 사람을 얼마나 초라하게 만드는가를 엿볼 수 있다.

"너도 이제 결혼해서 자식을 낳아 봐라. 자식한테 당해봐야 부모의 마음을 알지…." 부모 자신의 집착을 더이상 고집할 수 없게 되면 이런 마무리로 부모와 자녀 관계를 체념하게 된다. 부모가 자녀에게 갖는 집착은 흔히 부모 사랑이라는 것으로 묻혀서 대변된다. 사실 부모 사랑은 집착과는 다르지만 집착이 사랑으로 잘못 오인되어지는 경우가 많다.

사랑은 헤아림이다. 집착은 자신의 욕구만을 실현하는 것이다. 사랑은 자녀를 자유롭게 하지만 집착은 자녀의 자유로움을 속박하여 영원한 종속물로 만든다. 사랑은 희망이지만 집착은 좌절이다. 사랑은 건강한 성장을 촉진시키지만 집착은 건강한 성장과 성숙을 방해한다. 자녀는 마땅히 부모에게 효도해야 하고 부모는 마땅히 자녀에게 자비로워야 한다. 그러나 자녀가 부모에게 공경하도록 누누이 가르치면서 부모의 자애로움은 상대적으로 덜 강조된다. 그 뜻은 부모에겐 강조하지 않더라도 자애와 사랑으로 위장된 집착이 강하기 때문이다.

부모와 자녀 관계를 네 단계로 나누어 생각해 보자. 첫째 단계는 부모에게 절대 의존하는 단계이고 둘째 단계는 자신의 몫을 조금씩 챙기기 시작하는 사춘기 시절이다. 셋째 단계는 명실상부한 성년으로서 부모 곁을 떠나 자신의 가정을 이루는 시기며 넷째 단계는 자신이 자녀를 낳아 과거와는 달리 부모의 입장에서 자녀와 관계를 갖는 시기이다.

이렇듯 네 단계로 나누어 생각해 보면 첫번째는 어머니나 부모의 집착이 아주 잘 먹혀 들어가는 시기다. 하지만

그 집착의 결과는 사춘기 이후 자녀의 행복에 결정적인 영
향을 준다는 사실을 인식해야 한다. 사춘기 시절의 갈등은
자녀쪽에선 어린이로 남을 것인가 성장의 물결을 탈 것인
가의 고민이고, 부모는 자녀의 성장 흐름을 인정할 것인가
자신의 집착을 고집할 것인가가 갈등을 일으킨다.

　자식이 짝을 지어 부모 곁을 떠날 때 부모는 대개 지금
까지의 자기의 집착이 잘못되었다는 통찰을 하는 사람도
있지만 대개는 집착이 이루어지지 못한 좌절과 갈등에 심
각한 반응을 하게 된다. 그래서 집착과 사랑은 다른 것이
다. '자식만을 위해…' 일생을 바쳤다고 생각하는 상당수의
부모는 자신이 그동안 집착 속에 파묻혀 있었다는 통찰이
없다.

　사랑은 자식이 홀로 제 몫을 하는 능력을 갖도록 헤아리
는 것이지 자녀의 몫을 부모가 대신 살아주는 것은 아니
다. 자식에 대한 집착도 다른 집착과 다를 게 없다. 집착은
떨쳐버릴수록 사물이 바로 보인다. 사물이 바로 보인다는
것은 자녀의 성장과 성숙의 순리를 제대로 인식하고 실천
한다는 뜻도 된다.

"말이 자식이지…"

"다 소용이 없어요. 선생님도 일찌감치 정신차리세요. 자식이 무슨 소용이 있습니까?"

"…."

치료를 받으러 온 한 중년 부인이 앉자마자 넋두리처럼 늘어놓은 말이다.

치료를 받으러 왔다면 부인이 고통스러워서 왔을텐데 자신의 고통을 그런 식으로 토로한다. 나보고 정신차리라고 하는 말은 섣불리 자신처럼 되지 말고 진작부터 정신을 차리고 단단히 주의를 하라는 말투다.

그녀는 아들을 애지중지 키워 이제 성년이 되고 그래서 성가를 시키려는데 어머니에 대한 배려는 소홀히 한 채 언제부터 만났다고 제 아내가 어쩌고 저쩌고 하는 꼴을 보다 못해 울화병이 생겼노라고 진단까지 붙여 가면서 거품을 문다.

"말이 자식이지, 크고 나면 아무 소용 없습디다. 제 힘으로 큰 줄 안다니까요."

한 30분쯤 그런 격렬한 넋두리를 듣고 있노라면 정말 자식은 소용없는 것이려니와 때로는 원수같이도 될 수 있구나 하는 생각이 든다.

흔들리는 마음을 가늠하고 찬찬히 더 들어본다. 그녀는 계속 자신의 그늘을 떠나는 자식에 대한 불만과 불평으로 일관한다.

"그러면 자식을 평생 끼고 살 생각을 했더랬습니까?"

한번쯤 그녀의 생각을 돌려 볼 양으로 개입을 서둘러 본다. 눈이 휘둥그레지면서 그녀가 나에게 던진 말은, 가만히 있으면 이 어미가 어련히 알아서 해 줄 것인데…. 그런 말이다.

"아드님도 이젠 어린애가 아니잖습니까?" 이렇게 개입을 해보기도 한다.

그녀는 아직도 그녀의 아들이 세상물정을 모르는 어린애나 진배없는 존재로서 단지 덩치만 클 뿐이라고 항변한다. 한 한 시간 정도 넋두리를 한 끝에 말투는 평상을 찾았지만 자식이 다 소용이 없다는 그녀의 생각은 여전했다.

다른 예를 들어보자.

"지금처럼 성공한 게 다 누구 탓인데…."

자신의 남편이 이제 사회적인 위치가 그만해지고 살 만하니깐 제 힘으로만 성공한 듯 자신을 무시할 뿐만 아니라 며느리 앞에서도 못마땅하다는 듯한 표정을 자주 짓는다고 눈물을 찔끔거리면서 호소하는 부인도 있었다.

자신의 헌신적인 노력과 뒷받침이 없었더라면 남편의 오늘은 커녕 벌써 집안이 끝장났을 것을, 그나마 자신이 물불을 가리지 않고 뛴 덕분에 오늘이 있게 되었는데 그 공을 몰라보고….

더 길게 말을 들어 보지 않더라도 그렇다면 서운할 일이다. 선생님도 남자지만 한국 남자들은 모두가 다 그렇다고 일반화시키면서 집에서 못했던 이야기를 울분을 섞어가면서 나에게 퍼붓는다. 이런 환자의 이야기도 한 시간쯤 듣고 있노라면 제풀에 풀은 꺾이지만 자신이 억울하다고 생각했던 근원적인 문제에는 변함이 없다.

자녀의 문제로 나를 찾아온 부인이나 남편 때문에 울분을 이기지 못하고 찾아온 부인이나 한 가지 공통점이 있다. 그것은 변화하는 대상에 대하여 합당한 대접을 하지 않는다는 사실이다. 합당한 대접이란 상대방의 사정이나 역할의 변화에 따른 융통성 있는 대접을 말하는데, 상대방은 어떤 형태로 바뀌든 자신이 대처했던 한 가지 방법으로 대접을 하려고 하는 데에서 문제가 생기는 것이다.

가령 자녀를 생각해 보자. 자녀는 어릴 때 어머님의 보살핌이 없이는 혼자서 생존해 갈 수 없는 절명한 위기가 있다. 어머니가 철저히 보살펴 주는 덕분으로 생명을 이어 가고 성장을 하게 된다. 그러나 자녀가 항상 이런 투의 보살핌을 받아야 하는 대상은 아니다. 아동기, 사춘기, 청년기 등의 발달 단계를 거치면서 점차 어머니의 절대적인 영향권에서 벗어나게 마련이다.

이 말은 성장하면서 자신이 해결해 나가는 일의 영역이 확대되어짐에 따라 자녀쪽에서는 어머니의 보살핌을 받으면서 자신의 지적인 욕구를 줄여 나갈 것인가, 아니면 자신의 욕구를 주장하면서 어머니의 보살핌으로부터 벗어날 것인가 하는 갈등을 통한 선택을 하게 된다.

이런 와중에서 어머니는 그전 같지 않은 자녀에 대해 충격을 받게 된다. 어머니는 대개 자녀들이 자신의 보살핌이 항상 미치고 자신의 품속에서 자신을 필요로 하는 존재로 남아 있기를 바란다. 자신의 바람이 조금이라도 손상을 받게 되면 바로 갈등으로 이어지고 그 갈등은 '이제 나는 우리 집안에서 쓸모없는 존재이구나'하는 비약을 하게 되며 그런 왜곡된 감정을 극대화함으로써 자신을 괴롭힌다. '이제 와서 내가 필요없다고?'이런 생각은 증오로까지 번진다.

생각을 돌려 보면, 자라나는 자녀에 대한 변화되고 융통성 있는 대처를 할 수 있는 나 자신의 태도에 문제가 있다는 것을 모르고 언제나 자신의 은공도 모르고 떠나려는 자녀에게 야속함만을 호소한다.

"자녀가 그만큼 제 일을 제가 알아서 해낸다면 즐거운 일이 아닙니까?"

사실 보살핌이 없이 제 일을 독립적으로 해내는 성숙도

가 있다면 어머니는 한시름 놓아도 될텐데도 감정은 그렇지 못하다. 말은 대견스럽다고 이야기하면서 감정의 한구석에는 아직도 자신의 영향력에 놓여 있지 않다는 그 자체에 분노하는 것이다.

남편에 대한 분노를 터뜨리는 부인도 대상이 다를 뿐 마찬가지 경우다. 남편의 사회적인 위치가 변화함에 따라 융통성 있게 자신이 대처해야 한다는 생각은 추호도 없이 달라진 역할에 충실하려는 남편만 배신자로 몰아 세우는 경우이다. 평사원일 때의 남편의 역할이나 자세와 사장이 되었을 때의 역할과 태도가 다르다는 것을 염두에 둔다면 융통성 있는 대처가 얼마나 중요한 것인가를 금방 알 수가 있다.

애정과 희생을 담보로 영원히 자신의 영향권 안에 대상이 머물기를 고집하는 아내와 어머니들에게 특히 중년 이후의 그들에게 허무감이 폭풍처럼 밀려든다.

문제는 자신도 따라 변해야 한다는 것이다. 자녀와 남편이 시대에 따라 성숙하게 바뀌는데 나만 항상 바뀌지 않는 사람으로 남아 애정과 희생을 갚아 주기를 열망한다면 바로 자신만이 상처를 입게 마련이다. 내곁을 떠나는 자녀에게 쏟았던 정열과 희생이 이젠 소용이 없는 것이 아니라 자신과 다른 이웃을 위해 써야 한다. 이런 변화에 적응하지 못하면 괴로운 증상의 늪에서 헤쳐 나올 수가 없다.

지금이 바로, 그 잉여 에너지를 남을 위한 이타적인 곳으로 쏟을 좋은 기회인 것이다.

나의 가정, 내 손으로 지킨다

자신의 소중함을 먼저 깨달으라

"이혼이라도 했으면 싶어요."

면담 도중에 느닷없이 이런 말을 끄집어 내는 주부환자가 있었다. 내가 듣기에 느닷없는 소리지, 주부 당사자는 벼르고 별러서 한 소리다.

"무슨 일이라도 생긴 겁니까?"

위로의 말을 챙기지도 못한 채 연유부터 물어 본다. 대개 이런 호소를 하는 주부들일수록 어떤 구체적인 사건이 생겨 그 사건의 해결책으로 내세운 '이혼'이라기보다는 지금까지 살아오면서 누적된 갈등이 이제는 더는 참지 못하겠다는 한계에 이르러 폭발하는 경우가 많다.

"뭐 딱히 사건이 생겼다기보다는 시집와서 이날 이때까지…" 이렇게 시작해서 늘어 놓기 시작한 푸념은 한 시간을 금새 보내버린다.

젊었을 때는 더 많은 갈등과 고통을 이기고도 살았는데

이제 와서 좀 안정을 갖고 살 만하니깐 그렇단다. 자신도 그런 점은 시인하면서도 남편이 하는 생각, 행동 하나하나가 이젠 견디기 어려운 꼴불견으로 여겨지니 이게 사람이 할 노릇이 못된다고 호소한다. 이러지 말아야지 하면서 가슴을 달래보지만 생각할수록 괘씸한 점이 한두 가지 곱씹어지는 게 아니다.

"남의 님을 보고 내 님 보면 안 나던 심화가 절로 난다."는 우리 속담이 있다. 남의 남편의 형편을 보고 그것을 자기 남편과 비교해 보면 생각지도 않았던 불평 불만이 저절로 생긴다는 뜻이다. "앞집의 돌이 아빠는… " 이렇게 시작하는 서두로 남편을 몰아세워 보지만 직성이 풀리지 않는다.

공연히 화도 나고 불안하기도 하고 무슨 죄지은 사람마냥 가슴도 두근반 세근반 한다. 잠도 설치게 되고 기분이 우울해져서 도무지 아무것도 하기 싫다. 딱 이대로 소리없이 죽었으면 하는 우울감이나 허무감도 엄습한다.

남편은 그렇다치고 자식들을 봐도 이젠 모두 머리가 컸다고 제 몫을 챙기고 제 목소리를 높이니 주부가 설 자리가 없다. 내가 이런 소릴 들으려고 일생을 바쳐 이 고생을 했는가 싶으면 자식도 곱게 비칠 리가 없다.

친구라도 만나볼까 생각하지만 학교 다닐 땐 쥐뿔도 없던 친구가 으시대는 꼴도 보기 싫고 시쳇말로 '잘났어 정말'하고 내뱉고 싶은 친구밖에 없으니 이래저래 심기가 편

나의 가정, 내 손으로 지킨다

치 않다.

"삼십 넘은 계집이다." "사십이면 장승도 안 돌아 본다." "꽃도 한 철이다." 이 말들은 우리 속담집에 실려 있는 말들인데, 가뜩이나 심기가 불편한 주부에게 불난집에 부채질하려고 언급한 것은 아니다. 이런 속담들이 있다고 하는 것은 여성, 특히 주부들이 자신의 아름다운 신체상이 점점 무너져 가는데 대한 일말의 불안이 있다는 것을 짐작케 해주는 것이다. '나 자신에게도 있었던 꽃다운 시절을 생각하면 지금은…'하고 허무감을 느낀다.

이 허무의 원인이 모두 남편과 자식 그리고 자신의 심기를 불편케 만든 모든 요인들에 있다고 둘러 씌우다 보면 바로 그게 울화가 되어 치민다. 이런 증세들이 혼자인가 하고 고민하지만 대개 비슷한 중년에 접어든 주부들에게 정도의 차이는 있지만 공통적인 증세다.

흔히 의학적으로는 우울증이라든가 갱년기 증상이라든가 신경성이란 말들로 표현되어진다. 어떤 학자는 '빈 새둥우리 증후군'이란 표현을 쓰는데 가슴에 와닿는 부드러운 병명이다.

남편은 사회적 성취를 위해 직장생활에 여념이 없고, 자녀는 자라서 자아가 생겨 자기 몫을 스스로 찾아 어머니를 필요로 하지 않고, 부모는 연세가 많아 저세상으로 떠나시니 정말 빈 둥지를 지켜야 할 외로운 주부가 될 수밖에 없다. 둥지의 모든 구성원들이 나를 필요로 할 때는 내 몸이

고단한 줄도 모르고 바쁘게 생활했으나 이젠 모두 제 갈길을 가버린 빈 둥지에서 혼자 남아 생각을 키우는 것은 당연한 '외로움'일 것이다.

지금과 같지 않은 시대나 상황의 급변에 스스로 적응치 못하고, 힘을 잃은 주부는 정서적으로나 사회적으로 그리고 실존적인 외로움에 직면하지 않을 수 없다.

특히 심리적으로도 평소 자신의 자존심이 강하지 못하거나 타인과 의사소통을 하는 능력이 부족하거나 따뜻한 관계를 형성하는 힘이 적었거나 스스로를 경멸하여 자멸적인 태도를 지녔거나 남을 미워하는 원한, 적개심, 공격적 두려움 등이 심했던 주부는 외로움의 무게가 더 무겁게 느껴지게 된다.

아무리 주변에서 그렇지 않다고 부추겨도 스스로 자존심이 강하지 못한 사람은 외롭다. 평소에 타인과의 관계를 잘 유지했던 사람도 사회로부터 고립되면 외로움이 진할텐데 자기 스스로 관계를 경원했던 성격이라면 그 외로움이 어찌 가볍겠는가.

그런데도 불구하고 많은 주부들은 외로움의 원인이 자신을 괴롭힌 남편, 자식 그리고 사회적 환경과 같은 것에 있다고 고집하는데 이런 고집이 강하면 강할수록 외로움은 깊고 '이 세상에 나를 생각해주는 사람은 아무도 없다. 고립무원한 외톨이다.'는 생각에 매이게 된다. 아무도 나를 알아 주지 않으니까 만날 필요가 없고 만나지 않으니 고립

나의 가정, 내 손으로 지킨다

되고 고립되니까 자포자기하여 자신을 파괴적으로 몰고 가
게 된다. 세상에는 안타깝지만 수용해야 하는 것이 있고,
반대로 내가 노력을 한다면 상황을 벗어날 수 있는 것도
있다.

　변할 수 없는 것을 변화시키려 안간힘을 쓴다면 그것은
힘만 쓰일 뿐 좋은 결과는 얻지 못한다. 중년이 되어 문득
자신의 나이를 인식하게 되는 것도 따지자면 이런 변화시
킬 수 없는 상황에 속한다. 나이가 드는 것은 날이 가면 자
연 일어나는 순리인데 우리의 마음은 꽃 같은 시절이 평생
이어졌으면 하는 욕심이 생기기 마련이다.

　그런데 돌이켜보면 아무리 꽃 같은 시절에 대한 집착이
강해도 가는 세월을 붙잡아 맬 수는 없는 노릇이다. 그렇
다면 아쉽지만 수용할 수밖에 없지 않겠는가. 신체적인 아
름다움은 전만 같지 못하다 하더라도 젊었을 때 지녀 보지
못했던 성숙이나 지혜로움은 이런 변할 수밖에 없는 것에
대한 수용적인 태도를 지닐 때 선사받는 귀한 것이다.

　중년은 인생의 반환점이라고나 할까. 오를 만큼 오른 산
등성이에 앉아 잠시 쉬었다가 내려오는 것이라고나 할까.
먼저 내가 중년임을 실감해 보자. "나이보다 훨씬 젊어 보
입니다."이런 말에 현혹되지 말고 '내가 나임'을 직시하자.
내가 나임을 자각한다면 곧 내가 어떻게 무엇을 해야 할까
를 쉽게 볼 수 있게 된다.

　중년의 외로움, 권태, 피로, 신체적인 변화, 두려움 그리

중년 여성 이야기

고 심리적인 변화를 산등성이를 넘으면서 겪게 되는 고통
이라 생각하면서 이 고통을 심도 있게 내 것으로 만드는
지혜를 생각해야 한다.

　내 손이 가지 않아도 훨훨 혼자 날 수 있는 둥지의 새가
되었다면 이젠 나는 그들을 돌보지 않아도 될 만큼의 시간
을 선사받는 것이 아닌가?'라는 생각으로 지금까지 자신을
위해선 한번도 써보지 못한 시간을 이젠 자신의 시간으로
조용히 써보려는 이러한 자세야말로 바로 성숙에 이르는
첩경일 것이다. 둘러 보면 내가 가진 진정한 내 시간이 소
용될 곳이 없지 않을텐데 지난 '꽃 같은 세월'에 대한 집착
만 지닌다면 그 소중한 자기의 시간이 어찌 보이겠는가 싶
다.

　조용하고 담담한 마음으로 한번 둘러 보자. 내가 아니면
이 길을 걷지 못했을 그 소중한 길목을 내려 보면서 자신
을 더 소중히 생각하는 마음부터 가져 보자. 내가 소중해
야, 내가 나를 아껴야 나로 인한 모든 것이 소중한 열매가
되어 자신에게로 되돌아 온다. 그래서 자신이 소중하다는
것을 스스로 깨닫는다면 당신은 이미 자신감을 회복한 주
부다.

자녀를 올바르게 키워내는 지혜

"입시지옥을 해결해야지, 이대로 두었다간 무슨 일이 나도 나지…."

"중고등학생의 자살자 가운데 반수 이상은 성적을 비관해서 자살했다는데…."

"교육부재야 교육부재…."

입시철이 되면 이런 불평들이 봇물 터지듯 터져 나온다. 입시철이 아니더라도 또 당장 입시생을 가진 가정이 아니더라도 이런 갈등은 정도의 차이일 뿐 모든 가정에서 볼 수가 있다. 고3생 몇명을 뒤치닥거리 하다 보면 그 부모는 시쳇말로 폭삭 늙어버린다는 유행어가 생길 정도이니 말이다.

가정에서의 교육, 어떻게 도울 것인가 하는 문제를 한번쯤 짚고 넘어가야겠다. 입시문제를 보는 각도에 따라서는 사회병리적인 현상으로도 볼 수 있지만, 만일 그것이 사회

병리적인 현상으로서만 발생하는 것이라면 한두 가정의 소망과 갈등 그리고 불평만으로는 개선되지 않을 것이다.

먼저 교육이라는 것은 그 사회가 처해 있는 가치관, 사회관, 윤리관, 종교관 그리고 국가관과 같은 복합적인 요인들에 의해 방향과 과정이 설정된다고 할 수 있다. 그렇다면 그런 목표를 실현시켜 초기의 목표에 접근하자면 이를 소화하고 적응해 나갈 자질을 가정에서 갖추도록 먼저 염두에 두어야 하겠다. 이런 시각에서 미취학 아동이나 초기 취학 아동을 둔 가정을 위해 가정과 교육의 연관성을 몇 가지 살펴 보고자 한다.

첫번째로, 교육하면 앞에서도 한 번 거론했던 맹모 삼천이란 말이 생각난다. 이런 말을 하지 않더라도 요즈음의 극성 부모는 삼십천이라도 할 만큼 맹렬하다. 이는 이사만 다니라는 뜻이 아니다. 주변 환경이 자녀에게 어떤 영향을 줄 것인가 하는 것을 곰곰이 검토해 보라는 뜻으로 받아들여야겠다.

두번째로는 잠재력에 대한 정직한 인식이 필요하다. 자식 자랑은 바보나 하는 짓이라지만 요즈음은 듣고 보면 대개가 자식 자랑이다. 자식 자랑이 자녀의 잠재력을 정확히 알고 그 잠재력의 미래적인 희망이라면 이해가 되겠는데 많은 부모들은 그렇지 않다. 단지 자랑하는 것을 낙으로 삼을 뿐이다. 자신의 인위적인 낙은 잠시일 뿐 성장하면서 잠재력을 자녀가 갖지 못한다면 실망만 안겨줄 것이다. 자

나의 가정, 내 손으로 지킨다

녀의 미래를 정직하게 투시해 보기란 쉬운 일은 물론 아니다. 자기 자녀가 더 돋보이기를 바라는 소망 때문에 실재 같은 말, 같은 행동이라도 훨씬 자질이 많은 것으로 착각될 때가 많다. 부모는 그 자질을 볼 수 있도록 해야 하며 수용하고 허락하는 자세를 가져야 할 것이다.

세번째로는 부모 자신의 인생을 걸지 말아야 한다. 물론 가족의 일원으로서 마음 같아선 자녀가 부모 자신의 인생의 전부인 것처럼 자녀에게 소망하지만 그것은 지나친 소망이다. 잘 자랄 것을 소망하는 것과 내 뜻대로 자라지 않으면 내 인생이 끝장난다는 말과는 다르지 않겠는가. 자녀가 입시에 실패했다고 해서 자살하는 부모의 기사가 여러번 신문에 실린 것을 보고 생각한 내용이다.

네번째로는 작은 성취라도 스스로 이루고 이를 감사하고 만족하는 자세를 키워 주자. 요즈음의 자녀수는 가족계획의 영향으로 형제가 없는 자녀들이 많다. 있더라도 하나 정도다. 이럴 때 제일 경계해야 할 것은 자기중심적인 사고와 끝없는 부모에 대한 의존 욕구다. 물론 유아기에는 어느 정도 이런 욕구를 부모가 충족시켜 주어야 하지만 모든 자녀가 해야 할 일들을 대신 충족시켜 준다면 자녀는 스스로 무엇을 해보고자 하는 탐색 욕구와 탐구하고 행동하려는 호기심의 싹이 트지 않는다.

조금씩 스스로 의문을 갖고 행동화해서 이를 해결했을 때 그 성취가 비록 당장은 하찮은 것이라도 굉장한 만족감

을 주게 될 것이다. 이런 과정에 부모의 경쟁심이 무의식
적으로나 의식적으로 개입하게 되면 자녀는 성취의 만족보
다 모든 상황을 경쟁과 질투로 해결하려는 습성이 붙게 된
다. 이런 잠재된 것을 부모가 촉발시키지 말아야 할 것이
다.

다섯번째로는 부모 자신의 정서적 안정을 필요로 한다.
자녀는 부모의 성격 행동, 사고 판단 등이 기준이 되어 이
를 닮아가면서 성장하게 된다. 그래서 안정된 부모는, 그렇
지 못한 부모에 의해 양육되어지는 자녀에 비해 안정된 자
녀를 갖게 될 것이다. 정서적 안정은 다음 발달 단계의 적
응에 가장 든든한 밑거름이 된다.

여섯번째로는 자녀의 사회화를 도와야 한다. 자녀는 일
생 동안 부모의 슬하에서 또 가정의 범주 안에서만 머무는
인형이 아니다. 점차 성장하면서 사회의 여러 규범 속에서
적응하면서 살아가야 한다. 이런 적응 자세는 초기 사회화
과정에서 자녀를 부모가 어떻게 도왔느냐 하는 것으로 일
생의 승패를 가름한다.

일곱번째로는 자녀의 자율성을 키우는 데 유의해 보자.
흔히 한 명의 자녀를 키우는 부모의 심정은 자녀가 자녀가
아니라 '어떤 것도 용납하고 대신해 주어야 할 황제'라고
착각한다. 자율성은 자녀의 의존 욕구를 줄이고 스스로 해
낼 수 있는 일을 해내도록 부모가 얼마나 용납하는가 하는
용납의 수준과 범위에 따라 결정된다. 모든 것을 허용하여

위험에 방치하라는 뜻은 아니다. 자율성이 형성되면 이로 인해 자신감이 생기고 성취를 맛보며, 탐색하려는 강한 욕구가 생기고 진취적이며 창조적인 방향으로 행동, 사고하려는 용기를 얻게 된다.

여덟번째로는 자녀에게 무리한 부담을 주지 말고 부모의 생각을 강요하지 말아야 한다. 자녀는 이제 막 인생을 시작하는, 말 그대로 새싹이다. 새싹은 탐스럽긴 하지만 연약하다. 연약한 잠재력에 부모의 과도한 욕구를 투사하고 소망한다면 그 자체가 무게가 되어 새싹에게 되돌아갈 것이다. 나는 생각한다고 하는 말이나 행동도 자녀들에게 천근 같은 무게가 될 수 있다는 사실에 유의해야 한다.

아홉번째로는 부모가 모범을 보여야 한다. "윗물이 맑아야 아랫물이 맑다."는 속담은 동일시의 기준을 간략하게 표현해 준 좋은 말인데 부모의 행동 하나하나는 자녀에겐 절대적인 기준이 된다고 할 수 있다. 옳고 그름의 판단 기준이 생기기 이전의 자녀들의 기준은 오로지 부모들의 행동 사고 감정 판단 등일 수밖에 없다.

마지막으로는 질서를 가르쳐야 한다. 어린이이기 때문에 귀여운 내 자식이기 때문에 항상 예외여야 한다는 생각은 나중에 자녀로 하여금 어떤 규범 속에서 적응하면서 살아야 할 힘을 약화시킨다. 자녀가 가정에서 질서 지키기에 적응하지 못하면 사회화 과정에서 제대로 적응하지 못하고 여러 가지 갈등을 겪게 된다. 학교나 사회에서의 질서 학습의 근원도 따지고 보면 가정에서부터 출발한다는 사실을 명심한다면 이는 대단히 중요한 충고가 아닐 수 없다. 어떻게 이런 기준들을 실천할 것인가 하는 문제에 대해 획일적인 방법을 제시하긴 대단히 어렵다. 그만큼 각 가정에서 지금까지 이어온 생활유형이 각양각색이기 때문에 어떤 방법이 더 낫다, 낫지 않다는 설정을 하긴 어렵다.

자녀도 여럿을 교육시켜 보아도 그 각자의 개성이 다르고 형편이 달라 다루는 방법을 달리 해야 한다. 이런 선택의 문제는 그만큼 자녀를 객관적으로 직면할 수 있는 능력이 우선 부모 자신에게 있어야 한다.

부모의 눈이 흐려져 있다면 아무리 자녀가 장래성 있는 잠재력을 지니고 있다고 하더라도 그것이 진정하게 보일 까닭이 없다. 자녀에게 없는 능력을 아무리 부모가 간절히 소망하고 '하면 된다'는 식으로 밀어 붙여 보아도 그 결과는 이루어지지도 못하려니와 자녀의 일생을 그르치게 만든다. 부모가 진정으로 도와야 할 자녀의 교육은 자녀가 올바른 교육에 잘 적응하여 스스로 홀로 설 수 있는 능력을 배양하도록 돕는 일이다.

부모는 교육적 목표를 달성시키기 위해 직접 참여하는 존재가 아니라 바탕을 잘 가려 교육을 잘 받도록 준비해 주는 존재임을 깨달아야 한다.

집안일에서 오는 회의

요즈음 젊은 사람들은 처음부터 집안일에 별 가치를 두지 않는 경향이 많지만 얼마간 연륜이 쌓인 연령층에선 집안일에 얼마간은 비중을 두고 있는 경우가 많다. 집안일을 돌보거나 자녀를 키우는 일 그리고 가정에서의 교육 등 사실 주부가 분담하여 하는 일들이 하나 둘이 아니고 보면 여간 힘든 일들이 아니다. 이런 일들을 경제적으로 환산하는 것 자체가 의미 없는 일이지만 부질없는 사람들 가운데는 가사 노동의 값어치가 일당 얼마에 해당된다는 등 경제적 가치로 환산해 보려는 시도를 하고 있다.

좀더 구체적으로는 한 주부가 교통사고라도 나서 사망하거나 부부 간의 다툼이 생겨 이혼을 할 때면 으레 주부의 몫을 계산하기 위해 집안일을 경제적으로 환산하게 된다. 그래서 주부의 가치가 형편 없다느니 터무니 없다느니 하는 항의도 있게 마련인데 그런 경제적 환산 때문만은 아니지만 주부 스스로도 그렇게 자신을 탐탁치 않게 여기는 경우가 많다. 스스로를 탐탁하게 여기지도 않으며 또 타인이나 법률적으로도 탐탁한 대접을 받고 있지 못한 처지라면 "내가 이렇게 살려고 지금까지 고생했단 말인가?"하는 자조적인 느낌을 가질 수도 있다. 그런데 이것을 주부의 문제만으로 돌려버리기엔 여러 가지 다른 요인들의 작용이 더 많이 숨어 있다.

"이러구 살면 뭣 해요? 살고 싶은 마음도 없고…."

얼굴에 우울한 그늘이 드리워진 한 중년 부인을 대하면 그녀가 호소하는 내용을 들어보지 않더라도 이미 표정이나 몸짓에서 자신의 인생을 후회하거나 회의하고 있음을 금방 느낄 수 있다. 대체로 인생을 성공적으로 살아왔던 주부들도 어느 땐가 갑자기 그런 회의에 휩싸이는데, 하물며 인생을 숱한 갈등과 회의 속에서 성취하지 못하고 살아온 주부에겐 그런 후회가 오히려 당연한 것일는지도 모르겠다.

옛날 주부들도 모두 같은 나이들을 보냈을테고 나이에 맞추어 비슷한 회의와 갈등을 겪었음직한데 유독 오늘날의 주부들이 더 심각한 갈등에 직면하는 것은 무슨 연유일까 싶다. 생각해 보면 한두 가지의 요인을 짚어 볼 수 있다. 옛날 같으면 이미 사회통념상 정해진 주부의 역할을 숙명인 것처럼 받아들이고 또 그런 가운데 자신의 성취를 이루려 했던 탓에 오늘날과 같은 수준의 갈등은 아니었으리라 생각된다.

나의 가정, 내 손으로 지킨다

우선 역할의 분담이라는 개념에서 본다면, 어떤 역할이 주부의 역할이라는 고정관념이 깨진 상태에서 살아가는 것이 현대의 주부이다. 가정의 관리인으로서, 사회적인 역할을 수행하는 직업인으로서 이중의 임무로 인해 주부는 옛날에 비해서 다양하고 더 고달플 수밖에 없어졌다. 그리고 많은 주부들은 상대적으로 가정에서 가정을 관리하는 역할이 사회적인 추구를 하는 역할에 비해 가치가 없다는 인식을 내적, 외적 영향으로 갖게 되었다. 상대적으로 낮은 가치의 역할에 머무는 주부가 자신의 긍지를 높일 수 없다는 것은 너무 당연한 말이다. 그래서 주부는 가정에 머무는 것을 요즈음 시대에서 뒤떨어진 듯한 느낌을 갖는다.

둘째로는 가정의 일들이 대개 자동화되거나 옛날에 비해 편리해짐으로써 많은 시간을 소모하지 않아도 된다. 시간으로부터의 자유로움은 다른 일거리를 통해 메워져야 하겠지만 이런 편리는 오히려 권태로움으로 이어짐으로써 자신이 아무 쓸모없는 사람으로 잘못 느껴지게 되는 것이다. 집안일이란 대개 가족구성원의 역할을 잘 수행시키기 위한 뒷바라지가 대부분이다. 이런 자질구레한 일들은 하루종일 일을 해도 밑도 끝도 없이 이어지며 설령 잘 해낸다 해도 표도 나지 않는 경우가 많은데 자동화나 편의 기구의 사용으로 상대적으로 남는 게 시간이다.

셋째로는 집안일을 주부의 역할로 생각하고 일생을 살아왔지만 이런 노력의 대가로 주어지는 만족이 대단히 적다.

사실 가족 구성원이 사회적인 추구를 원만히 해낸 데에는 가정을 철저히 관리해준 주부의 덕분임에도 불구하고 성취의 몫을 나누어 갖는 데는 대단히 인색하다. 남편은 단지 자신의 능력으로만 성취하였다고 생각하고 자녀는 자녀대로 자신이 노력해서 지금이 있다고 착각함으로써 주부의 자존심을 대단히 손상시킨다. 마치 주부가 집안에 없었더라도 오늘날과 같은 성취는 있었을 것이라는 착각을 너무나도 당연스레 한다. 뿐만 아니라 가정의 성취로부터 얻어지는 유형 무형의 결과를 주부에게 나누어 주기는 커녕 오히려 방해자인 것처럼 몰아세우는 경우도 있다. 이런 상황이라면 내가 이런 대접을 받으려고 그런 노력을 했었단 말인가 하는 회의에 빠질 수밖에 없다. 결과를 나누어 가지는 피드백이 소홀하면 집안일에 대한 주부의 회의를 증폭시킨다. 역할 분담이 불분명하고 시간으로부터 자유롭게 만들어 주는 자동화, 스스로 집안일에 부여하는 가치의 소홀 그리고 결과를 나누어 갖는 피드백의 부족함 등에 직면한 주부들의 갈등은 현대를 살아가는 주부들의 공통적인 갈등이 아닐까 생각된다.

이런 수렁에서 헤어날 수는 없을까? 되돌려지는 피드백이 적다고 그냥 자신의 가슴을 움켜쥔 채 가슴앓이를 하고 있어야 할까? 그렇지 않다. 사실 사회가 변하는 과도기적인 과정에서, 가치가 변하는 소용돌이 속에선 위험과 기회가 항상 함께 도사리고 있다는 것을 인식해 보자. 과거와 같은 의식으로만 현대를 살아가려는 고집을 피운다면 집안 일에 대한 회의는 더욱 심화될 것이다.

시대의 변화에 걸맞는 수준으로 나의 의식을 바꿀 필요가 있다. 변화하려는 의식은 현대를 살아가도록 적절하게 적응하는 유연성이다. 눈높이를 맞추라는 말이다. 현 시대의 가치를 어디에 두고 진행하는가를 바로 볼 필요가 있다. 눈높이가 다르면 다른 수준만큼 갈등은 깊어질 것이다. 바뀌어진 눈높이로 앞으로 살아가자면 어디에 더 많은 가치를 두어야 할까도 생각하자.

변화에 맞추어 보자. 적극적으로 변하고 대처해 보자. 그리고 자기 몫을 찾아보자. 자기 몫은 누가 자신에게 분배해 주는 것이 아니라 자기 몫을 자신이 갖추어 찾는 것이다. 과거의 몫이 수동적으로 자신에게 돌아오는 것이었다면 현재의 몫은 자신의 적극적이고 긍정적인 태도에 따라 달라진다. 회의하고 자신을 괴롭히는 주부에겐 설령 과거에 찬란한 성취를 누렸을지라도 허무하게 여겨질 수밖에 없을 것이다.

양보할 수 없는 여자의 일·남자의 일

　현대사회는 옛날 농경사회와는 달라서 한 가족이 가족 내에서 경제적인 수입과 지출을 함께 해낼 수 없다. 그래서 옛날과 현저히 다른 것이 있다면 아마 직장을 통한 사회적 성취를 통해 수입을 올리고 이 수입을 가정에서 소비함으로써 경제적 체계를 이루어 나가는 것이 아닐까 싶다.

　전통적 사회통념은 남성이 직장일을 하고 여성이 가정을 관리하는 것으로 전해져 왔으나 오늘날의 사회변동은 어느 성(性)이 꼭 사회적 성취를 전담하고 또 다른 성이 가정관리를 전담해야 한다는 전제를 받아 들이지 않게 되었다. 누가 어떤 역할을 하든 그것은 그들 부부의 역할 분담에 관한 선택의 문제이지 법률적 규정으로 말미암은 것은 아니다.

　사회적 통념을 이겨낼 수 있는 힘이 있는 개인이나 가족 구성원이 미래의 가치를 창조해내 가면서 살아갈 수도 있

나의 가정, 내 손으로 지킨다

는 문제이다.

"허구헌날 나는 밥 짓고 빨래하고 자식 뒷바라지하고
…." 부부싸움을 하다 보면 가정주부들이 대개 내뱉는 절
규다. 일반적인 주부의 역할에 신물이 나며 때로는 아무런
가치가 없다고 생각될 때 그런 소리는 더 높아진다. 이런
주부일수록 사회 활동에 참여하고 있는 여성들의 역할을
더 선망하게 마련이다. 사회적 추구만이 값진 자기 실현이
며 자질구레한 가정 관리 따위는 가정부나 하는 일이라고
과소평가하기도 한다.

"애들을 그런 식으로 돌보려면 직장을 그만두든지 양단
간에 결판을…"

맞벌이 부부가 서로 다툴 때 흔히 이런 넋두리를 남편이
할 때가 있다. 핑계는 자녀교육문제이지만 사실은 남편이
부인으로부터 내조(?)받지 못하는 불만을 그런 소리를 통
해 목청을 높이는 것이다. "누구는 밖에 나가서 놀고 온답
니까? 어디 당신 혼자만 직장일을 하세요?"하고 항변해 보
지만 벽에다 공치는 격이다.

역할을 한번 바꾸어 보면 어떨까 하는 생각도 들 것이
다. 이 경우의 부부는 서로 경제적인 이유 때문에 남편은
가정관리를 부인은 직장생활을 서로 합의에 의해 하게 되
었는데, 얼마간은 사회적 보편성과는 거리가 먼 역할분담
이었기 때문에 주변으로부터 시선도 받게 되었다. 그렇지
만 지금은 그런 시선이 문제가 아니라, 부인은 통념상의

남편처럼 또 남편은 통념상의 부인처럼 되어버렸다는 데서 가정 파탄에 직면하게 된 것이다. 서로 행복한 가정을 꾸려나가기 위해 합의하에 자유롭게 선택한 것이지만 세월이 경과함에 따라 역기능이 노출됨으로써 결국 이혼에 이르고 말았던 사례의 부부를 상담한 적이 있다.

이런 여러 사례들을 일일이 열거할 수는 없지만 어떤 양식의 부부관계가, 아니면 어떤 형태의 직업 선택이 행복할 것이다 라는 틀에 짜인 결론은 없다. 어떤 선택을 하더라도 역시 역기능은 있게 마련이다.

흔히 가정과 직장을 양립시키기 위해 장점은 살리고 단점은 줄여 나가는 것이 왕도가 아닐까 한다. 이 정반대의 상반된 두 가지 욕구를 동시에 충족시키자면 어떤 형태이든 모순을 안게 되기 때문이다. 문제는 어떤 선택을 하더라도 그 선택이 그 가정에서 최선이어야 하고 역기능을 최소화시키는 데 가족구성원이 총력을 기울이는 것만이 행복과 불행을 가름한다는 것이다.

직장 생활도 훌륭히 하고 가정 생활도 만족스럽게 해내고 싶은 것이 우리 모두의 평범한 소망이다. 그러나 이러한 소망에도 불구하고 그 소망을 실현시키는 것은 여간 어렵지 않다.

한번 이런 측면들을 생각해 보자. 가정과 직장 생활을 긍정적으로 영위해 나가자면 당사자인 부부 상호 간의 관계가 대단히 중요하다는 전제에서 다음 몇 가지를 유의해

나의 가정, 내 손으로 지킨다

보면 어떨까 싶다.

첫째, 스스로의 개인적인 자기 확신, 다시 말해 주체성이 있어야 하겠고 이 주체성을 바탕으로 주어진 역할을 자랑스럽게 자긍심을 가지고 해내는 능력을 키워야 할 것 같다. 보는 측면에 따라서 역할에도 쉽거나 어렵고 좋거나 궂은 양면성이 있기 때문에 어느 한쪽이 손해보는 느낌을 쉽게 가질 수 있다. '주머니돈이 쌈지돈'처럼 역할 분담에서 되돌려지는 보상이 그들 부부의 공동의 것으로 공평하게 나뉘어져 간다면 우선 출발은 성공이지 않을까.

둘째, 상호 주체성에 대한 존중이다. 부부는 대립이나 경쟁의 대상이 아니다. 상호의존적 보충을 통해 새로운 '가정'이라는 창조물을 엮어내는 데에는 존중과 합의 그리고 이의 실현이 대단히 중요하다. 이런 전제가 있다면 어떤 역할이 자신에게 주어지든 또는 어떤 역할을 자신이 선택하든 별 갈등은 일어나지 않으리라 생각된다.

셋째, 자신들의 합의와 선택이 혹시 현재의 사회적인 보편성과 거리가 먼 특수성을 지닐 수도 있지만 이는 그들이 발을 딛고 있는 현실 즉 '지금 그리고 여기'라는 실존에 근거한다면 어렵더라도 극복되어질 수 있을 것이다.

마지막으로는 가정과 직장을 양립시키기 위해 어떤 선택을 하더라도 양면성은 있기 마련이다. 이는 서로가 서로를 위해 그리고 가정을 위해 양해하는 것이 전제되지 않으면 안된다. 이런 양해를 강요받는 것은 역기능이지만 선택하는 것은 긍정적인 기능이다.

가끔 직장인은 자유업을 하는 사람을, 가정에 매인 사람은 사회참여를 하고 있는 사람을 대단히 부러워한다. 부러워한 나머지 자신, 자신의 역할, 되돌려지는 자신의 몫, 그리고 멀리는 장래의 불확실성을 내세우면서 자신의 가치를 떨어뜨리는 사람을 보게 된다. 안타까운 일이다.

혹, 자신이 가진 잠재적 능력에 상반된 선택을 통해 고통스러워 하는 사람은 그 선택을 교정하면 될 일이지만 적합한 선택을 해놓고 자신을 비하하는 사람은 바로 열등감을 지닌 사람이다.

가정이 소중하냐 직장이 소중하냐, 가정일이 가치있는 일인가 직장일이 가치있는 일인가 하는 자문(自問)이 생긴다면 그 자문 자체가 부질없는 것임을 통찰해야겠다. 어떤 삶을 나는 또는 우리는 살 것인가 하는 인생관이 뚜렷하다면 그들 부부는 어떤 방편을 선택하더라도 그에 따르는 역기능을 최소화시킬 수 있을 것이다.

갱년기 우울증

사람의 일생을 어떻게 나눌까? 하는 것은 의학을 연구하는 학자에 따라서 또 학문하는 입장에 따라서 다른 주장들을 많이 한다. 정신의학에서 가장 널리 인용되는 분류 가운데 하나가 에릭슨의 8단계설이다. 일생을 살아가면서 대개 여덟 단계의 발달단계를 거친다는 이론인데 사회성 발달과 연관하여 잘 표현되어 있다.

기타 다른 사람들도 주로 정신적인 흐름에 맞추어 대동소이하게 나누고 있다. 그러나 불교적인 시각에서 본다면 인생은 찰나에 지나지 않는 한순간의 생명이다. 이는 물론 우주적인 시간개념을 앞세운다면 납득이 될 그런 개념이다. 순간순간 찰나의 인생을 살다보면 어느덧 에릭슨의 여덟 단계를 죄다 살아버리고 인생은 덧없구나 하고 깨닫게 된다.

갱년기란 뜻은 인생의 시기를 바꾼다는 뜻인데 생각하면

찰나를 바꾸는 그 모두가 갱년기가 아닐까도 생각된다. 하지만 이런 찰나 찰나의 바뀜을 갱년기라고는 하지 않는다. 사춘기나 청년기를 보고 우리는 갱년기라고 표현하지는 않는다는 뜻이다. 사전에 나와 있는 갱년기의 뜻을 옮겨 보면 '생식능력이 저하하다가 종국에는 그 능력이 없어지는 인생의 시기를 말한다'라고 적고 있다.

그러니까 단계의 변화이긴 하지만 사춘기와는 달리 생식력의 상실이 그 특징이기 때문에 갱년기 즉 생식력이 있던 시기에서 없는 시기로 변화되는 단계의 나이란 뜻이 되겠다.

흔히 대중적인 용어로 사추기란 말도 쓰는데 이는 사춘기에 대응한 말일 것이다. 생식력이 없어지는 뚜렷한 징후가 남자보다 여자에게서 더욱 확연히 나타나므로 폐경기란 말을 써서 월경이 중지하는 시기를 갱년기라고 한다.

"아무도 소용없어요. 자식들도 키워 놓고 보면 다 헛것이에요."

외래를 통원하면서 치료받는 갱년기 우울증 환자의 푸념이다.

"남편을 지금까지 믿고 살아온 내가 한심스러워요. 나를 이렇게 배신하다니….."

남편에 대한 성적 의심은 심각한 망상을 유발하기도 한다.

"암에 걸린 게 아닐까요?"

신체적인 자그마한 변화나 주변의 자극을 자신의 건강과 직결시켜 생각하는 사람들도 많다. 자신이 신문에 난 증상과 꼭 일치하므로 불치의 병에 걸렸다고 하는 식의 집착 때문에 외래를 찾는 경우도 많다.

"이럴 바엔 죽는 게 낫겠어요, 살아서 뭘해요?"

허무감에 사로잡혀 인생을 살아야 할 가치가 없다고 항변하는 환자도 있다.

모두들 갱년기 우울증의 한 증상들이다. 갱년기 우울증, 이런 진단이 붙는, 흔하고도 정도에 따라선 누구나 겪게 되는 우울증은 같은 우울증이지만 이 병을 앓는 시기가 갱년기이기 때문에 이런 이름이 붙여진 것이다.

갱년기를 맞는 시기에 잘 걸리는 정신적인 문제로서는 두 가지 유형이 있는데, 하나는 우울증이고 다른 하나는 편집증적 사고를 바탕으로 하는 장애이다. 후자는 앞에서 예를 든 것 가운데 배우자의 성적 정조를 의심하는 망상을 가진 것을 말한다.

먼저 갱년기 우울증부터 설명을 해 보자.

여성은 40대 후반, 남성은 50대 후반에 들어서면 이 우울증에 걸릴 위험 시기에 들어섰다는 것을 실감해야 한다.

"다른 사람은 안 그런데 왜 나만 그런지 모르겠다."고 호소하는 사람도 많긴 하지만 생각을 바꾸어 가질 필요가 있다. 정도의 차이는 있지만 사람이면 누구나 겪는 것을 안 겪는 사람이 있다면 시쳇말로 그는 대단한 사람이다.

중년 여성 이야기

여성이 남성보다 좀 빨리 오는 것은 생리적인 뚜렷한 월경이 영향을 주기 때문인 것 같다. 지금까지 지속되던 월경이 정지한다는 것은 바로 생식 능력의 중단을 뜻하기 때문에 여성은 직면하지 않을래야 않을 수 없기 때문이고, 다른 하나는 남성은 사회적인 역할에 묻혀 있기 때문에 여성만큼 빨리 실감하지 못해서 그렇기도 하다.

우울증에 걸리는 사람들의 공통된 특징이 있다. 왜 나만 그런가 하고 원망하는 분들은 혹시 다음에 제시하는 성격의 일면을 지닌 게 아닌가 하고 자신을 검토해볼 필요가 있다. 여기에 제시하는 성격과 비슷한 분은 비슷하지 않는 분들에 비해 갱년기 우울증에 걸릴 위험이 보다 높다는 뜻이 되겠다.

강박적인 성격 특히 융통성이 적고 완벽주의적인 성격의 소유자로서 지나치게 양심적이고 자기 처벌적인 성격, 유머가 부족하고 일생동안 점잖을 빼면서 살아왔거나 타인의 시선을 지나치게 의식한 나머지 세밀하고 꼼꼼하고 근심 걱정을 도맡아 하면서 살아온 성격, 그래서 다람쥐 쳇바퀴 돌듯 단조롭게 살아온 성격, 평소에 성생활을 억압하고 살아왔거나 불만족스럽게 살아온 성격, 그리고 어릴 때부터 불안정한 성격적 바탕을 지닌 사람들을 들 수 있다.

이런 성격 유형을 지닌 사람들이라고 하더라도 좌절감 없이 욕구를 계속 충족하고 성취해 나간다면 우울증의 위험을 미루거나 피할 수 있다. 발병은 대개 새로운 상황에

대한 적응이 더이상 쉽게 이루어지지 않을 때 일어나게 된
다.

　지금까지는 인생의 초년기나 절정기에 있음으로 해서 좌
절이 적었거나 있다 해도 회복의 기회가 많은 시기에 살았
다. 그러나 갱년기는 삶의 절정기가 지나고 야망과 삶에
대한 힘이 소실되는 것을 실감하고 살아야 하는 시기이니
만큼 갱년기에 실수를 한다거나 좌절과 실패를 경험한다는
것은 우울증을 유발하는 충분한 요인이 된다.

　갱년기의 실수나 좌절은 이를 수정하여 새로운 성공을
성취하기엔 남은 시간이 얼마 없다는 것이 우울증의 결정
적 요인이 된다. 절정기에 지녔던 힘있고 젊고 아름답고
건강했던 신체적 매력을 모두 상실한다면 우리에겐 두려움
과 분노와 우울밖에 남을 것이 없다. 노화에 따르는 여러
형태의 분노를 표현하지만 더이상 미룰 수 없는 벼랑끝에
서게 되는 것이 갱년기이니까 피할래야 피할 수도 없다.

　이런 상태에 직면하면 전에는 없었던 여러 가지 신체적
정신적 증상이 나타나게 되는데 대개 다음과 같은 증상들
이 복합적으로 나타난다.

　불쾌한 감정상태가 주가 되며 비탄, 슬픔, 우울감정 등이
그것이다. 불안하고 초조하여 안절부절하며 죄책감 때문에
시달린다. 살아갈 가치나 기력이 없고 자존심에 심한 손상
을 입는다. 생각의 내용도 대개 자기 신체에 대한 것으로
불치의 병에 걸린 것은 아닌지 하고 건강염려증적 사고를

지니며 쉽게 격하고 어린애처럼 투정을 부리기도 하고 비관적 내용에 집착한다.

사소한 일에도 의심이 늘고 의욕이 떨어지며 잘 운다. 신체적으로는 두통, 불면증, 집중력의 감퇴, 식욕부진, 체중의 감소, 신체적 통증들이 나타나고 근심걱정이 많아져서 지금이라도 금방 죽음이 닥칠 것만 같은 불안과 초조도 있으며 심하면 스스로 목숨을 끊게 되기도 한다.

이런 증상을 바탕에 깔고 있긴 하지만 배우자의 정조를 의심하거나 망상적 사고 체계가 뚜렷하게 발전하면 이를 구분하여 망상성 장애라는 말을 쓴다. 최근에 발달된 항우울제가 없었을 때는 환자의 회복율이 약 40% 수준이었으나 항우울제 덕분으로 현재는 약 90% 이상이 건강을 회복하고 있다. 증세가 심하면 물론 병원 정신과에서 집중 치료를 받아야 한다. 마음의 병이니까 내가 알아서… 라는 식의 미지근한 대처는 자신의 우울을 더 깊은 수렁으로 빠지게 하는 잘못된 태도이다.

갱년기를 맞는 우리의 마음가짐을 한두 가지 권해 본다. 갱년기는 피할 수 있는 단계가 아니다. 달리 대체할 수 있는 단계도 아니다. 벼랑의 끝이다. 물론 불안하고 초조하겠지만 기왕 닥치는 단계인데 하는 받아들임을 앞세운다면 길이 없는 것도 아니리라 생각된다.

우리는 항상 전성기의 젊음처럼 성취되기를 바라는 착각을 지니고 살지만 현실적으로는 불가능하다. 우리 앞에 닥

나의 가정, 내 손으로 지킨다

치는 변화는 불가피하고 그리고 필요한 것이라는 인식을 감정적으로 수용하면서 능동적인 변화의 주도자가 되어보자. 자기 감정과 증상을 다른 사람들과 나누어 보자. 자기 혼자만 겪는다고 생각하지만 모든 사람이 함께 겪고 있다는 사실을 알면 마음이 덜 억울할 것이다.

또한 있는 그대로 받아들이는 수용적 자세를 갖도록 해보자. '아니라고 발버둥쳐봐도 늙는 것을 어찌하랴' 하는 숙명적 수용은, '그렇다면 이렇게 살아보자'하는 또다른 지혜를 얻을 수도 있을 것이다. 정면대결도 한 방법이다. 어렵긴 하겠지만 사실에 대한 정보를 올바르게 갖고 긍정적인 측면을 탐색해 나간다면 극복이 가능하다.

흔히 대안으로 술이나 담배 마약과 같은 약물에 탐닉하기도 하지만 이는 여우를 피하려다 호랑이를 만나는 어리석음과 같다. 곱게 늙는다는 것은 갱년기를 소중하게 맞는다는 뜻이다. 인생에 있어 중요한 과도기라 할 수 있는 갱년기 역시 우리가 가꾸어야 한다.

중년 여성 이야기

곱게 늙는 법

얼마 전에 타계한 한 학자 K씨는 돌아가시기 바로 전에 자신의 뜻이 보도된 한 신문기사를 읽고 또 읽으면서 "이제는 죽어도 여한이 없다."고 했다는 신문보도가 있었다. 겉으로 보도된 내용도 그러려니와 실제 생활도 한결같았다고 신체적인 불편에도 불구하고 정말 곱게 늙으셨구나 하는 생각이 든다. 이런 분이 신체적인 건강까지 겸했다면 정말 곱게 늙으신 완벽한 표본이 아니었을까도 싶다.

인간의 욕구는 곱게 늙는 데 있는 게 아니다. 사람은 나서 늙고 병들고 그래서 세상을 하직하는 것이 만고의 진리임에도 불구하고 적어도 나 자신에게는 닥치지 않을 타인의 이야기로만 착각하고 산다. 이런 착각은 어느 땐가는 모두 예외없이 부서지는 것이지만 이 착각 속에 사는 한 인간의 욕구는 곱게 늙는 게 아니라 불로 장생하는 데 있다. 늙지 않으려는 발버둥도 허망한데 죽지 않으려는 망상에 매달리니 더 허망하지 않을 수 없다.

불타(佛陀)도 깨달음에 이르기 전 첫번째로 제기된 의문이 왜 인간은 나서 늙고 병들고 죽어가는 것일까 하는 것이었다. 우리의 입에 흔히 오르내리는 진시황도 자신의 불로 장생을 위해 할 수 있는 모든 발버둥을 쳐보았지만 그것이 허사였음을 누가 모르랴.

사람들은 행복한 순간 속에서 '이대로 시간이 영원히 멈추었으면 좋겠다'고 말하곤 한다. 행복한 순간을 평생 간직하고 싶어서일 게다. 또한 사람들은 현재의 정력적이고 생산적인 힘과 노인들의 경험적인 지혜, 어린이의 순박한 심성 이런 모든 것들을 갖추는 한순간을 영원히 갖고 싶다고도 말한다.

그러나 이런 모든 말들이 우리들의 소망에 그칠 뿐이니 안타깝기만 하다. 현대 의학은 노년기에 대한 연구를 활발히 진행했음에도 불구하고 '왜 사람은 늙는가'하는 명제도 아직 해결하지 못하고 있다. 세포가 늙는 생물학적 기제도 아직은 모르는 입장에, 늙지 않도록 막는 방법을 찾지 못하는 것은 당연하다. 어쩌면 조물주가 사람들에게 모든 지식과 지혜는 주었지만 이 점, 즉 늙지 않는 비법을 찾는 것만은 미궁 속에 감추어 두었는지도 모르겠다.

그래서 한계를 인식하는 사람들의 소망으로 현실적인 것은 불로 장생이 아니라 곱게 늙는 것이다. 늙고 병들면 사람은 추해진다. 주관적으로는 우울하고 외롭고 당혹스럽다.

중년 여성 이야기

이런 인간의 발달 단계를 어떻게 하면 곱게 지낼 수 있을
까 하는 소망은 한번쯤 해볼 만한 생각이다. 곱게 늙는다
는 게 무엇일까?

첫째, 곱게 늙는다는 것은 나이답다는 뜻일 게다. 어린이
는 어린이답고 청년은 청년다워야 하듯 노인은 노인다워야
한다. 나이답다는 말은 나이에 적합한 사고·행동·감정을
지니고 있다는 말과도 통한다. 노인답다는 말은 자신이 살
아온 인생을 관조하는 능력과 이를 서서히 정리해 보는 자
세를 갖춘 것을 뜻한다.

둘째, 품위가 유지되어야 한다. 노인의 걸맞는 품위가 유
지되도록 주관적으로나 객관적인 노력이 앞서야 한다. 자
신이 자신을 아무렇게나 취급하고 주변에서 자신을 비하시
킨다면 노인에 걸맞는 품위를 유지하지 못할 것이다.

셋째, 퇴행이 적어야 한다. 늙으면 되레 어린이가 된다잖
은가. 인생, 무상, 죽음을 인식하면서 사람들은 대개 무력
감에 빠진다. 무력감은 어린이처럼 스스로 어떻게 할 수
없는 사람들이 취하는 반응이다. 퇴행을 통해 그나마 지니
는 자기 방어가 된다.

넷째, 뭐니뭐니 해도 신체·정신적인 건강이 유지되어야
한다. 일생을 무병하게 장수하다 돌아가신 한 노인을 의학
적으로 탐색해 봤더니 여러 가지 병을 지니고 있었다는 연
구도 있다. 자각 증세가 없었을 뿐 병은 지니고 있었단다.
따지자면 늙는 것 자체가 자연 현상이긴 하지만 신체 또한

나의 가정, 내 손으로 지킨다

건강한 것도 아니다.

다섯째, 타인의 도움이 없어도 생활하는데 불편하지 않아야 한다. 상호의존적 관계에 부담을 줄 만큼 타인에의 의존도가 높다면 그것은 곱게 늙는 게 못될 것이다. 의존은 심리적인 것도 있겠지만 건강이 여의치 못하다면 부득이 신세를 질 수밖에 없다.

여섯째, 노인 개인의 생각이 다소 미래지향적이고 낙천적이며 생산적인 관심이 있어야 한다. 노인 단계가 물론 이런 관심들이 줄어드는 시기이지만 근본적으로 그런 자세를 지니는 사람이 그렇지 않은 사람에 비해 곱게 늙었다는 판단을 받게 된다. 노익장이란 말이 있지 않은가.

일곱째, 희로애락을 스스로 통제 조절하는 능력이 있어야 한다. 내 마음을 내가 주인이 되어 어루만지는 능력이 있다면 그는 이미 곱게 늙은 사람이다.

여덟째, 이타적인 생각과 자세를 지녀야 한다. 늙으면 되레 어린이가 된다는 말은 나이 들수록 이기적인 생각과 행동에 빠진다는 말로도 바꿀 수 있다. 어릴 때 이기적이었던 것이 젊었을 때 성장 발달하면서 차차 이타적으로 되었다가 늙으면서 다시 이기적으로 변한다. 이타적이고 봉사적인 사고와 행동 체계를 유지할 수 있다면 정말 곱게 늙는 것이다.

아홉째, 한계 인식이다. 자연의 순리처럼 인생의 성장 발달단계의 특성을 인식하고 받아들이는 자세가 곱게 늙는 거다. 인간으로서도 어떻게 해 볼 수 없는 것도 있구나 하는 인식이다.

흔히 이런 한계에 다다르면 사람들은 극단적으로 퇴행하거나 반대로 성인 군자처럼 깨달음에 이르는 양면성을 지니고 있다. 퇴행하면 자신의 추한 면모가, 깨달으면 곱게 늙는 성숙함이 나타난다.

마지막으로 현실 적응 능력을 지녀야 한다. 물론 젊었을 때 같진 않겠지만 새로운 환경에 부단히 접해 나가는 자세가 필요하다. 현실 적응 능력이 모자라니까 노인들은 뒷전으로 물러 앉는다.

곱게 늙는 것이 어떤 것인가에 대해 정리해 보았다. 반드시 그래야 된다는 논리보다 상대적인 개념으로 그렇지 못한 노인에 비해 그런 노인이 보다 곱게 늙은 것이라고 생각해야 한다. 절대적인 기준이 아니라 상대적인 기준이 된다는 뜻이고 이런 기준에 한 가지 더하여 성숙한 종교적인 심성까지 갖춰진다면 금상 첨화라고 생각된다.

그러나 생각하면 이 또한 우리의 소망일 뿐 대개의 노인은 곱게 늙지 못해 고통을 받게 된다. 나만 고통을 받는 것이 아니라 장차 다른 사람에게도 고통을 주게 된다. 안타까운 일이지만 그런 것을 어떻게 하랴.

우선 생물학적인 변화는 병이 아니더라도 노화 때문에 생기는 결과적인 현상은 곱게 늙도록 두지 않는다. 노화에 더하여 신체적인 질병은 상대적으로 곱게 늙는 기준에 못

나의 가정, 내 손으로 지킨다

미치게 한다. 심리적인 변화도 아주 순수한 심리적인 변화가 아니라 노화라는 신체 변화에 수반한 변화이기 때문에 더욱 복잡하다.

"너희들도 내 나이만큼 늙어 봐라."

노인이 상황에 몰리면 한마디로 압축해서 표현하는 말이다. 옳은 말씀이다. 곱게 늙는 것은 확실히 복이다. 타고나는 복이다. 타고난 복을 일찍 잘 가꾼 사람은 그 복의 열매를 거둘 것이다.

지금 늙음의 문턱에 선 사람이 갑자기 곱게 늙고 싶다고 발버둥친다 해도 곱게 늙는 것이 아니고 보면 이 또한 어릴 때부터의 생활 습관과 연관이 크다고 보겠다. 곱게 늙고 싶어하는 젊은 분을 위해 충고할 말이 있다면 지금부터 곱게 늙는 기준에 가까운 생활 습관이 몸에 배도록 생활화하라는 것이다.

"이제 죽어도 여한이 없다." 그 말을 당신도 당당히 할 수 있다면 당신은 무어라 해도 곱게 늙은 것이다.

중년 여성 이야기

40대 여성의 시간 관리법

"할 일이 없는데요?"

무엇이든지 좀 일거리를 찾아서 움직여보라는 말을 해보았지만 환자가 금방 되받아 보내는 항의다. 낮잠을 한잠 자고 나서 시계를 쳐다보아도 30분이 채 안 지났으니 하루 종일 그렇게 무료할 수가 없다 한다. 시간을 죽이지 못해 애쓰는 주부다.

옛날에는 40대면 불혹(不惑)의 나이라고 했었는데 현대의 40대는 근심의 나이일까? 특히 가정에서 가정의 관리나 자녀의 양육 그리고 남편의 뒷바라지에만 일심전념하던 주부들일수록 40대가 되면 근심걱정이 태산 같아진다.

이 불안은 근거가 있는 듯이 보이는 것도 있지만 기실 상황이 과장되고 지나치게 예민한 지각 때문에 생기는 걱정이 상당 부분 차지한다. 40대의 걱정거리를 이해하자면 먼저 40대 주부의 생활 주기상의 특성을 알 필요가 있다.

　40대 주부들이 겪어야 할 첫번째 시련은 이별의 경험이다. 여기에서 이별이란 부모 또는 시부모, 연세가 많은 친척들과의 사별을 말한다. 대부분의 40대 주부들은 이러한 사별의 경험을 겪게 되는 문턱에 들어서는 것이다. 생활경험상 인간에게 가장 큰 스트레스를 주는 것은 사별이다. 이런 사별이 아니더라도 성장한 자녀들과 이별하는 시기 또한 40대다. 자녀가 성장하여 독립적인 가정을 형성해서 나가는 가시적인 이별만 이별이 아니다. 정서적으로 자녀가 자기의 몫을 찾고 주장함으로써 부모와 상충된 사고와 행동을 가질 수도 있다.

　"전에는 엄마가 시키면 고분고분했었는데 이젠 다 소용없어요." 40대 주부가 자녀에 대한 생각을 표현한 말이다. 제 몫을 찾는 자녀의 독립된 정서나 생각을 부모가 인정해 주지 않으면 안될 시기가 바로 40대다.

　말하자면 자녀가 홀로 서서 부모로부터 분리되어 책임있게 살아 가겠다는 것은 성장의 결과이지만 막상 당하는 주부의 느낌은 자녀로부터 소외당하는 것 같은 주관적인 느낌을 가질 수도 있다. 사별 아니면 분리를 통해 모두 자신 곁을 떠나는 스트레스는 자연히 40대 주부의 마음을 공허하게 만들 수밖에 없다.

　"당신 오늘 시간 있어요? 나 점심시간에 그쪽으로 나갈 일이 있는데…." 몇번 주저하다가 남편의 직장으로 전화를 걸어 보지만 '바쁘다'는 의례적인 말로 전화가 끊길 땐 내가 왜? 무엇 때문에? 살아야 한단 말인가 하는 극단적인 생각까지도 스친다. 공허감을 메우기 위해 은근히 한마디의 위로라도 받고 싶어 걸어 본 전화지만 되돌려진 것은 더 심한 좌절감이다.

40대 주부의 남편들은 이제 직장에서 자신이 하는 사업에서 사회적인 안정과 성취, 때로는 인생의 황금기라고 표현해도 될 만큼의 성취를 이룬다. 이런 성취는 남편 자신에겐 만족감을 주고 자신감이 생기고 새로운 일에 대한 의욕도 되지만, 이를 공유하지 못하는 아내 입장에서 보면 가장 소중한 아내인 자신을 팽개쳐 놓고 바쁘기만한 존재로밖에 인식되지 못한다. 둘러 보아야 텅빈 덩그란 공간뿐인 곳에 혼자 앉아 이런 단절감을 되씹고 있노라면 자연 시간을 죽이기에 고통스러울 수밖에 없다.

시간이 남는다. 어떤 주부는 이런 저런 일들을 계기로 자신이 걸어온 인생을 다시 한번 생각하게도 된다. '내가 이 집으로 시집만 안 왔어도…'하는 긴 여운을 한두 번 안 가져 본 주부가 없을 것이며 또한 자신이 걸어온 삶 자체에 대한 후회도 해보았을 것이다.

인생을 평가해본 대차대조표는 흑자보다는 적자라는 생각이 더 많이 든다. 학교 다닐 땐 나보다 성적이 안 좋았던 친구가… 나보다 인물도 못생겼던 친구가… 나보다 가난했던 친구가… 별의별 속스런 비교들을 해가다 보면 가슴만 더 답답해진다. 나의 결혼 생활은 손해 투성이란 결론

나의 가정, 내 손으로 지킨다

을 아주 쉽게 내려 버린다.

아무도 나를 생각해주는 사람이 없지 않은가. 자녀는 제 몫을 찾아 나가버리고 남편은 자기 성취에 도취되어 일에 바쁘고…. 모두 나 없으면 못살 것처럼 하던 사람들이 이제 와선 나를 소외시키니 그게 손해가 아니겠는가 하는 확고한 편견에 빠져 들게 된다.

아무리 둘러 보아도 외톨이가 된 자신뿐 이런 울분을 쏟아 놓을 만한 사람도 없다. 그 주부 환자가 말한 것처럼 한잠 자고나도 30분 죽이기가 그렇게 힘들다. 몸도 여의치 않다. 30대의 왕성한 건강처럼 산뜻한 기분도 없고 병원에 찾아가도 뚜렷한 병명도 못찾아 내면서 찌부득하기는 마찬가지다. 불안하다. 여기 저기 서성거려 보지만 더 초조해진다.

대체로 병명을 붙이긴 어렵더라도 40대를 넘기는 주부가 흔히 겪게 되는 내용들이다. 이런 현상은 한마디로 '내 몫이 없기 때문'에 생기는 현상이다. 40대 이전의 주부에게는 확실한 자기 몫이 있다. 가령 자녀를 낳는 일, 자녀를 키우는 일, 사회의 초년생인 남편을 돕는 일, 그리고 알뜰하게 가정을 관리해 나가는 일은 고되긴 해도 확실한 내 몫으로 내가 아니면 아무도 해내지 못했던 일인데 40대는 이런 일이 끝나는 주기다.

항상 결혼 초기나 30대처럼의 역할로 일생의 주기를 충족하게 적응해 나가지는 못한다. 가정의 일에만 전심전력

몰두해 나가다가 40대가 되어 어느날 갑자기 이런 회의들에 빠져 들어 가면 겉잡을 수 없는 자기 비하를 통해 우울 증상에 까지 이른다.

문제는 어떻게 해 볼까? 하는 것이 중요하다. 원리는 간단하다. 자신의 일생이 점차 변해가듯 가족들도 세월이 흐름에 따라서 변화한다는 사실을 예견하고 지각해야 한다. 가족주기의 어느 한 단계가 영원히 변화하지 않고 고착되어 머물러 있지 않다는 아주 평범한 사실을 인정할 필요가 있다.

가령 자녀는 성장하고, 성장하면 제 목소리가 커지고, 제 목소리가 커지면 제 몫을 찾아 당신 곁을 떠난다는 사실과 같은 것을 사실로 받아 들여야 한다는 뜻이다. 당신 자신도 지난 세월이라서 잊고 있지만 제 몫을 찾아 부모 곁을 떠나와서 새로운 가정을 꾸미지 않았는가?

이렇게 한번 해보자. 지금부터라도 챙겨 보자. 지금까진 자녀나 남편의 뒷바라지를 위해 투자했던 내 몫을 자신의 홀로 서기, 자신의 잠재력 개발, 자신이 가치있게 생각하는 일에 투자해 보자. 이런 투자는 가정에서만 있어서 낙후되었을지도 모를 사회성 회복에도 가치있는 것일 게고 자신을 증진시키는 데도 도움이 될 것이다.

여기에서 한 가지 당부드리고 싶은 말은 자기 중심적인 만족만을 위해 일을 하고 취미를 갖고 여가를 즐기지 말고, 나의 일이 곧 가족이나 사회에 청량제가 될 수 있는 일

로 실현하다면 그것이 바로 당신 자아를 확대시키는 일이
될 것이다.

자기 중심적인 사고와 행동에서 벗어나 이타적인 생각과
행동을 실현할 수 있다면 당신은 좁은 가정에서 과거에 누
렸던 만족감과 행복보다는 훨씬 더 큰 성취감을 얻을 것이
다.

이젠 개인이 가정을 위해 매여야 할 시간이 줄어 들고
상대적으로 개인에게 주어지는 시간이 많아지기 때문에 지
금이야말로 이 주어진 시간을 주부 자신을 위해 소중히 투
자해야 할 시기이다. 이런 소중한 자기에 대한 재투자 없
이는 사람은 이기적인 욕심에만 사로잡혀 모든 것이 원망
스러워지고 그 원망은 타인을 미워하는 마음으로 발현된
다.

"유능하고 곧고 의연하며 상냥하고 점잖고 겸손하다. 또
만족할 줄 알아 구하는 바가 적으며 잡일을 만들지 않고
홀가분하게 산다."

이는 평안의 경지에 이르면 얻게 되는 선물이다. 자아를
확대해 나가는데 자신을 재투자하는 주부에겐 꼭 이런 커
다란 선물이 되돌려질 것이다.

홀로 서서 함께 걷는 가정의 기둥

새해에는 모든 것이 새롭게 변할 것이다. 이런 전제는 언제나 틀리지 않는다. 그 이유는 모든 것이 진행형이기 때문에 어떤 형태로든 변할 것이기 때문이다. 때로는 그 변화가 너무나 미시적인 수준이기 때문에 우리에게 지각되지 못하는 경우가 있겠지만 변화는 틀림없이 있다는 전제에서 이런 변화가 있었으면 하는 소망을 얹어본다.

첫째로 아내는 한 가정의 기둥이다. 기둥이 튼튼치 못하면 서까래도 올릴 수 없고 기와는 더욱이 얹을 수 없다. 한 가정을 형성하는 골격으로서의 아내, 그 아내 자신의 자존하는 힘이 좀 더 강했으면 싶다. 아내는 남편의 종속물이 아니다. 자존하는 아내의 자아가 남편이라는 뜻이 맞고 사랑하는 또다른 자존하는 자아와 함께 생을 엮어 나가는 가정의 주체다. 스스로 누구의 종속임을 자처하기보다는 당당한 아내로 홀로서서 함께 걷는 모습으로 바뀌었으면 한다.

나의 가정, 내 손으로 지킨다

둘째로는 자녀는 아내가 키워야 좋다. 대부분의 현대 아내들은 자녀의 양육을 그들의 친정 또는 시모에게 맡기는 경우가 많고, 더러는 가정부나 다른 사람의 도움을 받아 키운다. 하지만 인간 성장 과정 중에서 성격 형성의 가장 결정적이고 중요한 시기가 모자 관계 특히 유년기의 모자 관계가 바탕이 된다는 사실을 명심하고, 자녀의 일정시기 (유치원 또는 국민학교 입학시)까진 아내가 키워 자녀의 바람직한 인격형성이 이루어지도록 노력해야 할 것이다.

셋째로는 사회적인 관심을 정의롭게 가졌으면 싶다. 가정의 작은 행복감에 젖어버리다보면 사회적인 변화에는 관심이 소홀해질 수도 있다. 가정의 관리도 중요하지만 점차 자녀 양육으로부터 시간을 내어 사회 변화에 관심을 가지고 그 변화에 자신을 적응시켜야 한다.

여기에서의 사회적 관심이란 개인의 허영, 유행, 향락과 같은 것이 아니라 아내 자신의 의식이 사회 정의에 부합하고 그를 수용하며 나아가선 사회 병리를 근원적으로 정화시킬 수 있는 관심을 말한다.

결혼 생활에서의 초기 경험은 새로운 결혼 만족, 자녀의 생산과 양육 그리고 가정을 관리하는 데 많은 시간을 할애하기 때문에 다른 사회적 관심에 눈을 돌릴 시간이 없을는지 모른다. 그러나 이런 초기 결혼 생활을 치루면서 스스로 시간을 내고 사회 경험에 간접 노출되는 방법을 터득하고 관심을 가지게 되면 자신의 자질을 가족에게 국한해서

쏟지는 않는다.

넷째로는 참여하는 아내가 되어 보자. 흔히 남편은 사회적 성취 아내는 가정에서의 간접적 성취를 행복의 덕목으로 삼았으나 이제부터는 사회에 참여하는 아내상으로 한 발 돋음질해 보자. 점차 자녀를 사회화시킴으로써 주부가 상대적으로 갖게 되는 시간으로 참여할 수 있게 될 것이다. 사회적 참여는 자신의 관심사를 정의롭게 의식화하고 이를 실현함으로써 이루어진다. 나 혼자의 참여가 아니라 아내의 생각이 정의롭고 옳은 것이라면 이런 생각들이 결집되어 하나의 커다란 힘을 형성시킬 수 있는 그런 아내상이 되었으면 싶다.

지금까지 사회적 관심이 없었던 것은 아니지만 그 관심의 크기만큼 큰 힘으로 결집되어지진 못했다는 느낌이다. 정의로운 힘의 결집은 사회 병리를 정화시키는 원동력이 되며 정화된 사회의 보람은 결국 우리 가정의 행복과 안정으로 되돌려진다.

마지막으로 한 가지만 더 주문한다면, 아내는 남편의 대립된 존재가 아니다. 서로가 갖는 공통점과 이상적인 모형의 고리를 걸고 이를 가치있게 실현해 나가는 동반자라는 것을 다시 한번 일깨웠으면 한다. 이런 소망은 어쩌면 진부한 목소리일는지 모르지만 변화하는 사회 상황에 슬기롭게 대처하는 방편으로서는 소망스런 주문이다.

미래의 발전적인 아내상은 주변사회 변동에 따라 유연히

나의 가정, 내 손으로 지킨다

대처할 수 있는 잠재력을 키우는, 그래서 그 상황에 걸맞
고 세련된 적응을 하며, 정의로운 결집을 통해 병든 사회
의 정화제 역할까지를 해낼 수 있는 모습이 아닐까 싶다.

중년의 삶과 나의 행복

주고 받는 대화를 합시다

대화는 주고 받는 말이다. 물론 상징화된 말만 사용하는 것이 아니라 비언어적 여러 방법을 모두 포함해서 대화라고 부른다. 그래서 혼자 하는 말은 독백이라고 하지 대화라고는 하지 않는다. 서로 상대가 있어 함께 말을 나누고 공통점을 찾고 그 합의된 공통점을 행동화함으로써 결과를 얻으려는 데 대화의 목적이 있다 하겠다.

"내가 할 말은 이게 전부입니다. 간부 여러분께서 하실 말씀이 있으면 해보시죠."

장장 한 시간이 넘는 설교나 지시, 나무람 끝에 발언의 기회를 주는 사장님 앞에

"……."

이렇듯 묵묵부답하는 모임이라면 적어도 대화에 관한 한 역기능적이다.

"할 말씀 없으세요?"

“……”

할 말이 어찌 없겠는가. 그러나 말해봤자 라는 생각이 들면 묵묵부답할 수밖에 없다. “……” 허구헌날 이런식으로 대화라는 것을 마치는 직장이 있다면 무언가 크게 잘못된 것이다.

한 부인이 서서히 말이 없어지고 그나마 말을 하게 되면 전 같지 않게 말을 더듬게 되어 병원을 찾아왔다.

“언제부터 이렇게 말을 더듬게 되었나요?”

“글쎄요, 나는 요즘 와서 처음 알았는데요. 평소에도 말이 적은 성격이었으니까요. 요즈음도 그러려니 생각했었습니다.” 직장에서 늦게 돌아오고, 돌아오면 피곤해서 쓰러져 잠자기 바쁘고 아침이면 일찍 일어나서 출근해야 하니 부부라고 해서 특별한 이야기를 나눌 짬이 없다고 한다.

“선생님, 입원 좀 시켜 주세요.” 외래에서 통원 가료중에 있는 한 고등학생이 입원을 요구해 왔다. 입원을 하라고 권해도 병이 없다고 저항하는 환자가 많은데 자진해서 입원을 청하다니….

“대화가 필요하다고 아버지께서 매일 아침 30분씩 앉혀 놓고 설교를 하시는데 이젠 지긋지긋해요.” 계속 그런 설교를 듣느니 차라리 입원을 택하는 게 낫겠다는 뜻이다.

아무리 좋은 말이라도 대화는 일방통행적인 것이어서는 안된다. 대화는 서로의 수신기나 발신기가 건강해야 한다는 전제가 있다. 다른 사람의 언어적·비언어적 표현을 수

중년 여성 이야기

용할 수 있는 감각기관에 이상이 없어야 한다. 반면 나 자신의 의사를 표현하기 위해선 발신기의 장애가 없어야 한다. 눈에 탈이 나 있으면 시각을 통한 지각장애 때문에 정보의 시각적 수신에는 한계가 온다. 또 말을 할 수 없다면 적어도 말을 통해 전달하고자 하는 발신에 장애가 있으므로 적절한 대화가 불가능하다. 또 수신기나 발신기 모두가 기능적으로 정상이라고 해도 인간의 심리상태에 따라서 격려되기도 하고 방해받기도 하는 것이 대화다.

어떤 형태로든 대화가 빈곤하다면 커뮤니케이션에 장애를 불러 일으킨다. 대화가 없더라도 이심전심임을 헤아릴 수 있다면 좋겠으나 사람들은 그런 성숙하거나 초능력적 기능을 갖지 못하기 때문에 대화가 없이는 정신적인 장애를 일으킨다. 실험적으로 인간에게서 주변 상황으로부터 모든 감각적 자극을 박탈해 버리면 72시간 정도를 정점으로 정신이상 현상을 일으킨다.

일반적으로 대화의 빈곤이 선행한다면 어떤 정신적인 증상을 일으킬까? 우선 우울감이 생긴다. 말이 안 통하면 좌절하거나 포기해 버리기 때문에 가슴이 답답해진다. 대화를 하지 않는 상태가 오랜 기간 축적되면 우울한 감정이 쌓이고 심하게는 이 세상을 살아갈 흥미를 잃게 되고 더 나아가서는 자살을 생각할 수도 있게 된다.

두번째로는 오해가 생기게 마련이다. 상대방으로부터 무시당하는 것은 아닐까 하는 느낌에서부터 나를 해칠지도 모른다고 생각하는 피해의식에 이르기까지 다양한 증상을 일으킬 수 있다. 한마디로 대화의 빈곤은 상대방에게 터무니없는 연상을 허용하는 결과가 되기 때문에 망상으로까지 번질 수 있다.

세번째로는 자폐적 철옹성을 쌓는다. 아무하고도 대화가 안되니 자구책으로 자신의 상징적 연상과만 대화하는 자폐적 성을 쌓아버린다.

네번째로는 충동적인 행동을 하기도 한다. 혼자만의 의미로 불쑥 행동하기 때문에 타인은 그 사람이 왜 그런 충동적이고 파괴적이며 이상한 행동을 하는지를 이해하지 못한다. 행동을 폭발하는 쪽에선 대화의 단절을 한꺼번에 보상받으려는 데서 부적절한 행동으로 표출된다.

다섯번째로는 인간 관계를 피한다. 대화의 능력이 나에게 없다고 믿으면 열등감이 자신을 괴롭히므로 인간 관계를 회피하게 되고 또 타인에게 대화의 능력이 없다고 믿으면 분노 때문에 인간 관계를 피하게 된다. 이런 일이 오래 이어지면 의사 전달 능력이 떨어지게 되어 자신의 요구를 표현하는 방법을 잊어버리기도 하고 타인의 표현을 읽는 방법도 잊게 된다. 서로 말이 안 통하게 되어 버린다.

여섯번째로는 걱정이 많아지고 불안해지며 정서적 안정감을 잃게 된다. 개인은 소통을 통해 관계를 갖고 싶은 욕구가 있지만 대화가 빈곤하면 그런 요구를 충족시켜 주지 못한다. 이런 좌절은 정서 자체를 해치기 때문에 신경이 아주 예민해져 버린다.

일곱번째로는 지각에 혼돈이 생기기 때문에 판단이 흐려질 수 있다. 상대방이 표현하는 정보를 정확히 지각해야만 올바른 판단을 할 수 있는데 이런 지각에 혼돈이 있다면 판단의 적절성은 기대하기 어렵다.

이런 대화 빈곤에서부터 발생할 수 있는 여러 정신 증상들은 그 증상 자체만을 교정하기 어렵다. 적어도 그 증상을 야기시켰던 상황의 변화, 즉 대화를 적절히 나누지 않고선 증상으로부터 자유로워지긴 어렵다.

만일 당신이 가정에서나 직장에서 대화가 커뮤니케이션을 도와주고 감정소산에 기여하며 정보의 수집 판단 반응이 적절한 행동으로 이어지도록 함으로써 사고의 확대를 꾀할 수 있다면, 당신은 정신건강을 증진시키는 아주 훌륭한 수단을 지니고 있는 것이다. 왜냐하면 대화의 빈곤 때문에 겪어야 할지 모를 여러 정신 증상을 미연에 방지할 수 있기 때문이다.

세상은 혼자 살아가는 것이 아니고 보면 서로를 이어주는 대화는 우리에게 살아남기 위한 가장 긴요한 수단이기도 하다.

대화하면서 삽시다.

대인공포증

　인간은 사회적 동물이다. 사회를 떠나서는 존재가 불가
능하다. 그렇다면 인간은 어떤 형태로든지 사회에 적응하
기 위해 자신의 자아를 무장하지 않으면 안 된다. 자신이
살아가면서 익숙해진 어떤 적응 양식을 주된 무기로 삼고
살아갈 수밖에 없다. 이런 적응 양식이 다행히 맞아들어
가면 비교적 갈등이 적겠지만 자기의 주무기로 적응이 불
가능하면 갈등이 발생한다.

　이런 갈등은 욕구 충족을 통해 해소되어 원래의 평형 상
태로 돌아가지만 그렇지 않을 경우 갈등이 만성적으로 누
적되어 쌓이게 되면 어떤 증상으로 바뀌어 나타나게 된다.
제일 흔하게 표현되는 증상이 소위 '불안'이라고 표현되는
정신증상이다. 막연하긴 하지만 무엇인가 자기자신에게 불
행이 닥칠 것만 같은 지나친 걱정이 불안이다.

　자기가 지닌 자아 방어 체계로 갈등을 억압하는 데 실패

하면 이런 불안 증상이 생긴다. 공포는 이런 불안에 비해 훨씬 구체적인 대상을 갖게 되는데, 가령 짐승이 무섭다거나 에이즈가 무섭다거나 아니면 밀폐된 공간이 무섭다거나 하는 것처럼 불안의 대상이 뚜렷하다.

이와 같이 공포를 주된 증상으로 나타내는 일련의 정신 장애를 공포 장애라고 부른다. 의학적인 정의를 담아 보면 불안 발작으로 괴로워하는 만성적인 염려감이 있는 장애를 뜻한다.

대개 여자가 남자보다 발병률이 높고 일반인 중에서도 상당히 많은 것으로 추정된다. "어릴 때 나는 개만 보면 무서워서 멀리 도망가곤 했었는데…." 비단 개가 아니더라도 어떤 동물에 대한 공포를 유년기에 경험한 사람들은 많다. 하지만 어른이 되어서까지 유년기 같은 공포감을 지닌 사람은 그렇게 많지 않다. 그러나 성년들 가운데는 사회적 상황에 노출되는 것을 꺼려하면서 사람을 접하지 않으려는 공포심을 상당히 많이 지니고 있다.

이런 추세를 간추려 보면 어린시절에 경험했던 공포증의 거의 대부분은 어른이 되면서 없어지는 반면에 성년의 다른 공포증으로 대치되거나 새롭게 발생하고 이러한 공포증은 유아의 경험에 비해 훨씬 심각하다.

"사람들이 모두 나를 쳐다 보기 때문에 전철을 탈 수 없다."

겉으로 표현하는 이유는 얼핏 듣기에는 그럴싸하다. 하

지만 비단 이런 설명뿐 아니라도 다른 상황, 다른 조건에서도 같은 공포를 지닌다. 단지 타인을 대면하지 않으려는 이유를 그렇게 설명한다.

공포의 대상이 부적절하다는 것을 자신이나 타인이 알고 있지만 그 원인이 어디에 있는지를 환자는 인식하지 못한다. 특별히 공포를 자극하는 상징적인 사물이나 상황에 노출되면 공포 장애를 불러 일으킨다. 그러니까 원래 불안스런 원인은 다른 데 있다.

이런 무의식은 자신은 알지 못한다. 무의식적 요소가 상징화되거나 다른 것으로 대치되어 나타나기 때문에 원인을 모르게 된다. 가령 아버지가 사실은 무서운데 이는 무의식화되고 실제 상황에선 말이나 다른 동물상으로 상징화되어 그런 동물에 대해 공포를 가질 수도 있다. 아버지나 상징화된 말이나 사실은 같은 대상인데 환자에겐 아버지는 숨어 있고 표현된 말만 공포의 대상이 되어버리는 것이다.

공포의 대상으로 상징화되거나 대치되는 것에 따라 이름들이 붙여지게 되는데 가령 동물로 상징화되면 동물공포증, 밀폐된 상황으로 대치되면 폐쇄공포증, 여행 상황으로 대치되면 여행공포증이란 말을 붙이게 된다.

공포증의 주된 증상은 바로 공포다. 공포의 종류에 따라서 대개 세 가지 유형으로 나누는데 첫째가 광장공포증, 둘째가 사회 공포증, 셋째로는 단순공포증이란 전문 진단명이 그것이다.

중년 여성 이야기

광장공포증은 공포를 유발하는 상황이 넓은 광장이다. 이런 광장은 혼자 있는 데에 대한 공포를 상황적으로 유발시키고 특히 달아나거나 숨기에 부적절하게 되어 있는 공공장소에선 더욱 빈번하게 일어난다. 공포증의 증상은 대개 공포를 바탕으로 피로감, 가슴이 뛰고 식은땀을 흘리며 손발을 떨기도 한다. 심하면 실신하기까지 한다.

대개의 무의식은 금기된 충동이 의식화되는 과정에서 자기 처벌적 경향과 맞부딪치게 되면 발작을 많이 일으킨다.

사회공포증이라고 부르는 공포증은 기본적인 공포 증상은 같지만 다른 사람에 의해서 좋지 않은 평가를 받을 것이라는 불안이 유발되는 상황, 특히 사회적인 상황을 회피하려고 하는 충동과 그럼에도 불구하고 지속적으로 노출되어야 하는 현실 사이에서 일어나는 공포다.

사회공포증의 흔한 유형이 대인공포라고 할 수 있다. 사회 적응을 위해선 대인관계를 통하지 않을 수 없고 대인관계의 상황에 노출되면 타인의 자기 평가에 대한 예민성 때문에 회피하게 된다.

대개의 사회공포증은 사춘기나 초기 청년기에 잘 발생하지만 장년기까지 이어지기도 한다. 사춘기나 초기 청년기의 특성이 자기 정체감에 대해 상당히 예민한 특성을 지니는 것이기 때문에 자신없어 한다.

이런 무의식이 다른 사람으로부터 거절당하거나 실수의 지적을 받을까봐 지레 걱정이 태산 같다. 이런 불안을 회

피하기 위해서 궁여지책으로 선택하는 행동이 사회로부터
의 격리다. 공포상황으로부터 멀리 있으면 된다는 의식이
다. 그러나 이런 행동의 결과는 자신의 행동을 더욱더 제
약하게 만드는 모순을 낳게 된다.

단순공포증은 흔히 동물이나 벌레·세균·높은 곳·밀폐된
공간 등이 공포증의 대상이 되는 경우를 말한다. 어떤 연
구들 가운데는 이런 여러 형태의 공포증을 잘 일으키는 가
족 배경을 조사해 놓은 것이 있다.

가령 어머니가 자녀의 성격 형성에 결정적인 영향을 주
고 있다는 모자관계설을 바탕으로 어머니가 공포증 환자이
면 자녀도 그렇게 학습된다고 본다. 어머니의 공포증은 가
족을 조정함으로써 이차 이득을 얻게 되니까 자녀도 그런
방식을 방어기제로 선택하여 습득하게 된다는 뜻이다. 어
머니는 자신의 공격적인 기질을 가족에게 잔소리를 함으로
써 동조를 끌어내기 때문에 남편이나 자녀도 어머니의 공
포증에 동의하지 않을 수 없다는 것이다.

어떻게 고쳐볼 수 있을까? 공포증의 대부분은 소위 행동
수정치료라는 정신과적 치료의 대상이 된다. 행동탈감작기
법이라고도 불리우는 의학적 방법으로 공포 대상에 대한
행동 반응을 약화시켜 나가는 방법이다.

기본적으로는 이런 행동수정치료의 바탕에는 정신치료적
오리엔테이션과 정신과의 도움을 받으면 훨씬 개선이 빠르
다. 약물치료도 단독적으로 또는 보조적으로 효과를 지니

는데 이는 반드시 전문의의 지도를 받아야 한다.

치료의 가장 중요한 맥은 환자가 원래 지니고 있는 원천적인 두려움과 의식 수준에서 표현되는 공포의 대상이 다르다는 것을 아는 데 있다. 단지 원천적인 충동과 증상으로 나타나는 대치 또는 상징화된 결과를 같은 것으로 보지 못하는 데서 치료의 어려움이 있다.

아버지가 공포의 대상인데 왜 개가 무서울까? 아버지와 개는 일견 연관성이 없는 듯 보이지만 원인을 파악해 보면 그 두 가지가 역동적으로 아주 단단한 끈으로 이어져 있는 것이다. 공포증은 이렇듯 원천적인 두려움과 두려워하는 대상이 다르게 나타나는 경우가 많다. 이때 환자는 대개 개가 무섭다거나 사회 상황이 무섭다거나에 고착된다. 무언가에 고착된 환자는 공포의 뿌리를 보지 못한다. 대인 공포증에 시달리는 환자는 자신을 두 가지 방법으로 가꿀 수 있다.

하나는 충동을 보다 더 적극적으로 억압하여 의식 수준으로 올라오지 못하도록 강화하는 방법과, 반대로 자신의 내부를 역동적으로 들여다 보는 작업을 통해 공포증의 뒤에 숨어 있는 실체를 보고 그 실체의 영향으로부터 벗어날 수 있는 새로운 적응 양식을 선택하는 일이다.

전자는 환자의 수준에 맞게 치유하는 방법이고 후자는 건강인에게서 각자에게 적절한 수도를 통해 깨달음에 이르는 것과 맞먹는다.

상대적 빈곤감에서의 탈출

'나는 그동안 무엇을 했단 말인가?' 이런 의문은 마음속 깊이 충격과 함께 스쳐 지나가는 앙금이다. 여기에 그치지 않고 '나는 쓸모없는 인간이야…'라고 비약해서 스스로를 비하시킬 수도 있다.

'이렇게 가치없는 인생으로 살 바엔…'하고 어떤 결단이라도 내릴 듯이 자신을 움츠리다 보면 정말 일을 저지르고 마는 환자도 있다. 그러나 객관적으로 보기엔 이런 호소를 하는 사람치고 불행한 조건들을 그다지 많이 갖고 있지 않은 것 같다.

"여보, 내 친구는 글쎄 땅값이 올라서…." 이런 푸념 뒤엔 나는 그동안 무얼 했길래 가진 땅이 없는가 하는 자책이다. 그러나 이런 푸념을 하는 부인의 사회 경제적인 상태가 낮은 것은 아니다. 겉으로 보아선 그녀도 가질 만큼 가진 사람이다. 우선 이런 종류의 상대적인 빈곤감을 지닌 사람들은 대개 무력감을 느끼거나 부정적인 사고, 의기소침, 분노와 우울증 등으로 움츠러드는 증상들을 보인다.

사람은 누구나 조절할 수 없을 만큼의 상황들에 부딪치면 무력감을 경험하게 된다. 특히 어떤 상황을 자신이 원하는 대로 조절할 수 없기 때문에 포기해야 할 때 무력감은 절정에 이른다. 그러나 조절해 보려는 노력도 해 보지 않고 무력감에 빠지기도 하는데 이는 대개 열등감과 낮은 자존심과도 연관된다.

부정적인 사고는 인생이란 밝은 면도 있고 어두운 면도 있다는 사실을 거부하면서 어두운 한쪽 사고에만 빠지게 되는 사고인데 그러니 세상이 바로 보일 리가 없다. 자신의 인생 경험 자체를 부정적으로 보며 현재의 자신을 부정적인 시각에서 평가한다. 과거의 경험과 현재의 자신을 부정적으로 평가하니 그에게 미래의 밝음이 있을 수가 없겠다. 이런 자신의 평가에 대한 고통은 분노로 변하고 원한으로 이어지며 그 원한은 정신·신체적인 증상으로 또는 파괴적 행동, 의기소침한 움츠림 등으로 표현되어진다.

'나는…' 사춘기도 아닌 중년의 부인들이 사춘기 같은 비슷한 사고를 또는 정서를 지닌다면 누구나 상대적인 빈곤감에 휩싸이기 쉽다.

정신의학에서는 특히 이런 부인들의 배경에서 열등감이나 낮은 자존심이 문제가 되어 있다고 지적하는 견해가 많다. 자존심이 낮으면 별의별 것이 다 마음에 걸린다. 눈에 보이는 모든 것이 걸린다. 듣는 내용마다 다 마음에 걸린다. 이렇듯 보고 듣고 느끼고 생각하고 행동하는 상황마다 상대적 빈곤감이 함께한다면 그 울화를 어떻게 새길까도 싶다.

열등감이나 낮은 자존심을 가진 부인들은 대개 몇 가지의 공통적인 특징을 지니고 있는데 엘리손(Ellison)이란 학자의 보고를 종합해 보면 다음과 같다.

＊자기 자신이 너무 약하기 때문에 의욕이 없거나 자신을 방어할 힘조차 없다고 생각한다. ＊고립되어 있고 다른 사람들이 자신을 따돌린다고 생각한다. ＊다른 사람과 잘 어울리지 못한다. ＊호기심과 창의성이 부족하고 지나치게 복종적이고 의존적인 나머지 감정이 쉽게 상한다. ＊쉽게 상한 감정 때문에 화를 내지만 그로 인한 자기 자신에게 주변의 주의가 집중되는 것을 두려워한다. 그래서 되도록이면 자신을 다른 사람 앞에 드러내지 않으려고 한다.

역으로 위에서 말한 이런 경향성이 있으면 스스로 열등감과 낮은 자존심을 지니고 있구나 하고 자기 진단을 해도 크게 틀리지 않는다. 내가 나 자신을 낮은 수준에 놓고 주변을 보면 어느 것 하나 열등감에 걸리지 않는 게 없다. 모든 것이, 모든 상황이 나에게 비교되지 않는 수준으로 나를 엄습한다면 내가 견뎌 낼 재간이 없는 것은 분명하다.

이런 자기 내적인 열등감에 더하여 사회의 영향이 함께한다면 상대적 빈곤감은 더욱 골이 깊어질 것이다. 실제적

중년 여성 이야기

으로 비교되어질 만큼의 깊은 골이 아니더라도 열등감을
지닌 중년 부인에겐 크게 와닿는 주변이 실제로 골이 깊다
면 이는 엎친 데 덮친 격이 될 것이다.

사회적인 가치와 개인이 추구하는 가치가 상치될 때 그
개인은 여간한 자존심을 지니지 않고선 견뎌 내기 어려워
진다. 가뜩이나 낮은 자존심에 사회적인 가치조차 자신을
외면한다면 증상은 큰 폭으로 심화될 것이다.

사회적 영향은 현대 사회에선 주로 대중매체를 통해 영
향지워지는데 외모의 비교, 교육정도의 비교, 재력을 포함
한 사회 경제적 계층의 비교, 권력의 비교, 명예의 비교,
성취의 비교 등을 들 수가 있겠다. 아무리 욕구가 많은 사
람이라도 이런 모든 조건들을 비교하여 상대적 우월만을
성취하는 사람은 거의 없다. 외모가 남보다 빼어나면 재력
이 모자란다든가 재력이 있으면 명예가 낮다든가 하는 식
으로 완벽한 우월자는 없다는 뜻이다. 그래서 이런 저런
이론들을 종합해 보면 상대적 빈곤감은 개인의 내적 열등
감과 외적인 사회적 압박이 어우러져 만들어 내는 조작적
인 결과임을 알 수가 있다.

개인이 아무리 열등감 속에서 방향감각을 잃었더라도 사
회가 안정되어 있어 그의 잘못된 생각을 증명해 준다면 상
대적 열등감은 줄어들 것이다. 반대로 사회적 불균형이 아
무리 깊다고 하더라도 개인이 지니는 강한 자아의 힘이 있
다면 사회적 영향을 뛰어 넘을 수도 있을 것이다.

남편도 사회적으로 그런 대로 성취하고 자녀도 이젠 모두 커서 저 혼자서 자란 줄 알고…. 나를 필요로 하는 사람은 아무도 없다. 밖으로 눈을 돌리지 않더라도 가족 내부에서조차 자기의 입지를 잃은 것 같은 소외감은 지금까지 경험해 보지 못했던 무력감을 안겨다 준다. 상대적 빈곤감만이 아니라 '이젠 가족마저도 나를 외면하는구나….' 하고 자책하면서 자신을 괴롭히는 사람이 있다면 이는 대단히 심각한 수준의 증상이다.

상대적 빈곤감을 극복하자면 먼저 자기 자신을 진심으로 지지하고 수용하는 힘을 길러야 한다. '내가 나'임을 더 높이지도 더 낮추지도 말고 바르게 있는 그대로를 인식하고 수용하는 자세가 필요하다. 이 세상에 유일한 존재로서의 나 자신을 내가 인정한다는 것은 새로운 힘을 저축하는 밑거름이 된다. 내가 나 자신을 인식하는 자존하는 힘이 없다면 다른 사람이 나를 인정해줄 이유를 상실하게 된다.

내가 나임을 인식하는 힘이 구축되면 조금씩 조금씩 자아의 영역을 넓혀 발전시켜 나가는 작업을 해야 한다. 내가 쓸데 없어진 것이 아니라 이젠 나의 조력이 없이도 남편이나 자녀가 스스로 제 몫을 하게 되었다는 사실은 기쁜 일이다. 내가 가치있게 생각한 삶의 흔적이 비록 타인과 일치하지 않는 삶이라도 나에겐 대단히 소중한 결실이다.

나도 다른 사람이 지니는 가치대로 살았다면 그런 결과와 비슷하거나 동등한 성취는 이루고도 남았을 것이다. 단지 나는 내가 지나온 삶의 가치대로 살아왔다는 사실에 만족하며 그 결과에 대해 기쁜 마음으로 자신을 평가해 보자. 내가 지닌 성취는 내 자신이 값진 것이 아니라고 부정할지 모르지만 나를 보는 다른 사람의 시각에선 역시 나의 성취를 잣대로 비교하여 그가 오히려 상대적 빈곤감을 느끼고 있을지도 모르는 일이다.

자, 깊은 숨을 몰아쉬고 다시 한번 자신을 새겨 보자. 타인의 성취에 자극되어 모든 나를 가치없다고 자학하는 일은 없는지, 사회적 영향을 핑계삼아 나를 보다 열등한 존재로 비하하려는 엇나간 노력을 하고 있지 않는지….

이를 통찰한다면 이미 당신은 상대적 빈곤감에서 탈출하는 첫 발을 내디딘 사람이 되는 것이다.

신체 언어의 연원

　자폐증 어린이는 언어적 교통수단인 말을 잃어 버린다.
의사 소통을 하자면 말과 언어를 통해 자신의 감정 상태나
생각의 내용을 발신하고, 상대방의 발신을 수신할 수 있어
야 한다.

　의사 소통이 잘 안된다는 것은 발신 과정이나 수신 과정
또는 장치에 이상이 있음을 뜻한다. 가령, 발신할 수 있는
장치인 소리내는 기관에 고장이 있다면 적어도 말이나 언
어로 할 수 있는 자신의 의사표현이 제한된다.

　반대로 눈이나 귀와 같은 감각 수신 기관에 장애가 있으
면 상대방으로부터 발신되어 오는 자극과 신호를 수용하지
못함으로써 의사 소통이 불가능하게 된다.

　발신 기관이나 수신 기관에 아무런 장애가 없다고 하더
라도 메시지가 전달이 안되는 경우도 있는데 이때는 서로
다른 상징적 약속인 언어가 상이한 경우가 그렇다. 같은

내용의 상징이라고 해도 언어가 다르면 서로 이해하지 못한다.

자폐증은 발신에도 이상이 있고 수신에도 이상이 있다. 발신 이상은 단순한 소리 이외의 의사 소통 언어를 잃어버리기 때문에 자신의 의사를 표현하는 데 제한을 받음으로써 부모나 타인이 이해하지 못한다.

또 주변으로부터 발(發)해지는 자극과 의사표현의 메시지를 수신하지 못함으로써 의사 소통이 불가능하다. 자극은 받지만 그 자극의 의미를 통합하고 수용하지 못함으로써 의사 소통에 역시 장애가 생긴다.

한 환자는 말을 더듬는 것 때문에 병원을 찾았다. 말만 더듬는 것이 아니라 더듬는 말이나마 말문이 터지려면 일정한 제스처를 거치지 않으면 안되는데 이 행동이 대단히 복잡하고 기괴하기 때문에 다른 사람들의 시선을 집중시켰다.

즉, 우선 왼손을 치켜 들고 공중에서 한번 회전시키고 머리 위에서 뒷머리 쪽으로 목을 타고 왼손이 내려가면서 다시 앞가슴으로 와선 오른손에 바톤 텃치하듯 손뼉을 한번 친다. 이때 손뼉친 소리가 딱 하고 자신에게 만족한 소리가 나지 않으면 처음부터 다시 시작한다. 손뼉이 용케 마음에 들면 오른손이 다시 머리 위에 올라가 왼손과 똑같은 모양을 하면서 가슴팍에 오면 엄지 손가락과 가운데 손가락을 힘주면서 엄지를 검지와 마주치게 하여 또 딱하는

소리를 낸다. 이 소리도 물론 자신의 마음에 흡족해야 하
는데 그렇지 못하면 다시 시작한다. 이 모든 절차가 마음
에 꼭 들어야만 "…선생님"하고 말문이 트인다. 그는 언어
적 의사 표시를 하기 위해 자신만이 아는 의미 있는 표정,
행동들을 복잡하게 표현한다.

또다른 환자는 남이 전혀 이해하지 못하는 행동을 함으
로써 의사 소통에 장애를 지니고 있다. 이해할 수 없는 행
동들은 충동적으로 표현하거나 아니면 비슷한 내용을 한결
같이 표현할 때도 있다. 대개 혼자 중얼거리거나 웃기도
하며 이상한 표정을 짓고 몸짓을 한다.

보디 랭귀지(body language), 또는 액션 랭귀지(action
language)라고 불리우는 일련의 의사 소통 수단은 우리말
로는 신체언어 또는 행동언어, 기관언어 등으로 번역되어
쓰이고 있다. 인간이 상대방과 서로 의사를 교환하는 기본
적인 수단으로 언어를 사용한다.

이는 다른 동물과 달라서 뇌의 신피질의 기능에 의해서
이루어지는데 성장하면서 규칙적으로 발달한다. 또 언어
습득과 발달은 대개 2세부터 사춘기에 이르는 사이에 결정
적인 영향을 받게 되는데 이런 말과 언어를 중심으로 의사
소통하는 방법을 언어적 소통이라고 한다.

이에 반해서 비언어적 소통이란 언어 이외의 방법을 사
용해서 의사 소통을 하게 되는 것을 말하는데 일반적으로
표정이나 몸짓 그리고 행동 등으로 표현된다.

중년 여성 이야기

유아는 말하기 전단계인 생후 3~4개월부터 최초로 몸 짓이나 표정을 짓기 시작하게 된다. 언어적 교통 방법이 발달이 되고 난 이후에도 사람에 따라서 조금씩 차이는 있 겠지만 대개 30가지 정도의 신체언어를 가지고 있다고 한 다.

그렇다면 인간은 초기에 비언어적 신체언어에서 체계적 인 언어가 발달하고 성숙하면, 언어적 방법과 비언어적 방 법을 적절히 조화시킴으로써 의사 소통을 보다 고급화하고 세련되게 만든다는 것을 알 수 있다. 비언어적 신체표현이 반드시 병리적인 수준에만 있는 것은 아니다. 아주 성숙한 사람의 신체언어는 말이나 언어로 설명할 필요가 없는 아 주 핵심적인 소통수단이 되기도 한다.

그러나 여기에선 불건강한 신체언어가 왜 생기는가 하는 점만 설명코자 하기 때문에 건강한 신체언어는 설명에서 제외시켰다. 발달과정에 기질적 또는 심리적 원인이 있다 면 신체언어에 머물게 된다. 즉, 기질적인 것은 뇌의 발달 이 미숙하거나 병벽이 있게 되면 언어 발달 자체가 어렵기 때문에 몸짓이나 단순한 표정을 짓는 것에 머물러 버린다.

심리적인 원인은 언어습득에 필요한 대상인 어머니나 주 변에 자극의 부재로써 자폐증을 앓게 될 때 언어를 잃게 된다. 앞서 제시한 사례가 이에 해당된다. 내재한 인간의 무의식적 공격성이 억압 수준을 뚫고 의식 수준으로 올라 오게 되면 불안이 생긴다. 억압되어 있는 공격성의 질과 양이 강할수록 불안은 더욱 커지며 이런 불안을 해소시키기 위해 사람들은 자신에게만 의미가 있는 일정한 행동을 하게 되는 것이다.

두번째 사례의 경우인데 이 환자는 총기를 다루는 직업에 종사하고 있었다. 그의 불안은 자신이 총으로 다른 사람을 해치게 되면 어떻게 하나 하는 불안 때문에 그런 복잡한 절차를 거치는 행동을 하게 된다. 손이 총기에 닿는 절차를 복잡하게 만들어 둔다고 하는 것은 그만큼 무의식적 공격성을 피할 수 있기 때문이다.

세번째의 사례는 망상증 환자의 비언어적 행동이다. 망상은 사실이 아닌 것을 사실이라고 믿는 사고인데, 이 잘못된 사고를 근거로 반응을 하기 때문에 타인을 이해하기가 어렵다. 신체언어들, 언어들 간에 서로 상징성을 이해할 수 있어야 하는데 망상을 가진 환자의 비언어적 몸짓은 자신만의 왜곡된 사고를 바탕으로 하기 때문에 상징성의 합의가 없다.

비언어적 신체언어가 병적으로 생기는 원인은 대개 위에 든 사례처럼 발달단계에 못미치는 성장, 불안을 제어하기 위한 신경증적 소통, 그리고 아주 심하게는 망상을 통한 굴절되고 왜곡된 표정이나 몸 때문에 발생한다. 의사 소통의 수단인 언어나 신체언어가 모두 상징성이 약속된 범위에서 사용한다면 이는 건강한 수준이며 서로 약속되어 있지 않는 상징성을 발신자 혼자만 고집하고 있다면 이는 불

중년 여성 이야기

건강한 수준에 해당한다.

　서로 약속된 상징적 비언어인 신체언어는 언어적 표현을
보다 높은 수준으로 세련화시키는데 기여하게 된다.

'내 탓이오, 네 탓이오.'

사람들은 불만이나 갈등이 생기면 안으로 품는 사람이 있는가 하면 밖으로 내어 뿜는 사람이 있다. 사실 이론대로 하자면 '품을 일은 품고 뿜을 일은 뿜을 줄 아는 사람'이 정신적으로 건강한 것이다.

그러나 이런 건강한 평형 상태에 있는 사람이 어디 많은가. 어느 한쪽으로 치우친 사람들이 많은데 이는 그 사람이 살아온 과거의 경험들이 축적되어 그렇게 살도록 훈련되어진 결과 때문이다.

'내 탓이다' 하는 것은 언뜻 듣기엔 옳은 것 같다. 무엇이나 행동, 사고의 주체는 자기 자신이기 때문에 모든 게 나로 인해 비롯되고 나로 결과지워진다는 것은 하나도 틀린 말이 아니다. 이렇게 습관화된 사람은 어떤 상황에 부딪쳐도 또 어떤 결과가 자신에게 되돌려져도 이는 자기 탓이라고 생각한다.

　반대로 '남의 탓'을 하는 사람은 어떤 상황에 부딪치거나 어떤 결과가 자신에게 되돌려지더라도 그 원인은 항상 자신이 아닌 남에게 있다고 탓한다. 우리 속담에 "잘되면 내 탓이고 잘못되면 조상 탓이다."라는 말이 있다. 흔하게 공감을 받고 있는 속담이지만 좋고 나쁜 상황에 관계없이 일방적으로 한쪽으로만 치우쳐 있다면 그것은 더 큰 문제다.

　기쁜 상황이나 궂은 상황의 원인이 자신에게만 있다는 주장을 들어 보자. 우리 과(科)의 환자들이 흔히 표현하는 말로 바꾸어 보면, 해가 떠도 내 탓이고 날이 궂어도 내 탓이고 장마가 져도 내가 부덕한 탓이다. 남편이 잘못되어도 내 탓이고 아이가 공부를 못해도 내 탓이다. 그저 내가 미련하고 무식한 소치로 그렇게 되었다고 철썩같이 믿고 있다. 스스로 그렇게 믿는다. 남이 그렇게 표현한다고 하지만 기실은 자신이 그렇게 말하고 자기 비하를 하여 자기를 들볶는다.

　반대로 모든 것을 남의 탓으로 돌리는 경우를 보자. 경제가 어려운 것은 정치가 잘못해서 그렇고, 자기가 직장을 갖지 못하는 것은 사회적인 제도가 잘못되어 그러며, 출세를 못하는 것은 마누라를 잘못 만난 탓이고, 아이가 공부를 못하는 것은 외가를 닮았기 때문에 그렇고… 하는 식이다.

　"우리 집안엔 이런 내력이 없는데요…." 간혹 가족 문제를 치료받기 위해 내원한 환자 부부로부터 따로따로 들을 수 있는 공통된 대답이다. 남편은 자기 집안에는 그런 병의 내력이 없으니 그것은 필시 부인의 집안 내력 때문에 발생했을 거라는 은근한 떠넘김이다.

부인을 따로 만나보면 신통하게도 똑같은 말을 한다. 자기 집안에는 그런 내력이 없으니 필시 남편 집안에서 내려온 병일 것이란다. 사실 그런 내림병과는 상관도 없는 질병을 진단받으면서도 남의 탓으로 먼저 돌려 놓고 본다.

내 탓으로만 돌리건 남의 탓으로 돌리건 어느 쪽도 평형된 것은 아니다. 내 탓만 하는 것은 자기를 괴롭히는 것이다. 내 탓만 하는 것은 자신을 학대하고 상대방의 공격에 복종으로 수용함으로써 자신을 방어하는 행동방식이다. 그래서 이를 피학증이라고 이름붙인다. 이와는 반대로 남의 탓만 하는 것은 갈등의 원인을 타인이나 외부로 투사해 버림으로써 타인을 괴롭히고 타인이 고통스러워하는 광경을 보고 즐거움을 갖는 가학증에 속한다. 어느 것이든 그 개인의 내적인 갈등과 소망에 관계되는 자아방어체계와 연관해서 생각할 필요가 있다.

원래 정신의학에서 사용하는 가학증이나 피학증이라는 말은 독특한 성도착증에서 사용한 것으로부터 비롯된다. 성적 대상에게 괴로움을 가하는 것으로 쾌락을 얻는 것을 가학증이라고 하는 반면 상대편의 공격에 복종함으로써 성적 만족을 얻게 되는 것을 피학증이라고 한다. 상해를 입거나 학대받고 굴욕당함으로써 최절정의 성적 쾌감이 유도

중년 여성 이야기

된다. 무의식적으로는 피학증은 고통을 받음으로써 상대방의 죄의식을 불러 일으키고 그로 인하여 상대방이 그에게 성적충족감을 주도록 유도한다.

이런 원천적인 의미에서 일반화됨으로써 다른 사람을 괴롭히는 것을 통해 쾌감을 얻는 사람을 가학적 경향이 있다고 하고 반대로 자신을 괴롭히고 타인의 가해를 복종과 인내로 참아내는 것을 통해 즐거움을 구하는 경향을 피학적 또는 자학적 경향이 있는 사람이라고 부른다. 그러니까 결국 성적 문제뿐만 아니라 상대방의 지지를 통하여 힘을 얻으려는 수단을 개인은 누구나 갖고 있는데 뿜으면 가학이고 품으면 피학 또는 자학이 된다.

"내가 참아야지 참을 인(忍)자 석 자면 살인도 면한다는데." 이런 말을 하면서 자기의 의사에 반해 참는 사람이 있다. 자신의 욕구를 현실과 타협하면서 억압함으로써 자아를 보호한다. 결국 살아남기 위한 방법이다.

"참는 데도 한계가 있다." 이런 위협은 더이상 참을 능력이 없다거나 나의 참을성을 상대방에게 경고할 때 흔히 쓰는 말이다. 더이상 참지 못하고 뿜는 행동은 내 책임이 아니라 오로지 상대방에게 책임이 있다는 경고다.

"참으면 병이 된다."는 말도 있다. 욕구의 지나친 억압이 신체적 변화를 일으키게 된다는 뜻이다. 그러나 여기에서 참는다는 억압은 이런 경향적 행동을 함으로써 이차적으로 획득하려는 목표가 있다. 첫번째는 과격한 행동의 자제에 있다. 두번째 경우는 경고를 함으로써 상대방의 가학이 멈추어지게 하는 거다. 세번째의 경우는 병으로 도피함으로써 자신을 병나게 만든 장본인에게 죄의식을 심어주고 그 죄의식을 후회하면서 베풀 호의를 내가 받고 싶은 무의식적 충동이다.

가령 이런 사례를 상상해 보자. 어릴 때 어머니로부터 매를 맞던 기억을 살려 보라. 매를 맞으면 아프고 고통스러운 것은 사실이지만 이런 미소한 통증의 경험은 때린 어머니가 더 걱정하고 염려한다는 사실도 함께 경험하게 한다. 매를 맞고 나서 어머니가 베푸는 따뜻함은 물론 어머니 자신의 지나친 염려를 보상하기 위해 취하는 행동이지만 어린이에겐 따뜻한 새로운 경험이다.

어른이 되고 나서도 갈등 상황에 직면하게 되면 어릴 때의 매맞던 행동양식을 통해 '따뜻한 인정'을 받고 싶어 한다. 일종의 불안 완화의 대리적 수단으로 이런 경향을 자주 반복하게 되면 피학증적 자아방어체계를 형성하게 된다. 우선 내가 가해를 받거나 남이 가해하기 전에 내가 먼저 나를 가해하게 된다. 이런 고통을 참고 넘기면 참회하는 가해자의 따뜻한 인정이 되돌려진다. 이 따뜻한 인정을 얻기 위해 고통을 감수하고 심지어는 즐기게도 된다. 그러니깐 궁극적인 만족과 충족을 위해 피학증적 고통을 유도하여 그 결과 더많은 위로와 애정을 얻으려는 방편이다.

부부생활에서의 가학증과 피학증적 경향은 서로 섞여 있

고 맞물려 있고 잘 조화를 이루어 연결되고 있다. 어느 한쪽으로의 지나친 편재나 특성 유지가 문제이지 조화로운 평형을 이루는 가학과 피학은 문제가 되지 않는다.

『오왕경』에도 "사람의 몸은 지·수·화·풍의 사대(四大)가 화합하여 된 것이므로 하나가 고르지 못하면 백 가지 병이 생기고 사대가 다 고르지 못하면 사백 가지 병이 생긴다."는 말이 있다.

지·수·화·풍이든 가학과 피학이든 평형상태에 있지 못하면 병이 된다. 가학과 피학이 맞물려 조화를 이루면 두드러진 가학, 두드러진 피학적 방법만으로 쾌락을 구하고 자아를 방어하려고 하면 그게 바로 병이라는 뜻이다.

나를 해치고 남을 해치는 질투

　자기보다 능력이 우월한 사람을 시기하고 증오하는 감정을 질투라 일컫는다. 질투 자체가 건강한 감정은 아니지만 이 질투가 심해지면 질투망상이란 이름이 붙어 정신증의 한 증상으로 치부된다.

　"나의 피는 질투 때문에 끓는다. 내가 만일 남의 행복을 볼 때에는, 너희는 증오의 빛에 쌓여 있는 나를 볼 것이다."

　단테의 신곡에 나오는 말이다. 어느 특정한 사람이나 상황에서만 질투가 일어나는 것이 아니라 사람에 따라 정도의 차이는 있지만 질투의 어리석음은 누구나 지닌다. 그래서 선각자들은 동서고금을 통해 항상 질투의 피해를 경고해 오고 있지만 예나 지금이나 우리 심성에서 질투라는 시기심을 내몰지 못하고 있는 것이 또한 사실이다.

　우리 속담에 "시앗을 보면 길가의 돌부처도 돌아 앉는

다."라는 말이 있다. 부처님도 돌아 앉을 일이면 질투라기보다는 그럴 수도 있구나 하는 설득력을 지니는데, 생각하면 이런 상황은 부처님도…하고 비유했으니 질투의 뿌리가 대단하구나 싶다.

질투하지 않는 사람은 연애를 할 수 없다고 표현하는 시인이 있는가 하면 재가 불을 끄듯 질투가 사랑을 버린다고 경고한 시인도 있다. 그래서 질투는 사랑의 누이라고 했던가.

"모두 몰살했으면 좋겠어요."

외래를 찾아온 한 대학생이 침통한 표정으로 내게 말하면서 부들부들 떨었다. 소위 일류대학의 모두가 선망하는 학과에 다니는 엘리트 학생인 그가 분해하는 내용은 중간시험 성적 때문이다.

"왜 시험을 잘못 치뤘는가? 설사 잘못 치뤘다 해도 또 학기말 고사가 있지 않는가?"

이런 말로 유도해 보았지만 잔뜩 찌푸린 그의 얼굴에는 절망감마저 깃든다.

"그게 아니란 말이에요."

"도대체 몇 점을 맞았기에 그래?"

"……."

"다른 학생들도 모두 A학점이란 말이에요."

자기가 받은 점수를 남도 똑같이 받았다는 사실을 수용하지 못한다. 몰살하고 나면 자기 혼자 A학점을 받을 수

중년의 삶과 나의 행복

있다는 질투의 감정이다.

학교를 휴학했으면 좋겠다고 한 여학생이 찾아왔다. 지금까지 그녀와만 단짝이 되어 지내던 한 학과의 여자친구가 자기 말고 또다른 학생과 어울려 다니는 꼴을 죽어도 못보겠단다. 자기는 모든 것을 우선하여 그 친구를 생각하는데 그 친구는 자기를 자기보다도 덜 생각하는 게 죽어도 못견디겠다고 울분을 터뜨렸다.

"친구는 두루두루 많이 사귀는 게 좋지 않을까?" 오히려 이런 말은 지금까지 억눌러왔던 증오와 적개심을 폭발시키기에 족했다. 나를 노려 보는 그 여학생의 눈매에 살기가 돈다. 자기 친구라면 자기 이외의 어떤 사람에게도 시선을 주어서는 안 된다고 강하게 항변했다. 나로부터 시선이 멀어가는 것도 견디기 어려운데 저희들끼리 키득거리며 행복해하는 꼴을 죽어도 못보겠다는 질투다.

"얘는 도대체 시집을 가려는지 안 가려는지 종잡을 수가 없어요, 선본다니깐 차리고 나온 꼴을 좀 보세요."

어머니의 설명은 맞선보는 자리라면 여자가 좀 신경써서 차릴 것은 차려야 하지 않겠느냐는 주문이다.

딸의 항변은 다르다. 누가 시집을 가는지 누가 맞선을 보는 주인공인지 모르겠다는 항변이다. 딸과 어머니가 치장하는 경쟁에서 딸이 따르지를 못한다. 모녀간의 경쟁이 질투로까지 번져 서로 저항한다.

"선생님께 말씀드리기는 창피하지만… 선생님도 바람을

피워 보셨겠지만 남자들이란 다 그런 거 아니에요?”

나까지 싸잡아 비난하는 이 주부의 호소는 자기 남편이 애숭이 처녀와 바람이 났다는 거다. 흔히 있는 중년들의 혼외정사려니 생각하고 언제 어떻게 바람피우는 것을 알았느냐고 물었다.

“왜 있잖아요. 여자들은 보면 알아요, 자기 남편 바람피우는 것을 모르는 여자가 어디 있어요?”

그렇긴 하다. 바람피우는 것을 어떻게 알았느냐고 다시 물어 봐도 대답은 그건 자기 감각에 의존한다는 수준을 넘지 못한다.

이런 경우 대개 남편들은 매일 부인의 다그침에 곤욕을 치르는 경우가 많다. ‘바람을 피우면 어떻게 하나’하는 걱정이 지나쳐서 ‘아마 바람을 피울 거야’로 발전된다. 이런 발전은 급기야는 ‘바람을 피웠어… 아기가 있어…’ 이런 식으로 비약하고 그런 지나친 걱정 자체를 사실로 둔갑시켜 스스로 믿어버리는 어리석음에 빠진다.

“나를 그전만큼 사랑하지 않는 것 같아요.” 겨우 대답이나 증거라고 제시하는 내용이 이렇게 추상적인 것이 많다. 성적 질투다. 사실이 아닌데도 사실로 믿고 행동한다면 이를 질투망상이란 이름을 붙이고 정신증의 한 증상으로 치부한다.

얼마 전까진 주부들이 자기 남편의 정조를 의심하여 병원을 찾는 경우들이 많았고 또 사실인 경우도 많았었다.

중년의 삶과 나의 행복

돌부처도 돌아앉을 질투를 새기느라 마음고생을 한 끝에 얻는 정신신체질환들을 치료하고자 병원을 찾는 사람은 주부뿐이었는데 요즘은 그런 일로 찾아오는 가장들도 심심치 않게 볼 수 있다. 부부 어느 쪽이든 즐기는 쪽이 병원을 찾는 게 아니라 마음고생을 한 피해자가 병원을 찾는구나 싶다.

"부인이 바람을 피웠다는 증거가 있나요?"

자기 부인의 정조를 의심하여 고민하고 있는 한 남자 환자에게 증거를 물었다. 그렇게 흔히 있는 일도 아니고, 으레 망상증에 걸린 의처증 남편쯤으로 여기면서 문진을 더 세밀하게 해보았다.

"아내가 직접 말했어요. 문제는 바람을 피웠다는 사실보다 아직도 그 남자 생각에서 헤어나지 못한다는 것입니다."

듣고 보면 그럴듯도 하지만 이것도 또한 망상증 환자가 부인을 의심하는 양상과 거의 같았기 때문에 부인을 함께 오시도록 했다.

"네, 제가 바람피운 게 사실이에요. 그리고 남편이 걱정하는 내용도 사실이긴 하지만 한번 서로 양해하고 용서한 일을 시도 때도 없이 끄집어내니까 나도 견딜 수가 없었어요."

이런 이야기를 듣고 있노라니 이젠 망상의 피해자가 여성만이 아닌 양성시대로 접어들었구나 하는 느낌이 들었다.

고등학교 동창생을 자기집으로 초대하여 저녁을 대접했는데 하도 말이 많아 이젠 모임 자체를 나가지 말아야겠다는 중년이 있었다. 그의 이야기는 초대를 감사하게 여기기는 커녕 험담이 더 많다는 거다. 남이 잘되는 꼴을 보면 배가 아픈 거다. 사촌이 논을 사면 배가 아프다고 하지 않는가. 자기의 좌절은 견뎌도 남의 성공은 지켜 보지 못하는 열등감의 소산이다.

질투심을 조금도 가지지 않고 친구의 성공을 기뻐하는 강한 성격을 가진 사람은 한 사람도 없다고 단언하듯 말하는 사람들도 많다. 어디 친구뿐이랴. 형제 간의 경쟁이 그렇고 동료 간의 관계가 그렇고 모든 인간 관계에서 그 그림자를 볼 수 있다.

"질투는 살아있는 사람에게서 자라다가 그 사람이 죽어야 끝이 난다."는 독설처럼 인간의 보기 싫은 또다른 한 측면이다. 질투는 비교하는 마음에서 출발한다. 비교해서 열등하다고 생각되면 독사처럼 고개를 든다. 남을 해치기 위해 내뿜는 독은 먼저 자신을 해친다.

"질투는 먼저 나를 해치고 그 다음에는 남을 해친다. 질투하는 이는 남을 때리기도 하고 맞기도 하면서 끝내 그것을 버리지도 못한다 -『출요경』-"는 부처님 말씀도 있다. 질투가 정도의 차이는 있지만 인간이 죽을 때까지 지니는 어리석음이라면 적어도 그 질투 때문에 자신의 정서나 행동 사고 판단 등이 영향을 적게 받도록 희석시킬 노력을 부단히 해야 할 것이다.

모든 선각자들이 한결같이 지적하고 일깨워 준 질투의 피해를 알면서도 이기지 못한다면 그것은 자아의 힘이 약해서 그렇다.

자아의 힘을 키우기 위해선 먼저 비교하는 마음의 집착에서부터 벗어나야 한다. 자신을 자애자중하는, 자신을 소중히 여기는 습관부터 길러야 벗어날 수 있는 힘이 생긴다. 망상 수준의 질투는 의학적인 치료의 대상이 된다는 것을 인식하고 힘껏 노력해야 할 것이다.

부끄러움

"부끄러워서 남 앞에 나설 수가 없어요. 모두들 나보고 수군거려요."

이런 호소는 정신과를 찾아오는 환자에게서 많이 듣게 되는 소리다. 스스로 비난받을 일을 했다면 이는 당연히 다른 사람으로부터 쑤군거림을 받아 마땅하겠지만 우리 환자들의 이야기를 들어보면 대개는 비약이 심한 비현실적인 내용을 호소하는 경우가 많다.

가령 초기 정신장애 환자들의 공통적인 호소 가운데 불특정인 다수가 자신을 욕하고 비난한다는 증상을 보인다. 전철을 타면 자기를 보고 비웃거나 소리내어 웃는다고도 한다. 그러나 자세히 들어 보면 전철을 탄 손님이 자기들끼리 하는 이야기의 내용을 자기를 비난하는 소리로 확대하여 듣는 경우가 많다. 좀더 심해지면 라디오나 텔레비전에서 자신을 욕한다고 주장하며 방송국에 항의하는 환자도 있다.

이런 심한 정신장애 현상이 아니더라도 일반적인 건강인
에게서도 부끄러움이나 수치심은 당연히 있게 마련이다.
건강인의 수치심과 정신과 환자의 수치심이 근원적으로 다
르진 않지만, 그 정도의 차이나 현실성의 결여 등이 정상
적인 부끄러움과 비정상적인 부끄러움으로 다르게 나타난
다.

부끄럽다고 하는 것은 내가 양심에 거리끼는 일을 함으
로써 떳떳치 못할 때 느끼는 감정이다. 부끄럽다는 말은
수줍다는 말과도 대개 같은 뜻으로 사용된다. 다른 사람
앞에 나서면 공연히 어렵거나 부끄러워서 조심하는 티가
지나쳐서 행동이 위축되고 어색해진다. 행동뿐만 아니라
얼굴이 붉어지기도 하고 말이 막혀 안 나오거나 더듬기도
한다.

이런 부끄러운 마음이 지나치면 제일 먼저 사람과 대하
는 일을 피하려고 하는데 그 이유는 자신의 부끄러운 내용
을 상대방이 알고 있다는 데 대한 두려움이거나 아니면 알
게 되면 어떻게 하나 하는 불안 때문에 그렇다. 그래서 부
끄러움은 원래가 두려움과는 불가분의 관계에 있고, 대개
부끄러움은 개인의 은밀한 심층심리 즉 무의식적 욕구와
관계되어 외부로 나타나는 정동(情動)이라고 생각하면 되
겠다.

억지로 분간을 하자면, 수줍음이 단순한 성격의 내적 경

중년 여성 이야기

향이라면 부끄러움은 성적인 동기를 내포하고 있다는 점에서 다르다고나 할까. 그러나 정신분석학자인 프로이드의 주장을 빌리면 인간의 내적 무의식이 리비도라는 성욕과 밀접한 관계가 있는 것이고 보면, 부끄러움의 근원은 결국 성과 연관이 있다는 결론에 이른다. 이런 무의식적 동기가 얼마나 깊게 잠재되어 있느냐에 따라서 때로는 부끄러움의 근원을 인식하기도 하고 인식하지 못할 만큼 깊이 잠재하는 경우도 있다.

반대로 부끄러움을 모르는 사람을 철면피라고들 한다. 이 철면피라는 말은 원래 고사에서 연유된 말인데 "광원의 얼굴가죽은 열 장을 겹친 무쇠의 갑옷과 같다."고 해서 철면피다. 옛날에 왕광원이라는 사람이 있어 아첨을 잘하여 권력자 곁을 맴돌았는데 하도 행동이 지나치니까 문전에서 내쫓기도 하고 때로는 매를 때리기도 했지만 이에 아랑곳하지 않고 계속 아첨하는 일을 지속했기 때문에 그를 일러 얼굴에 철판을 깔았다고 해서 붙여진 말이다.

수줍음이나 부끄러움은 이런 철면피와 극단적으로 정반대의 양상으로 내비친다. 마크 트웨인이 했다고 전하는 말 가운데 "인간만이 얼굴이 붉어지는 동물이며 또 그렇게 할 필요가 있는 동물이다."라고 했다. 이 말을 바꾸면 인간만이 양심이랄까 도덕을 갖고 있다는 말로도 풀이 된다. 그렇기 때문에 수치심이 도덕의 원천이 되는 것이다.

정신분석학의 초보적인 이론 하나를 소개하면, 인간 정

중년의 삶과 나의 행복

신은 본능과 자아 그리고 초자아라고 불리우는 소위 양심으로 형성되어 있다는 가설이 있으며 이들 정신 장치가 서로 조화를 이룰 때 정신건강을 유지할 수가 있다고 보았다. 다시 말하면 본능과 자아 그리고 양심이라고 불리우는 초자아가 서로 역학적인 평형을 이루지 못하면 그 부조화 때문에 정신건강을 잃는다고 했다.

가령 본능이 자아나 초자아의 통제를 받지 않고 그대로 의식 밖으로 돌출하여 행동화된다면 인간이 동물과 다를 바가 없을 것이다. 반대로 양심 즉 초자아가 너무 비대해 있다면 상대적으로 본능이 억압될 것이다. 어떤 본능도 억압으로 일관한다면 이 또한 인간으로 살아남지 못할 것이다. 왜냐하면 아무리 인간이라 하더라도 근원적으로는 본능의 지배를 받고 있기 때문이다. 그래서 동물에게는 없는 자아라는 본능과 초자아를 중재하는 정신장치가 있는 것이다.

자아는 본능의 욕구를 주변 형편에 따라서 통제하기도 하고 권장하기도 하는 두 가지 상반된 역할을 한다. 원래는 본능의 파생물로서 본능을 대변하는 역할을 지녔지만 실제로는 본능의 수행보다는 '인간다운' 행동과 사고를 위해 본능을 통제하는 쪽으로 기능을 더 많이 하게 된다.

여기서 '인간다운'이란 말이 바로 얼마나 양심적이고 도덕적인가 하는 문제인데 인간은 원래부터 도덕적인 동물은 아니었다. 하지만 오랜 세월 문명의 발달과 더불어 인간

중년 여성 이야기

상호 관계에서 도덕적 약속을 설정하고 이를 지켜나가는 것을 인간다운 것으로 발달시켜 왔던 것이다.

이 도덕적 약속은 법률과는 달라서 사람이면 마땅히 지켜야 할 높은 수준의 약속이다. 양심은 누가 뭐라고 해서가 아니라 남이 뭐라고 하지 않더라도 자신의 내부에서 제동을 걸어 해야 될 일과 하지 말아야 할 일을 구분하여 행동화한다. 이런 습관은 크게 두 가지 경로를 통해 형성되는데, 하나는 처벌을 통해 형성된다. 서로 약속된 습관을 지키지 않으면 고통을 받게 되니까 이 고통을 피하기 위해 '사람다운'일로 설정된 기준을 지키게 된다.

다른 한편으로는 이상적인 '사람다운' 기준을 정하여 착하다는 칭찬을 하게 되면 사람들은 이 칭찬을 통해 만족을 얻고 인정을 얻기 때문에 기준을 지키려고 든다. 속마음은 안 그렇더라도 칭찬을 받기 위해 자꾸 행동하다 보면 정말 자신이 도덕적인 사람인 것처럼 변하게 된다. 이런 과정을 통해 형성되는 양심이니까 개인 차이가 확연히 많을 수밖에 없다.

인간답다는 가치 기준이 개인, 가정, 사회 그리고 여러 나라의 사회문화에 따라 다르기 때문에 획일적으로 이해하려 해선 안 된다. 가령 어떤 사람은 간통을 하고도 양심에 거리낌이 없는가 하면 어떤 사람은 혼자 그런 공상을 하는 것만으로도 죄의식에 사로잡힌다. 죄스러운 생각만 하여도 자신이 살 가치가 없는 존재라고 자책하는 사람이 있는가 하면 죄를 짓고도 뻔뻔스럽게 합리화하면서 살아가는 사람도 있다.

이런 시각에서 보면 수치심이 지나치다고 하는 것은 실제 도덕적인 또는 양심에 거리끼는 행동을 한 경우보다 그런 생각을 무의식적으로나 또는 의식은 했지만 남몰래 나 혼자 한 것이 혹시 타인에게 알려져 소문나면 어떻게 할까 하는 창피감이다. 양심의 기준, 즉 자신의 양심의 기준이 지나치게 엄격한 사람일수록 수치심이 크다.

지금까지 설명한 수치심은 실제로 수치스런 행동을 하지 않았는데도 이를 지나치게 느끼는 경우를 설명했는데 보다 일반적으로는 수치스런 일을 저지른 사람이 수치감을 느끼는 것은 오히려 아름다운 일이다. 왜냐하면 부끄러운 일을 수치스럽게 느끼고 뉘우침을 갖는다는 것은 그 사람의 도덕적 완성을 향한 노력으로 평가할 수 있기 때문이다.

행동화하지 않는 무의식적 욕구의 인지만으로 수치심을 극대화하는 것은 일종의 정신장애 증상이다. 이런 경우는 마땅히 치료의 대상이 되지만 수치스런 행동을 실제로 저지르고 그를 뉘우쳐 새롭게 행동화하여 수정하려는 많은 평범한 사람은 정신장애의 증상이 아니라 성숙해가는 과정으로 이해해야 한다.

자기 상실, 열등감

열등의식, 이 의식에 사로잡히면 자신을 잃게 된다. 이 세상에 살아가는 주체인 내가 없는데 세상을 어떻게 살며 무엇으로 내가 존재할 것인가 싶다. 열등의식은 나 자신이 타인과 비교하여 타인보다 못하다는 주관적인 느낌이다.

나의 체험 한 가지를 적어 보자. 나는 국민학교 때 친한 친구 셋이 있었는데 늘 함께 어울려 다녔다. 그 중 한 친구는 집이 가난하여 내가 장차 어른이 되어도 이 친구를 먹여 살려야 될 것 같은 책임감을 항상 지니면서 살았다. 우리 집이 부자는 아니었지만 비교적 안정된 편이었기 때문에 그 점에 관한 한 나는 열등하다는 느낌은 없었다. 늘 도시락을 나누어 먹고 때로는 친구의 집에 우리 집 양식을 퍼다 날랐다.

다른 한 친구는 공부를 썩 잘했다. 운동도 잘하고 말하자면 만능 탤렌트인데 국민학교 6년 동안 한번도 그 친구

와 경쟁해서 이겨본 일이 없었다. 밤새워 공부해도 최고의
성적이 2등이었으며 항상 그 친구 다음이었다. 그래서 그
때 어린 마음에 이 세상에서 1등 하는 사람은 항상 정해져
있구나 하는 숙명론 같은 걸 믿었던 기억도 있다.

이 체험들은 우스꽝스럽게도 어른이 된 지금까지도 우리
셋의 관계에서 역동적으로 작용한다. 나는 학문을 하는 교
수가 되었고 가난했던 내 친구는 큰 재벌은 아니지만 경제
적으로 넉넉하게 되었고 공부 잘하던 그 친구는 고등학교
만 마치고 장삿길에 들어 성공했다. 그런 자신들의 변화에
도 불구하고 나는 장사하는 친구 앞에 서면 지적인 열등감
이 생긴다.

그가 말하는 것은 무엇이나 다 옳은 것 같고, 나는 그 앞
에 무엇이라고 한마디 한다는 게 왜소하게 느껴졌다. 내가
기가 죽는 친구다. 또 재벌이 된 친구는 내 앞에선 주눅이
드는 것 같았다.

우리는 어리석게도 과거의 경험에 지배를 받고 있는 것
이다. 열등의식을 우리 정신의학에서 이론화한 것은 프로
이드로부터 비롯된다. 프로이드는 그의 이론 가운데 하나
인 정신성적 발달과정을 설명하면서 전생식기와 생식기로
나누고 있다.

이때 남근기는 인간이 최초로 느끼게 되는 우월감과 열
등감을 경험하는 시기이다. 남성은 남근을 가진 것 때문에
우월하다는 느낌을 지니고 여성은 남성과 같이 외견상 볼

수 있는 성기가 없기 때문에 원래 있었던 게 무엇인가, 혹 잘못되어 처벌받은 열등한 존재가 아닌가 하는 자각이 생긴다는 것이다. 말하자면 가진 자와 갖지 못한 자의 비교의식처럼 가진 자는 우월감을 못가진 자는 열등하다는 주관적인 생각을 갖게 된다는 그런 이론이다.

다른 하나는 아들러란 학자의 이론인데 인간은 이 세상에 태어날 때부터 열등한 존재라는 전제다. 서양사회에서 그들이 믿는 인간은 열등할 수밖에 없다. 그래서 인간은 이 열등감을 극복하려고 부단히 애쓴다. 다시 말하자면 열등감이 원천적인 힘이 되어 인간을 성장시키고 우월에 이르도록 만든다는 그런 이론이다. 이런 이론의 근거는 생리학에서부터 비롯된 것을 바탕으로 발전시켰다. 가령 우리 신체의 한 부위가 손상을 입거나 열등하면 그 손상을 보충하기 위해 유사한 주변조직이 보상적 대응을 함으로써 전체적 평형을 유지해 나간다는 것에 착안한 것이다.

우월감과 열등감은 나타나는 모습은 전혀 다른 것이지만 사실은 동전의 양면과 같고 물길의 갈림길과 같고 따져 보면 결국 한뿌리에서 자란 나뭇가지와 같다.

"선생님, 나보고 유엔 사무총장을 하라구 그러는데 선생님 생각은 어떠세요?" 정말 그렇게 믿고 있는 A는 진지하게(?) 의논해 온다. 좀더 심한 환자 B는 자신이 예수라고 주장한다. 사람에 따라선 잘난 체하고 으시대는 사람이 있긴 하지만 건강한 사람에겐 망상은 없다.

중년의 삶과 나의 행복

망상이란 게 사실이 아닌 것을 사실이라고 믿는 것을 말하는데, 앞서 예를 든 사무총장이나 예수라고 확신하고 있는 사람이 바로 과대망상을 가진 환자다. 이런 으시댐이나 망상이란 것도 따지고 보면 자신의 열등감을 은폐하려는 데서 표출되는 모습이다. 사무총장쯤 되어야 아니면 예수님쯤 되어야 열등성을 보상받을 수 있을 것이란 소망은 결국 자기 자신을 그런 소망스런 사람들과 동일시 시키는 망상으로 변하는 것이다.

"누가 나를 비난해요. 버스를 타면 승객들이 모두 수군수군하는데 나보고 병신이라고 그래요." 이런 호소를 하는 사람도 있다. 비현실적인 보상으로 자신을 보호하려는 과대망상과는 달리 자신을 스스로 비난함으로써 남이 자신을 비난한다고 책임을 전가한다. 사실 이 바쁜 세상에 버스를 타면 타인이 누가 타고 내리는지 무관심한 처지에 자기가 누구라고 비난하고 칭찬한단 말인가. 하지만 자아가 약한, 더욱이 열등감이 가득찬 개인은 남들이 나를 병신이라고 보면 어떡하나 하는 막연한 걱정이 자라서 남들이 욕한다는 망상으로 확대되어 버린다.

"……."

병원 진찰실에 찾아와서도 아예 굳게 입을 다물고 있는 사람도 있다. 말할 용기조차 잃어버린 열등감이다. 입을 열어 자신의 생각이나 느낌을 이야기 한다는 것도 자아의 힘이 있어야 한다. 가뜩이나 낮은 자존심에 열등감으로 짓눌

중년 여성 이야기

려 있다면 입인들 한번 뻥긋하겠는가. 다른 사람의 눈치를 지나치게 보다 보니까 기가 죽어 찍소리도 못하는 것이다. 열등감이 가장 심한 사람은 가사 상태라 이를 만큼 입을 다문다. 열등감에서 조금 벗어나 반응하는 사람은 자신을 형편없는 사람이라고 낮추어 규정하거나 반대로 이 세상에서 아주 중요한 사람이라는 비현실적 사실을 믿고 행동한다.

전자가 가치 없는 자신이니깐 살아갈 가치가 없다고 규정하여 자살감을 갖거나 행동하는 반면 후자도 대단히 중요한 사람이기 때문에 타인이 자신을 해칠 거라고도 생각한다. 자신을 비현실적으로 낮추거나 높이는 어느 쪽도 정신건강이 나쁜 상태다. 이 두 경우, 모두 자신에 대한 열등감이 주된 원인이라 볼 수 있다. 가장 건강하다면 자신의 자아를 있는 그대로 보고 인정하고 행동하는 것일 것이다. 이론적으로 한치의 보탬도 뺌도 없이 자신을 볼 수 있다면 그게 바로 진정한 자신이 아닐까 싶다.

"천상천하 유아독존, 당신도 이 세상에서 유일한 존재이므로 존귀합니다. 당신이 당신 자신을 존중하는 것만큼 다른 사람도 당신을 존중해 줄 것입니다. 당신이 당신 자신을 하찮게 취급하는데 다른 사람이 왜 당신을 존귀하게 생각하겠습니까?"

내가 열등감에 가득찬 환자에게 한번쯤 들려주는 말이다. 이 말을 듣고도 환자들의 근기에 따라서 그렇다고 용기를 내는 사람이 있는가 하면 괜히 위로하려 들지 말라는 저항을 받을 때도 있다. 그러나 나는 단지 위로하기 위해 던진 말은 아니다. 그것이 사실이기 때문에 그런 것이다.

이 세상, 이 많은 인구 가운데 나처럼 생긴 사람이 또 있으면 나와 보라. 이 말은 우리의 존재가 그만큼 귀하다는 뜻인데 그 귀함을 당사자인 자신에 의해 거부당하고 있으니 아무리 강한 자아라도 무너지지 않을 수 없다. 열등감, 동전의 양면이나 강줄기의 갈림길 같은 것이라면 반드시 부정적인 측면만이 있는 게 아닐 것이다. 열등감이 동기가 되어 긍정적인 성취를 이룰 수도 있겠고, 반대로 그에 짓눌려 부정적인 결과를 초래할 수도 있을 것이다. 물꼬를 어느 쪽으로 트는가에 따라서 자신을 보다 빛나게 아니면 자신을 보다 무겁게 짓누를 것이다.

"내 주제에…." 이런 상념에 사로잡혀 있는 사람이 있다면 지금 당장 당신의 물꼬를 긍정적인 쪽으로 바꾸어 보라. '내가…' 이런 비현실적 생각에서 '나는 나구나'하는 통찰에 이른다면 당신은 우월감도 열등감도 없이 진정한 당신 자신과 만날 것이다. 그 만남에서 당신은 '나는 타인에게 어떤 존재인가' 그리고 '타인은 나에게 어떤 존재인가'하는 관계를 발견할 수 있을 것이다.

열등감은 나 자신이 아니다. 나 자신을 움직이는 에너지다.

중년 여성 이야기

병도 만들고
건강도 만드는 스트레스

　스트레스. 현대인치고 스트레스란 말을 한두 번 듣지 않고 살아가는 사람은 없을 것이다. 일반적으로 알려진 스트레스가 보다 광범위하게 사용되는 데 반해 의학적으로는 일정한 기준을 갖는다.

　우선 편의를 위해 정신의학에서 기준삼는 것부터 살펴보자. 요즈음 많이 사용하고 있는 자동차를 생각해 보자. 자동차는 그 자동차의 차종에 따라서 여러 가지 기능과 탄력에 한계가 있다. 이런 한계를 무시한 채 지나치게 되면 고장이 난다. 정상상태를 벗어난다는 뜻이다.

　가령 A라는 자동차는 속도의 상한선이 150km/h인데 실제 운행을 200km/h로 한다면 속도에 관한 한 A차종에 걸맞지 않은 지나친 운행을 거듭함으로써 제한된 탄력을 잃게 되고 그 결과 정상을 이탈하게 된다. 이런 간단한 원리는 인간 유기체에도 마찬가지로 대입할 수가 있다.

인간도 적응능력 이상의 불안요인이 있으면 그것이 쌓여 스트레스가 되고 스트레스는 급기야 인간을 와해시켜 버린다. 축적된 스트레스는 적응능력 범위 밖이기 때문에 적응능력을 상실한다. 어떻게 보면 같은 스트레스를 받는데 어떤 사람은 괜찮고 어떤 사람은 병이 나게 되는 것을 보면 개인 차와 취약한 부분이 서로 다르기 때문에 그렇다.

그래서 '스트레스' 그 자체가 질병을 일으키는 유발인자로 보기보다 특정한 시기에 특정한 개인에 대한 특정한 스트레스가 항상 문제가 된다는 것을 유의해야 한다.

우선 스트레스는 이미 알려진 대로 신체적인 생리적 변화와 정신적인 변화를 불러 일으킨다. 스트레스는 생리적으로 내분비의 변화를 일으키는데 Coticosteroid를 예로 들자면 이는 평상시보다 25−35% 수준에서 증가 분비된다. 다른 것도 같은 수준에서 영향을 받게 되는데 전해질의 불균형과 탄수화물 대사, 면역 반응 등에 광범위한 영향을 끼치게 된다.

이런 간단한 한 가지 예를 바탕으로 보더라도 스트레스가 계속된다면 신체기관의 반응은 지속적으로 부적절한 반응을 가져오기 때문에 최종적으로 조직의 손상을 일으키게 된다. 흔히 병원에 가서 검진을 받은 결과를 "아무 이상이 없다."거나 "신경성 또는 스트레스 때문에 그렇다."는 설명을 듣게 되는 때가 있는데 이때 "이상이 없다."는 말은

중년 여성 이야기

건강하다는 뜻이 아니라 스트레스에 의한 증상이긴 하지만 최종적으로 조직의 손상은 아직 없다는 뜻이다.

"아무 이상이 없다."는 의사의 말은 보통 기계적인 또는 의학적인 여러 검사를 하며 그 결과가 정상 범주에 있으면 개인의 고통과는 관계없이 그런 설명을 하게 된다. '나는 아픈데 왜 정상이라고 하는가' 하는 의문이 강하게 제시되는데 앞의 설명을 이해한다면 곧 스트레스와 연관성이 있다는 것을 금방 이해할 수 있을 것이다.

정신 신체적 여러 증상은 감정 상태의 생리적인 표현이기 때문에 실제 조직의 손상이 없이도 얼마든지 일어날 수 있는 것이다. 화가 나면 소화가 안된다든지 슬프면 식욕이 떨어지는 것과 같다.

그러나 대부분의 스트레스가 주관적인 표현이 많기 때문에 객관화해서 이해하기가 대단히 힘들다. 그래서 어느 정도의 스트레스를 받는가 하는 것을 객관적으로 볼 수 있는 양적 표시를 할 수 없을까 하는 것이 의학적인 관심사였다.

가령 혈액 검사를 하면 백혈구는 얼마고 적혈구는 얼마이며 혈색소의 양은 얼마다 하는 것을 분석하고 이 양에 따라서 무슨 병이다 하는 것을 진단하듯 스트레스도 각 개인이 받는 양을 측정할 수 있다면 질병 유추에 대단히 편리할 것이다. 이런 논리를 원용하여 만든 '사회 재적응 평가척도' 라는 평가도구가 있다. Ho-lmes Ra he가 공동으로 연구하여 만든 이 도구는 인간이 사회생활을 하는데 직면하는 여러 생활사건 가운데 빈번히 당하는 일들을 모아 이 가운데 43개 생활사건을 추출하여 만들었다. 그래서 이 가운데 가장 스트레스가 강하다고 생각되는 사건을 100으로 할 때 다른 생활사건이 상대적으로 얼마의 수치로 나타나는지를 계산하고 합계된 수치에 따라 이듬해의 정신건강을 확률적으로 유추할 수 있도록 만들었다.

원래 만든 사람이 미국사회에서의 생활사건을 기준으로 하였기 때문에 우리의 사회문화적 여건과는 다소 차이가 있다. 가령 두 문화권 모두 사별이 가장 큰 스트레스 사회사건인데 사별하는 대상에는 차이가 있다. 서양사람들이 부부 간 사별이 으뜸인데 비해 우리나라 사람은 자식을 잃는 게 가장 큰 스트레스다.

서양사람들은 결혼에 대한 스트레스가 높은 반면 우린 중간 정도다. 성문제는 서양사람들에게 높은 점수의 스트레스인 반면 우리나라 사람에겐 별로 스트레스가 아니다. 주택문제나 부동산 투기 등이 우리나라에선 스트레스 사건이지만 서양사람들에겐 생활사건이 되지 못한다.

이런 것들을 미루어 보면 결국 스트레스 자체가 원인이라기보다 이 스트레스에 적응하는 개인 유기체의 신체 정신적인 조건에 따라 병이 되기도 하고 긍정적인 힘의 원천이 되기도 한다는 것을 알 수가 있다.

사회 재적응평가척도에서 보면 궂은 일 뿐만 아니라 좋

은 일들도 스트레스가 된다는 것을 알 수가 있다. 가령 결혼이나 성취, 진급, 휴가와 같은 것들은 즐겁고 좋은 일들이다. 하지만 이 즐거움이 스트레스가 되어 긴장을 유발시키는 것을 보면 생활사건 전반이 스트레스 상황이 되기도 하고 또 전화위복이 되는 동기가 되기도 한다.

굳은 일도 동기화하기에 따라서는 강한 힘으로 에너지화할 수도 있겠고 좋은 일도 지나치면 긴장이 쌓여 스트레스가 되기 마련이다. "억울하면 출세를 하라."는 시쳇말은 억울하다는 부정적인 스트레스도 출세를 위해 모은다면 성취의 원동력이 된다는 뜻이고, "뱁새가 황새를 따라 가려면 가랑이가 찢어진다."는 속담은 자신이 감당하지 못할 일을 벌이면 탈이 난다는 말이다. 아무리 즐거운 일이라도 감당하지 못할 수준에 이른다면 탈이 날 것이다.

"지나친 것은 모자람만 같지 못하다." 동양문화권에서 널리 수용되고 있는 이 경구는 스트레스 해소를 위해 새겨볼 만한 지침이다. 지나치면 탈이 난다. 모자라면 보충하면 되는 것이다.

실재 스트레스 극복을 위해 취해야 할 자세 몇 가지를 적어 본다. 첫째, 스트레스를 알아야 한다. 신체 또는 정신적 증상에만 매달려 투정한다면 스트레스의 실체를 볼 수 없다. "절을 알아야 시주를 하지."하는 것과 같다. 스트레스의 정체를 모르고는 스트레스를 극복하거나 적응할 수 없다.

둘째, 알았다면 피하든지 극복하든지 하는 적응력을 키워야 한다. 증상을 나타내는 불안의 근원을 알았다면 자신의 적응수준에 맞추든지 아니면 자신의 적응능력을 키워야 한다. 적응능력을 키우는 데는 그만큼의 정신에너지가 필요하다. 그러니까 그만큼의 투자가 없이는 적응능력이 키워지지 않는다는 말과도 같다.

셋째, 적응능력을 키우려는 동기가 발생하면 실현에 옮겨야 한다. 병에 대한 통찰이 중요하긴 하지만 실현으로 옮겨지지 않는 통찰은 탁상공론에 불과하다. 어떻게 통찰과 실행에 이를까 하는 방법은 다양하다. 다양하긴 하지만 치료자와의 중재를 통한다면 모르는 길을 혼자 찾는 것보다 훨씬 수월할 것이다.

스트레스는 어디에나 언제나 있다. 스트레스를 인식한다는 것은 자신이 살아 있다는 확신을 갖게 하는 요인이다. 스트레스를 없앨 수는 없다. 스트레스를 자신이 어떻게(?) 받아들일까 하는 점을 생각해야 한다. 스트레스는 병도 만들고 건강도 만든다. 스트레스는 받는 사람이 활용하기에 따라서 병도 되고 성취도 되는 것이다.

'아이구 머리야'
─심인성 두통─

'아이구 머리야.' 정도의 차이는 있겠지만 세상을 살아가다 보면 머리 아플 일이 한두 가지가 아니다.

의학 교과서 가운데 두통(Headache)이라는 참고서가 있는데 서문에 보면 '두통은 골칫거리(headache is headache)'라는 표현이 있다. 더이상 적절하게 표현할 말이 없을 듯 아주 훌륭하게 표현된 말이다. 훌륭하게 표현되었다는 뜻은 그처럼 간결하게 두 단어를 엮었지만 그 속에 포함되어 있는 두통의 뉴앙스가 무지무지하기 때문에 그렇다. 단지 '두통'이란 두 글자로 머리 아픈 증상을 대표하지만, 머리 아픈 원인을 따져 보면 수백 가지도 넘으려니와 아직도 명확히 두통의 원인이 밝혀지지 않은 것도 많다.

두통은 크게 두 가지 원인에 의해서 발생한다. 하나는 두통과 관련된 장기의 병변이 신체적으로 있으면 그로 인해 두통 증상이 생기는 소위 기질성 두통이다. 이는 대개 원인질환에 의해 발생하는 증상으로 두통이 나타난다. 가령 뇌혈관 장애가 있거나 뇌종양, 기타 뇌의 기질적 질병, 뇌외상 열성질환, 외상 등등 선행되는 기질성 질병의 한 증상으로 나타나는 것이다.

다른 하나는 소위 기능성 두통이라고 이름 붙여진 두통이 있다. 다른 말로는 신경성, 정신 신체적 질환 등 소위 심인성 두통이다. 이는 우리 신체의 어떤 장기가 탈이 나서 머리가 아픈 것이 아니라 심리적 원인이 선행됨으로써 두통이 생긴다. 앞서의 두통이 신체적 질환의 증상이라면 후자는 마음에서 생기는 증상으로서의 두통이다.

여기서는 제한된 지면이기 때문에 많은 두통 가운데 흔히 많은 분들이 경험하는 심인성 두통에 대해서만 알아보기로 하겠다.

심인성 두통 가운데도 대개 편두통, 집락성 두통, 그리고 긴장성 두통과 같은 것이 제일 흔한데 이런 종류의 두통을 모아 의학적 용어로 '정신신체동통증후군'이란 긴 이름을 사용한다.

먼저 편두통을 보면, 갑자기 나타나며 어느 한쪽 머리가 심하게 아픈 게 특징인데 두통이 일어나기 수일 또는 수시간 전의 기분과 연관된 변화를 경험하게 되는 경우가 많다. 두통의 전구 증상으로 시각장애가 나타나기도 하고, 두통은 대개 시각장애가 나타나는 반대쪽 머리가 아픈 게 특징이다. 어떤 환자는 이때 오심 구토를 심하게 동반하기도 하며 얼굴이 창백해지거나 홍조가 달아 오른다.

알려진 원인으로는 성격적으로 대개 야망이 높고 전통적인 틀 속에서 생활하는 사람들에게서 많다. 야망은 높지만 반드시 야망에 적합한 성취가 항상 있는 것도 아니며 생활의 틀이 기계처럼 되어 있지 않기 때문에 자신의 생활양식과 다른 상황에 부딪치게 되면 뇌혈관의 수축과 이완에 평형 상태를 잃게 된다. 자신의 생활양식과 성격 그리고 높은 수준의 야망을 성취 못한 좌절은 그만큼 자신을 용납하지 않는 철저한 사람에게 두통이란 증상으로 되돌려지게 된다.

현대인의 경쟁사회에서는 특히 이런 경쟁 속에서 더높은 야망 성취욕구가 좌절됨으로써 의외로 편두통을 앓는 사람들이 많다. 편두통은 개인의 성격과도 아주 긴밀한 연관성이 있지만 가족 가운데 그런 사람이 있으면 발생율이 높다. 이는 유전한다는 뜻이 아니다. 그 가족이 지니는 생활양식이 비슷하기 때문에 생긴다고 여기고 있다.

편두통의 치료에는 근본적으로 현재 문제되고 있는 자신의 성격(소심, 완벽성, 때론 강박적인 영향의 성격)이 조금은 융통성 있게 달라지지 않으면 안된다. 우리가 익히 알고 있듯이 인간의 성격이란 것이 하루 아침에 우리가 원하는 대로 그렇게 쉽게 변하는 것이 아니기 때문에 이 문제는 자신에게 불편이 없으면 그만이지만 이미 편두통을 일으킬

정도의 문제가 있다면 서서히 교정해 나가지 않으면 안된
다. 여기서 교정이란 말은 성격의 평형과 주변 상황에 대
한대처 양상을 스스로 조금씩 변화시켜 본다는 뜻이다.

일시적 대증치료로는 약물을 사용할 수 있는데 이 약물
치료도 잘 선택된 약제일 때에는 효과가 크다. 급성 편두
통의 발작적 두통의 치료에는 혈관수축제를 사용함으로써
증상 해소를 이룰 수 있다. 흔히 권장되는 약물로는 en g-
otamine tartrate와 caffeine sodium denzoate가 있는데,
이 두 가지 약물의 복합제제도 나와 있다. 만성적인 편두
통 환자는 이런 약물만 가지고는 개선되지 않는 경우가 흔
히 있는데, 이는 편두통에 수반된 우울증을 동반하고 있는
경우이기 때문에 그렇다. 이럴 땐 그 우울증의 성격에 따
라서 선택되어지는 항우울제의 병행이 대단히 효과적이다.

또다른 두통으로 흔히 긴장성 두통이라고 불리우는 두통
이 있다. 이도 역시 심인성에 의해서 발생하는 두통 증상
인데 현대인이면 약방의 감초처럼 앓는 질병 가운데 하나
이다. 이도 역시 편두통과 마찬가지로 정서적인 갈등이 바
탕이 되어 편두통과 유사한 인격 유형을 가진 사람들에게
서 많이 발생한다.

긴장성 두통의 임상적인 증상은 지속적인 통증이 이마나
뒷머리에 많이 나타나고, 심해지면 이 통증이 어깨나 목으
로 확산되는 특징이 있다. 긴장성 두통이 발전하여 편두통
으로 이행하는 경우도 있고 각각의 특징대로 두통을 앓게

되는 경우도 있다. 이 두통의 치료도 편두통의 근본치료나 마찬가지이지만 약물로는 근육이완제나 항불안제를 사용하면 대단히 효과적이다. 항불안제는 시중에 여러 상품명으로 나와 있지만 대개가 습관성 의약품으로 묶여 있다. 법률적으로 제재를 받지 않는다 하더라도 약물은 자신의 임의로 선택하지 말고 의사의 진단과 처방에 의해 사용할 것을 충고하고 싶다.

약물은 어떤 약물을 막론하고 질병 개선을 위한 바람직한 약효도 있으나 이에 수반하여 최소화시키긴 했지만 우리가 원하지 않는 부작용도 함께 있게 마련이다. 흔한 두통을 치료하려다 약물을 남용함으로써 새로운 질병을 얻게 된다면, 혹을 떼려다 혹을 하나 더 붙이는 격이기 때문에 반드시 전문가의 지도를 받아야 할 것이다.

두통, 참 골칫거리이긴 하지만 이 두통이 생긴 심리적 원인에 대처하는 적응 능력이 우리에게 있다면 예방도 할 수 있을 것이리라. 세상을 너무 곧이 곧대로, 경직되게 한 가지 생활양식만을 고집하지 말고 자신의 양식에 반(反)하는 모든 것에 화를 내거나 용납하지 못하는 고집을 포기한다면 우리는 약물이 없어도 심인성 두통에 관한 한 예방할 수 있다.

'아이구 머리야' 약을 먹고도 이 말을 계속 토하는 사람이 있다면 마음 깊숙이 도사린 심리적인 문제를 한번쯤 진지하게 검토하고 지나가야 할 것이다.

무력감으로부터의 해방

"인생의 황금기는 언제일까?"

이런 물음을 던진다면 아마 대부분의 사람들이 40대의 중년기를 꼽을 것이다.

어릴 때는 부모의 슬하에서 종속적인 존재로 자라기 때문에 주체적인 욕구를 만끽하지 못한다. 사춘기나 청년기는 왕성한 욕구에도 불구하고 어린이로 남고자 하는 습관과 어른으로 변신하고자 하는 강한 욕구 사이에서 방황하는 시기가 된다.

이런 방황은 새로운 발돋음을 위한 전진적인 것이기 때문에 이 고비만 잘 넘기면 인생의 안정기인 황금기가 가을의 풍요한 들판처럼 우리를 기다린다. 물론 모든 사람들에게 일률적으로 중년기가 황금기란 뜻은 아니다. 아시다시피 인생의 발달 단계를 계단 오르듯 하나하나 성실히 극복한 사람만 황금기라는 풍요한 결실을 맺게 된다.

정신과 외래에서 만나는 40대의 중년 여성들이 많은 부분에서 우울증을 호소하는데, 이 우울이란 게 욕구의 좌절에서부터 온다는 것은 이미 익히 알려져 있는 사실이다. 이론만 같아서는 인간이 가지는 본능적인 욕구가 아무런 방해도 받지 않고 무한히 충족될 수 있다면 아마 우울증 같은 것은 없을는지도 모르겠다. 너무 행복해서 권태롭다는 새로운 우울증은 발생할는지 모르겠지만 적어도 욕구좌절로 인해 발생하는 우울증은 없어질 것 같다.

"귀찮아요, 아무 것도 하기가 싫은 게…." 이런 호소도 치료자가 여러 번 물어봐야 겨우 입을 여는 내용이고 보면 생의 의미를 이미 상실한 것으로 보인다. 이렇게 지금까지 열심히 살아왔음에도 불구하고 살아갈 의욕을 하루아침에 잃어버리는 데는 각 개인에 따라서 그럴 만한 직접, 간접적인 원인이 있게 마련이다. 그런데 예전에도 이런 원인들이 있었지만 지금까지 이래 저래 살아 왔음에도 불구하고 왜 하필 인생의 황금기라 불리는 중년기에 좌절하는 것일까.

첫째는 중년기가 처음으로 자신을 돌아보는 시기이기 때문에 그렇다. 물론 인생의 어떤 발달 단계에서도 자신을 되돌아 보지 않는 것은 아니지만 40대는 농사로 말하면 추수기랄까. 이런 결과를 놓고 '나는 과연 누구일까?'하는 것을 자연스레 돌이켜 보게 된다.

그런데 "남의 밥에 놓인 콩이 커 보인다."는 우리네 속담처럼 갑자기 자기가 왜소해 보인다. '이만하면…' 하는 느낌보다는 대개의 경우 '나는 왜…'하고 아쉬운 마음이 앞선다.

둘째로는 40대는 20대와 같지 않은 정력을 스스로 느낀다. 어떤 일을 추진하는 데도 흔히 '내가 10년만 젊었어도…'를 운운하면서 자신이 저돌적으로 추진해 나가지 못하는 것을 아쉬워한다.

힘이 쇠잔해가는 문턱에 자신이 서 있다면 초조하지 않을 수 없는 것이다. 혹시 몸이나 마음이 그전 같지 않다면 실감하는 정도가 더욱 클 것이다.

셋째로는 내 마음대로 안되는 게 너무 많구나 하는 것이 실감나게 된다. 청년기의 한창 나이 때는 좌절하는 것도 많지만, 이를 극복할 만한 힘도 있고 다시 도전할 시간적 여유도 중년기 때보다는 많다. 내 마음대로 안되는 게 어디 한두 가지이겠는가만은 중년기에서의 실감이 상대적으로 더 크다. 자라면서 부모말을 잘 따르던 자녀가 자신의 목소리를 높이고 부모와의 갈등에선 자신의 주장을 굽이지 않는 때도 바로 중년기다.

이 때 내 배로 낳은 자식도 내 마음대로 안되는 데 다른 것은 말해 뭣하겠는가 하는 좌절에 부딪친다. 이런 느낌은 남편을 쳐다보아도 마찬가지다. 일생을 남편이나 자녀 그리고 가정을 위해 헌신했다고 생각하는 주부일수록 무력감은 더할 것이다.

넷째로는 잦은 이별의 경험이다. 가장 심각한 이별은 사랑하는 사람과의 사별일 것이다. 그리고 부모와의 사별, 배우자와의 사별, 또는 사별은 아니지만 심각한 이별, 그도 아니면 어떤 형태이든 이별이 빈번한 시기가 중년이다. 이런 경험은 그 자체가 스트레스이기도 하지만 내면적으로는 자신의 남은 여생이 이제 살아온 세월보다 훨씬 적다는 실감이 우울증으로 표현된다. '정말 나 혼자구나'하는 깨달음은 오히려 자신을 불안하게 만든다.

왜냐하면 지금까지는 자신을 둘러싼 많은 사람과의 의존관계에서 자신을 확인해왔지만 중년을 넘으면서는 그런 어줍잖은 확인만으로는 자신을 지탱하기가 어려워진다. '별수 없구나, 모두 제 몫을 찾아 뿔뿔이 흩어지고 나면 결국 만신창이가 된 혼자만 남는 것을….'

그래서 무력해진다. 분하기도 하겠지만 분하다고 펄펄 뛰어본댔자 어느 하나 자신의 욕구대로 되는 게 없다. 그래서 더 무력해져 버린다.

마지막으론 이런 경우도 있다. 지금까지 잘 살아온 비교적 건강한 사람도 타인과 비교해 보면서 '그동안 나는 무엇을 하고 살아왔단 말인가'하는 부러움섞인 후회를 경험한다. '나도 나름대로 열심히 살아 왔는데 그 결과가 다른 사람에 비해….' 이렇게 비교해 본다면 인생이란 게 어디 끝이 있겠는가.

대개의 중년은 자신이 살아온 자신의 인생여정을 당연한

것으로 생각하고 내가 경험하지 못한 타인의 것도 내가 꼭
지녀야 하는 것으로 착각한다. 내것도 내것이고 타인의 것
도 내것이어야 한다는 불공평한 욕구가 강할수록 무력감이
더 커짐에도 불구하고 욕심을 부린다. 이토록 착각하면서
자신을 괴롭히는 사람에겐 무력감은 당연한 증상일 수밖에
없다.

인생이란 손바닥과 손등에나 비교할 수 있을 것 같다.
내가 살아 온 인생이 손바닥이라면 타인의 살아온 인생은
손등일 수가 있다. 손바닥 입장에서 보면 손등은 부러운
인생행로가 아닐 수 없다. 빛나 보인다. 훨씬 값진 인생으
로 보인다. 성취로 보인다. 그에 비해 나의 인생은 …. 무
력감을 갖는 중년일수록 마음속에 이런 생각의 소용돌이를
지우지 못한다.

그렇다면 손등 입장에서 보면 손바닥을 어떻게 볼까? 말
하나 마나다. 그래서 작건 크건 사람들의 마음 밑바닥에서
는 무력감을 실감하게 되는 것이다.

'내가 걸어온 인생이 후회스러울는지는 모르지만 가장
소중하다'는 사실을 한번 마음속에서 일깨워 보자. 젊었을
때 이렇게 한번 살아 보았으면 하는 후회는 누구에게나 있
겠지만 일회성의 인생경험이고 보면 같은 시기에 전혀 다
른 두 가지의 경험을 동시에 충족할 수는 없다. 후회스러
운 인생역정이었지만 그래도 내가 걸어온 결과가 이것이라
면 이게 바로 내가 수확해야 할 결과라는 것을 경건하게

받아 들여 보자. 이런 마음의 수용은 타인과의 비교를 통해 많이 방해받겠지만 지금 그것을 수용하지 못하면 노년기는 더 후회스런 삶을 살 것이다. 누구의 말처럼 '알았다' 하고 시행하면 그게 어느 때든 결코 늦은 게 아님을 알아야 한다.

어떻게 하면 무력감에서 벗어날 수 있을까 생각해 본다. 가벼운 수준의 무력감은 자극을 통해 자신의 마음을 동기화할 수가 있다. 이런 형태의 발버둥은 우리 모두가 알게 모르게 해오고 있는데, 문제는 자신도 어떻게 해 볼 수 없는 정도의 무력감이 문제다. 생의 의미가 없다거나 그래서 살아갈 가치가 없다거나 하는 생각이 자신의 마음을 차지하거든, 그것은 혼자힘으로 견디기가 힘들다는 것이 느껴지면 전문가의 도움을 받도록 해야 한다.

요즈음은 우울증을 치료하는 항우울제도 있고 가벼운 우울을 정신치료로 생의 의미가 다시 부여되게끔 하는 치료도 있다. 좀 지나면 괜찮겠지 하는 생각이나 내가 마음먹기에 달렸다고 미루기만 한다면 정말 인생을 포기하게 될는지도 모른다. 내가 남의 인생을 값있게 생각하듯이 남들도 내 인생을 부러워하고 있을지도 모르지 않은가.

내 인생을 내가 가장 소중하게 생각할 때에서야 비로소 무력감으로부터 벗어날 수 있다.

성(性)이란 무엇인가

성(性)이란 무엇일까? 이런 의문에 대한 대답을 명쾌하게 한마디로 규정짓기는 어렵다. 그 이유는 성이 정의내리기 어려운 복합적인 내용을 담고 있기 때문이다. 성은 그 자체가 지니는 쾌락과 이 쾌락 때문에 되돌려지는 두려움이라는 상반성을 함께 지니고 있기 때문이다.

어떤 분은 "성이란 아무것도 아니다(Sex is Nothing)."라고 말한다. 또 어떤 분은 "성이란 모든 것이다(Sex is Everything)."라고 말하는 분도 있다. 그런가 하면 성이란 "전부도 아니고 아무것도 아닌 것이 아닌 그 무엇이다(Sex is Something)."라고 강변하는 분도 있다.

생각하면 보기에 따라서 이 모든 견해가 틀리지 않는다. 뒤집어 말하면 이 모두가 하나도 옳지 않다는 말도 된다. 마치 장님들이 모여 코끼리를 만지고 논쟁하는 것과 같다. 성이 아무것도 아니라는 극단적인 부인은 오히려 성이 지

중년 여성 이야기

니는 강력한 속성을 부정이라는 메카니즘을 통해 아닌 것으로 억지를 쓰는 것과 같다.

실제 우리 생활에 성이 차지하는 부분이 엄연히 존재하고 있는 데도 불구하고 아무것도 아니라는 의식으로 억압한다는 것은 아무래도 억지에 가깝다. 성이 전부라는 말은 이런 맥락에서 아무것도 아니라는 강변과는 방향만 다를 뿐이지 같은 뜻으로 보아도 무방하다.

성이 우리 생활의 전부라는 말도, 물론 무의식의 근원이 리비도(Libido, 인간 행동의 밑바탕을 이루는 성적 욕망)라는 정신분석적인 가설은 있지만, 이를 지나치게 확대하고 일반화한 오류에서 비롯된 것으로 평가되어 역시 극단에 서 있는 것이다.

그렇다면 가장 설득력이 있는 표현으로 '성이란 그 무엇이다'라는 형식의 표현이 어필할 수 있다. 그 무엇을 무엇으로 정의할 것인가 하는 것은 논쟁의 여지가 극단에 치우치지 않고 모든 것을 포함할 수가 있어서 생각의 여지를 남긴다.

성이란 원래 두 갈래로 생각할 수가 있다. 하나는 태어날 때 타고나는 성이 있다. 말하자면 정해져 나오는 성별의 성이다. 남자냐 여자냐 하는 성별은 임신과 동시에 결정되어진다. 어머니의 난자 속에 있는 유전인자와 아버지의 정자 속에 있는 유전인자가 결합할 때 성을 결정하는 정보는 아버지의 정자로부터 얻어진다.

이렇게 결정되는 성은 정자와 난자가 만나 수정되는 순간에 이루어지기 때문에 인위적인 결정사항이 아니라고 하겠다. 남아를 낳고 싶어 낳는 게 아니고 여아 역시 낳고 싶어 낳아지는 게 아니라는 뜻이다. 성을 결정해 주는 성염색체는 남자의 정자 속에 있기 때문에 여성의 난자 속에 있는 성염색체로는 성을 결정짓지 못한다.

이렇게 결정지워져 태어나는 타고난 성에 비해 두번째로 성기 중심적인 성을 들 수 있다. 흔히 우리는 성이라고 하면 좁은 의미에서의 성기 중심적인 성을 더 많이 연상을 하게 된다. 이 좁은 의미의 성은 대개 사춘기를 경과하면 표면화되는데, 그 이유는 사춘기에 성호르몬의 집중적인 분비에 따라 소위 생식능력을 갖추게 되기 때문이다.

사춘기 이전에는 남녀 모두 성장호르몬의 영향만을 받기 때문에 성장이 우선한다. 그러나 사춘기 때의 성호르몬의 분비는 남녀 모두에게 좁은 의미에서의 성 즉, 성기 중심적인 발달을 통해 생식능력을 갖추게 된다. 이러한 신체적인 발달과 변화에 수반하여 정신적인 성숙이 따르게 된다. 이 정신적인 성숙이란 성을 통해 만족을 구하고 자녀를 낳고 양육하는 종족보존의 본능을 책임있게 수행하는 것을 말한다.

이 성기 중심적인 성은 자연 성적 교섭을 통한 긴장과 이완을 반복하는 동안 쾌락을 경험하게 된다. 생물학적으로 성적 접촉은 '성교'라는 말로 정의되는 일련의 행동을 통해 만족을 추구하는 행위이다.

신체적인 여러 형태의 접촉을 통해 긴장을 고조시키고 궁극적으로는 성교(남성의 발기된 음경을 여성의 질 속에 삽입하는 행위)에 이르고 성교의 절정기에 이르러 성적 극치감에 이름으로써 행복감에 젖게 된다. 이런 행위는 결혼이란 관습을 통해 성숙한 남녀 모두에게 사회적으로나 법률적으로나 또 윤리적으로 성행동을 용납시켜 줌으로써 행복한 부부생활을 보장해 준다.

아주 오래 전, 역사 이전의 시기를 유추해 보면 그런 선사시대에도 좁은 의미에서의 성행동은 있었을 것이다. 인류가 지금처럼 지구상에서 번창하게 살고 있다는 하나만의 사실로 미루어 보아도 충분한 증거가 되는 것이다. 그러나 그때 성에 대해서 생각했던 성의 개념과 오늘날 우리가 살아가는 현재의 성개념은 확실히 다를 것이다. 그렇게 원시사회에 까지 거슬러 올라가지 않더라도 성개념의 변화는 실감할 수가 있다.

우리 조상들은 과거 유교문화의 영향 하에서 '남녀칠세부동석'으로 대표되어지는 경직된 가치관 속에서 살아왔다.

하지만 현재는 그런 경직성에서 벗어나 자유롭고 다양한 성적 경험을 만끽하면서 살아가는 성개념을 지닌 사회로 변화되어가고 있다. 토플러의 조사에서 지적되었듯이, 미국의 한 지역에서 조사된 부부의 형태가 70종류가 넘는다고 하니 그만큼 성의 다양성을 입증해주는 결과라고 하겠다.

　성의 개념이 이처럼 절대불변하는 진리가 아닌 바에야 우리가 살아가는 사회적 형편이나 문화적 영향에 따라서 성을 생각하는 내용이 달라질 수밖에 없다. 옛날에는 성의 부정적인 점을 강조하여 성의 타락을 막으려고 하였던 때도 있었다. 그러나 이젠 종교마저도 성에 대해 억압시킬 수 없는 지경에 까지 이르렀으니 의학적인 수단만으로 억압시키기엔 역부족이다. 그렇다면 이렇게 변해가고 있는 성의 개념이 어떻게 변했을까.

　먼저 선천적인 성별조차 거부라는 추세가 생겼다. 일부이긴 하지만 자신이 타고난 성에 대해 아니라고 거부하거나 혐오하면서 반대의 성으로 살아가길 원하는 병도 생겼다. 그래서 의학적으로는 자신의 성을 제거하고 반대의 성을 조작하여 생활하고자 하는 성 전환증이란 것이 생겼다. 요즈음에 와선 이 성 전환증은 의학적인 문제뿐만 아니라 법률적인 문제까지 야기되고 있으나 보편화된 문제는 아니다.

　다른 하나의 변화는 좁은 의미에서의 성행동이 과거의 종족 보존적 의미에서 탈피하여 쾌락적이고 오락적인 기능을 인정하기에 이르렀고 또 다양한 추구를 원하기에 이르름으로써 오히려 문제를 야기시키는 단계에 까지 이르렀다.

　과거의 종족 보존적 본능만 존중되던 시기에 비해 성행동이 쾌락과 오락이란 측면에서 표면으로 부각된 것은 실

중년 여성 이야기

로 성의 혁명이라고 불러도 좋을 만큼의 변화다.

성이 쾌락의 원천이긴 하지만 이것만이 쾌락의 전부일까 하는 의문 때문에 성의 자유로운 개방에도 불구하고 성문제는 더욱 복잡하게 이어진다. 과거의 성에 대한 금기가 오늘날의 성문제를 야기시킨 주범이라면 미래의 성문제의 주범은 오늘날의 성개방이 아닐까를 생각케 만든다.

그렇다면 '성은 그 무엇일 것'이라는 표현이 보다 적절하다는 설득력을 갖게 된다. 그 무엇이 무엇일까. 어쩌면 그것은 영원히 수수께끼가 될는지도 모르겠다.

깔끔함이 지나친 결벽증

예전에 인기리에 방영되었던 주말연속극의 장면들 중 한 장면이 이런 대화로 이어졌다.

갓 시집온 며느리가 재래식 부엌에 들어가서 설거지를 하다가 그릇을 깬다. 놀라서 뛰어온 시어머니가 먼저 며느리에게 안쓰런 표정으로 말을 던진다.

"나두 웬간히 치울 만큼 치우고 산다. 너 보기엔 더러워 보일지 모르겠지만 더러워서 그런 게 아니고 치워도 표가 안나서 그렇단다."

사실 극중의 시어머니도 깔끔한 성격이라 너즈레하게 흘어 놓고 사는 사람은 아닌데 며느리는 부엌에서 정돈된 살림들을 또 치우고 닦고 그런다.

"너도 너무 후벼 파지 마라. 너무 지나치게 그러는 것도 남을 피곤하게 만든다." 이런 대화는 어찌보면 평범한 우리 주변의 대화들이다. 깔끔한 것과 지나친 것이 지적되었

중년 여성 이야기

는데 성격에 따라선 깔끔한 사람들이 많다. 뜻은 깨끗하고 매끈하다는 뜻이다. 깔끔한 것이 지나치면 결벽하다는 말을 쓰는데 이는 깨끗함이 지나쳐서 깨끗함 자체를 지나칠 정도로 즐기는 성벽을 말한다. 말하자면 정도의 차이겠는데 이런 깨끗함뿐만 아니라 만사가 지나치면 이를 모두 병적으로 취급한다.

한 주부는 두통을 호소하면서 외래에 진찰을 받으러 왔다. 시부모를 모시고 살고 있는 이 주부는 이웃에 친정 부모도 함께 살고 있다. 시어머니는 매우 깔끔해서 며느리의 빨래까지 당신이 해치우는 성격이었다.

그런데 문제는 친정어머니가 주말이면 이곳에 와서 빨래를 거들어 주는데 시어머니가 빨아 놓은 빨래를 물에 다시 헹구어 넌다는 것이다. 빨래 한 가지를 며느리가 해 놓으면 시어머니가 다시 빨아 빨랫줄에 널어 놓고 주말이면 그 빨래가 친정어머니 손에 의해 다시 물에 헹궈지게 되니 분란이 안 일어날 수가 없었다. 그래서 골치가 아파 병원을 찾은 주부다.

"선생님도 자식을 키워 보셨겠지만, 애들이 어디 옷을 깨끗이 입나요?" 한동네 사람들에 의해 못된 계모라 고발당하였다가 진찰받으러 온 한 주부의 하소연이다. 이 부인은 전처소생이 있는 홀아비에게 결혼을 하였는데 전처 소생을 학대한다는 고발을 받았다. 고발된 사연은 한겨울에도 전처 자식을 홀랑 벗겨 놓고 학대를 한다는 내용이다.

"하루종일 흙투성이가 되어 나가 놀다 들어오는 애를 그러면 그대로 잠자리에 들게 해야 좋은 어머니인가요?"

이렇게 항의하는 그 계모는 결벽증이 있다. 방안의 티끌 하나를 못보는 성벽인데 흙투성이 아들을 그냥 방에 들일 까닭이 없다. 성품이 고약해서가 아니라 아들을 깨끗하게 씻긴다는 게 이웃사람 눈엔 학대하는 것으로 비친 것이다.

결벽에 관한 이야길 쓰자면 또 있다. 한 주부환자는 외출을 잘 못한다. 항상 소변이 문제가 되어 완벽하게 준비되지 않으면 외출이 불가능하다. 이 주부는 자기 집의 자기 전용 화장실이 아니고는 배변이나 배뇨가 불가능하다. 불결에 대한 혐오 때문에 상상만 해도 소름이 끼친다고 한다.

"선생님은 공중변소에서 용변을 하세요? 아무나 들락거리는…. 그래 그 자리에 앉아서 용변을 보셨단 말이에요?"

급하면 공중변소에라도 가야 하지 않겠느냐는 충고에 그렇게도 길길이 뛰고 가버렸다.

다시 한 예를 보자면, 처녀가 온 몸을 크레졸로 목욕을 하다 화상을 입고 병원을 찾았는데 외과적 치료를 끝내고 정신과에 의뢰되었다. 무엇인가 의식 무의식적으로 불결하다고 느끼는 게 있으니깐 그럴 것이다라는 생각에 "무엇이 그렇게도 더럽다고 생각됩니까?"하고 물었다. 그도 난감한가 보다. 불결감을 이기지 못해 또 그냥 물로 씻거나 비누로 씻어서도 마음에 차지를 않으니깐 크레졸로 닦은 것은

중년 여성 이야기

분명한데, 그 자신도 딱히 '무엇 때문에' 하고 꼬집지는 못했다.

3개월 정도의 정신치료 과정에서 밝혀진 내용이지만 성에 대한 불결감이 그 원인이었다. 성은 부정하고 사악한 것인데 하는 밑바닥 마음이 도사리고 있는 한 크레졸로 지워질 문제는 아니다.

우리 주변에는 의외로 결벽증이 있는 사람들이 많다. 첫째, 깔끔하다는 소릴 듣는 사람들은 결벽증에 이를 소지가 많다. 가지런히 정돈되어 있어야 하고 조금 흐트러지거나 먼지가 앉아도 안 된다. 손을 여러 번 씻는 경향을 보인다.

그러나 깔끔하다는 것은 결벽의 소지가 있다는 뜻이지 그 자체가 병적일 수는 없다. 깔끔한 사람의 눈에는 너저분한 사람을 이해하기가 힘들다. 어떻게 저렇게 해놓고 살 수 있을까. 이해 안 되는 면이 한 두 가지가 아닐 것이다. 하지만 지나치게 깔끔한 것과 지나치게 너저분한 것은 동전의 양면과 같은 성격을 띤다. 밤과 낮으로 구분되는 것과 같다. 무의식적으로는 같은 원천에서 출발하는 두 가지의 상반된 모습이다.

둘째, 깔끔한 것을 즐기는 수준이 있는데 이런 즐거움을 얻기 위해 깔끔해진다. "깨끗하고 정돈되어 있으면 좋지 않아요?" 의식수준에선 그런 말을 하고 많은 사람들이 동의를 한다. 개인은 자신의 즐거움을 계속 유지하기 위해서 계속 닦고 쓸고 해야 한다. 그러나 극중의 시어머니 말씀

중년의 삶과 나의 행복

처럼 너무 그러는 것도 남을 피곤하게 만든다.

셋째, 결벽증이라고 이름 붙일 정도의 깔끔함이다. 자신이나 남을 피곤하게 만든다. 아무리 완벽하게 깨끗하고 싶지만 온 집안을 온 동네를 온 세상을 자신이 생각하는 깨끗함으로 유지시키기에는 역부족이다.

대개 이 세번째의 결벽증 정도에 이르면 남의 눈에도 유별나게 보일 뿐만 아니라 자신도 그런 행동이나 사고가 지나치다는 것을 알지만 스스로 제동을 걸지 못한다. 더러움을 씻는 직접적인 행동이나 다른 상징적인 행동을 함으로써 잠재된 무의식을 억압시킨다. 결벽한 사유를 둘러대지만 객관성 있는 설득력을 잃게 된다.

이런 모순은 대개 표현된 겉보기가 아니라 내재해 있는 무의식과 연관이 있는 경우가 많고 이 무의식은 또 성과 연관된 것이 대부분이다. 성에 대한 강한 욕구는 이를 강하게 억압함으로써 자신에게는 그런 욕구가 없는 것으로 위장하려 든다. 가벼운 자아 방어로서 이런 무의식이 보호되고 위장된다면 간단한 손 씻는 정도의 행위를 반복함으로써 그냥 깔끔하다는 소릴 듣고 넘길 수가 있다.

그러나 몇 가지의 방어로 의식화되려는 본능적 욕구, 특히 성적 욕구를 억압하는 데 실패하면 이를 더 철저히 위장하기 위해 강화된 기법을 쓰지 않으면 안 된다.

크레졸에 화상을 입었던 처녀도 어릴 때 목격한 부모의 성생활이 '사악하고 불결한 것'으로 인지되었던 반면 처녀가 된 지금 자신의 내면적 욕구가 바로 그런 '사악하고 불결한 것'이란 동일시 때문에 지우고 싶은 의식이 생겨난 것이다. 씻고 씻어도 지워지지 않으니까 크레졸로 소독을 하는 행위로까지 진행되었지만, 정작 행위 당사자는 그런 행동과 잠재된 무의식과는 관계가 있다는 사실을 모른다.

결벽증은 강박증의 한 증상인데 강박증은 신경증으로 분류되는 장애이긴 해도 정신증에 가장 가까운 완고한 병이다. 원인은 부모와의 오랜 관계에 의해서 유발되는 연속적인 행동반응이 내면화되고 무의식화됨으로써 분노나 적개심을 드러내는 어떤 생각이 떠오르면 분노와 충족, 순응과 속죄를 상징하는 양가적으로 균형잡혀 있는 일련의 행위와 역행위의 연쇄반응이 일어나게 된다.

크레졸로 목욕하는 것은 씻고자 하는 욕구와 그런 무의식적 욕구에 대해 처벌받고자 하는 양가적 행동으로 풀이할 수 있다. 깔끔한 것이 지나쳐서 그리고 그 지나침을 가지고 즐기는 결벽증은 예사로운 증상이 아니다. 강박증의 3대 주증상 가운데 하나인데, 많은 사람들은 성벽이 별나다 하는 것으로 가볍게 넘겨 버리고 만다. 이는 정신과적 치료의 대상이 된다.

불면증

 “선생님, 지게꾼이 되었으면 행복하겠어요.” 불면증 때문에 외래에 통원 치료를 받고 있는 한 중년 부인이 진찰실에 들어서자마자 나에게 한 소리다.

 이 중년 부인의 집안이 경제적으로 아주 넉넉하여 지게꾼 운운할 처지에 있지 않았기 때문에 그런 별소리가 무슨 뜻을 지니는지 알아 보았다.

 그 부인의 설명인즉 오늘도 병원에 오느라고 동대문에서 올라왔는데 한 지게꾼이 지게를 바쳐 놓고 곤하게 낮잠을 자고 있는 모습을 보았단다. 아주 평화스러운 얼굴을 하고 곤히 잠들어 있는 지게꾼의 모습에서 문득 행복이란 게 저런 것이구나 하는 느낌을 받았다고 한다. 아무리 많은 것을 가졌으면 뭐하나 싶은 생각이 드니깐 더욱 짜증이 나더란다. 가능하다면 자신이 지닌 모든 물질과 그 지겟꾼의 탐스런 잠을 바꿀 수 있었으면 했다. “잠만 잘 수 있다면 부러울 게 없다.”고 부인은 아쉬워했다.

　다른 한 부인은 남편의 코 고는 소리에 잠을 이룰 수가 없다고 불평했다. 그러나 한 시간 동안의 정신치료 과정에서 코 고는 소리가 문제가 아니라 자신은 못자는데 나 몰라라 하고 혼자 잠든 남편이 야속하다고 고쳐 말했다. 공연히 심술도 나고 저런 남편을 믿고 시집온 내가 어쩌고 하면서 자학도 해보다 잠든 남편을 꼬집어 깨워보기도 했다 한다.

　“잠이 안오는 데는 나름대로 이유가 있게 마련입니다. 그럴 만한 요인이 있나요?” 이런 질문에 한 부인은 아들의 혼인 결정과정에서 자신의 주장이 소외된 데 대한 반응일는지도 모르겠다는 대답을 했다. ‘어떻게 키운 자식인데 결혼도 하기 전에 벌써부터 어미 말보다 색시 말이 더 중요하게 들리니…’ 그래서 가슴에서 불이 난다고 했다. 심리적인 요인에 의해서 잠을 잘 수 없는 불면증은 개개인의 사정에 따라서 각양각색이다.

　불면증, 사실 치료자 입장에서 이 불면증만 만족스럽게 해결해 주는 재주가 있다면 지적으로나 경제적으로 대단한 성취를 이룰 수 있을 것이다. 현재로서는 그만큼 치료자나 환자가 만족할 만한 수준에는 와 있지 못하다는 뜻이다.

　우선 수면에 대해서 몇 가지 알아 보자. 잠이 왜 오는가, 잠이란 어떤 생리적 의미가 있는가 하는 근원적인 문제에 대한 연구는 아직까지 걸음마 단계에 있다. 지금까지 알려진 그럴싸한 이론은 몇 가지가 있다. 하나는 구조적인 기능을 연구한 것인데 잠을 관장하는 뇌의 어떤 부위(망상활성체계)가 능동적으로 기능함으로써 일어난다는 주장이다.

다른 하나는 요즈음 많이 연구되고 있는 신경전도물질이 관계된다는 이론이다. 말하자면 신경전도물질 가운데 어떤 물질이 많고 적음에 따라 잠을 재우기도 하고 깨우기도 한다는 설명이다. 어쨌든 한 가지 이론으로만 설명하기 어려운 현상 가운데 하나가 수면인데 인체의 여러 생물학적 리듬 가운데 하나로 보는 게 무난할 것 같다.

잠을 이해하기 위해서는 리듬을 뇌파상으로 구분한 내용을 이해할 필요가 있다. 깨어 있는 상태를 각성기 수면에 깊이 빠져드는 순서에 따라서 제1단계 2단계 3단계 4단계로 나누며 꿈과 깊은 관계가 있는 소위 렘수면 등으로 나눈다. 40대 후반이 되면 잠의 리듬이 젊을 때 같지 않은데 가장 흔히는 잠의 길이가 짧아지고 질적으로 깊은 수면을 취할 수가 없으며 자주 깨게 된다. 이는 늙는 자연적인 현상이다. 어릴 때는 수면시간이 8~9시간 되던 것이 40대 후반이 되면 6시간 이하로 줄어들기도 한다. 제4단계의 깊은 수면 리듬이 거의 없어져 버리고 리듬도 짧게 짧게 이어진다. 불면증이라고 하면 일반적으로 잠을 온전히 잘 수 없는 상태를 말하는데 신체적으로나 정신적인 장애가 없이 평형적인 수면 리듬을 잃게 된 경우를 말한다. 의학적으로 수면장애에는 크게 세 가지로 나누어 볼 수 있다. 일차성 수면장애, 이차성 수면장애, 기타 유사 수면장애 등이 그것이다.

불면증이란 이런 분류로 나누어 보면 일차성 수면장애에 속하고 알콜성 정신병, 섭식장애, 우울증, 정신분열증 등 정신과적 장애에 뒤따라 일어나는 수면장애를 2차성 수면장애라고 한다. 앞서 사례를 든 부인들의 경우는 대개 일차성인 경우가 되겠고 간혹은 명백한 심리적 요인에 의한 반응성 불면증인 경우가 많다. 2차성인 경우는 우울증이나 기타 신경증적 장애에 수반되는 경우가 많은데 흔히 갱년기 증상과 복합적으로 온다. 잠을 자도록 노력해 보자. 이런 권고를 한다면 누가 그런 노력을 해 보지 않고서 불면증을 투정하는 사람이 어디 있겠는가 하고 항의할 독자도 있겠지만 잘 살펴보면 자체의 두려움 때문에 노력을 포기하는 분들이 많다.

한번 이런 시도를 해보자.

첫번째는 잠 습관을 잘 들여 보자. 불면증이란 오랜 습관의 잘못된 축적일 수가 있다. 잘못된 습관을 올바른 습관으로 바꾸기 위해서는 잠의 리듬, 즉 수면―각성주기를 이해하고 그런 습관이 자신의 생체리듬과 맞도록 노력해야 한다. 이런 노력을 하자면 먼저 규칙적인 생활이 필요하다. 잠이 오지 않더라도 잠잘 시간에는 잠자리에 들어 잠들 태세를 갖추어야 한다.

두번째로는 밤의 잠주기를 바꿀 만한 행동을 낮에 해선

안된다. 가령 낮잠을 자버린다거나 평소 같지 않은 과중한 운동을 하는 것도 밤잠을 깨는 요인이 된다.

세번째로는 모든 방해요인을 제거해야 한다. 어떤 요인이든 잠을 방해하는 요인이라면 먼저 삼가해 보자. 커피를 마신다거나 홍차와 같은 카페인이 함유된 음료의 섭취, 취침 전의 운동이나 음식물의 섭취, 정서적 혼돈을 일으킬 상황에의 직면 등 개인에 따라 잠을 쫓게 되는 취약성이 있는 것을 피해 보자.

네번째로는 스스로 마음을 달래 보는 적극적인 방편을 써 보자. 불면증에 대한 공포는 대개 잠 그 자체에 있다기보다 잠을 잘 수 없으면 어떡하나 하는 데 대한 예기된 공포가 더 문제다. 스스로 마음을 달래는 방편이란 마음을 그런 공포로부터 벗어나게 만드는 안정추구적인 적극적 행동이다. 종교가 있다면 자신의 종교에 걸맞는 기도로 잡념을 비우는 일도 크게 도움이 된다.

다섯번째로는 잠자리를 평온하게 환경을 정돈해 보는 일도 중요하다. 잠이 안 온다고 잠자리를 아무렇게나 하지 말고 아늑하고 평화롭게 꾸며 본다면 도움이 될 것이다. 취침 전에 온수에 가벼운 목욕을 해 본다든지 즐거운 추억을 회상해 본다든지 방법은 여러 가지가 있을 것이다.

이런 저런 노력을 해도 증상이 악화일로에 있다면 수면제가 필요하다. 약의 처방은 반드시 전문의의 도움을 받는 것이 현명하다. 약이란 수면—각성리듬을 약효에 의해 인

중년 여성 이야기

위적으로 교정하는 것이기 때문에 자연수면만 못하다. 또 수면장애의 특성에 따라 속성약효가 필요한 경우도 있고 반대로 약효가 늦게 나타나는 약이 필요할 때가 있다. 이 런 저런 것을 만족스럽게 도움받자면 전문의의 처방과 충 고가 절대로 필요하다. 또 이런 약처방만으로 각 개인의 근본적인 상황문제가 해결되는 것이 아니기 때문에 이 차 제에 근원적인 접근이 필요하다고 느끼거나 치료자로부터 치료권고를 받은 사람은 정신치료를 받는 것이 좋다.

"선생님 지게꾼이 훨씬 행복해 보여요." 한 시간의 치료 를 받고 진찰실을 떠나는 그 부인은 처음 들어올 때의 선 망을 놓지 않고 한 번 더 강조하고 나갔다.

그 부인은 부러워만 할 뿐 스스로 잠을 자기 것으로 만 들려는 노력은 하지 않았다. 어떤 형태이든 스스로 자기 것으로 만들려는 자기 극기가 없다면 잠은 영원히 만족한 자기 것이 못될 것이다.

중년의 삶과 나의 행복

초조감

　사람의 마음을 헤아릴 때 여러 가지 기준이 있다. 그 사람이 말하는 것을 들어 보니 마음이 어떻다느니 아니면 그 사람이 행동하는 것을 보니 저런 마음을 가졌을 것이라느니 하고 유추한다. 그만큼 마음이란 것은 다른 신체모양으로 눈으로 직접 보면서 확인할 수 있는 실체가 아니기 때문에 간접적인 관찰을 통해 마음을 유추하는 도리밖에 없다.

　"뭐 언짢은 일이라도 있습니까. 얼굴 표정이 왜 그래요?" 친구들 사이에 상대방의 표정을 보고 심사를 헤아리기도 한다. 이런 기준들 가운데 '초조'하다는 행동표현을 통해 개인의 심리상태를 유추할 수 있는 일은 대단히 많다.

　초조하다는 것은 일반적으로 설명하면, 불안 때문에 일어나는 긴장상태가 운동항진이라는 정신운동성의 행동양식으로 표현되는 일련의 행동장애를 말한다. 초조한 사람은 대개 안절부절 못하여 행동이 평소보다 지나치게 과다해진다. 불안이 극대화되는데 담담하게 좌정하여 조용히 행동으로 표현되기는 어렵다. 불안의 정도에 따라서 긴장의 상태가 달라지고 긴장 상태에 따라서 초조한 행동표현양식이 달라지게 마련이다.

초조한 행동이 수반하는 정신장애는 한두 가지가 아니다. 넓게 표현하자면 정신장애의 모든 질병에는 정도의 차이는 있지만 모두 초조증을 지닌다고 보아야 한다. 건강한 사람도 마음의 평형을 잃거나 바라는 욕구가 충족되지 않으면 또는 원하지 않는 결과가 자신에게 닥치면 긴장상태가 고조되고 그러한 표현으로 초조한 행동을 하게 된다.

정신장애 가운데 특히 초조성 우울증이라고 진단이 붙는 일련의 질병이 있는데 감정의 기복이 심하여 일어나는 소위 정동장애에 속하는 병이 있다.

흔히 갱년기 우울증으로 더 많이 알려진 이 병은 남녀 모두에게 발병하기도 하지만 대개 여성에서 훨씬 더 많이 발병하는 것으로 연구되어지고 있다. 보통 여성이 남성의 3배 또는 그 이상 발병하고 있는 것으로 되어 있으나 확실한 원인에 대해선 갈피를 잡지 못하고 있다. 우울증과 다를 바는 없지만 이 병이 많이 나타나는 연령이 대개 갱년기에 발생한다고 해서 갱년기 우울증이라는 이름을 붙이게 된 것이다.

중년의 삶과 나의 행복

몇 가지 사례를 들어 보자. ㄱ씨는 50대 중반의 유능한 전문직업인인데 그는 자신이 전공하는 분야에선 일가견을 갖고 인정받아온 그런 사람이다. 그는 서서히 다른 친구들은 인생을 값지게 살아 온 것 같은데 자신은 지금까지 하나도 이루어 놓은 일 없어 헛살아온 것 같다고 생각해서 생을 회의하기 시작했다. 객관적으로 자신이 이루어 놓은 많은 업적이 있음에도 불구하고 그런 것은 아무 쓸데없는 것이라고 믿고 초조해 했다.

ㄴ씨는 폐암에 걸렸다는 생각이 들어 병원을 전전했지만 가는 곳마다 폐암은 아니라고 한다. 병이 없다는 진단이면 즐거워해야 할텐데 즐겁기는 커녕 오히려 병원에서 잘못 진단하여 그런 게 아닐까, 아니면 폐암인데 의사와 가족이 짜고 자기를 속이는 게 아닌가 하고 고심한다.

ㄷ씨는 남들이 들으면 너무 사소한 일들이라고 웃을 지난 일들에 너무 집착했다. 아니 집착을 넘어서 자신이 잘못했다는 죄책감에 사로잡혀 고통스럽게 살아갔다. 그러던 어느날 이런 죄를 저지른 나는 죽어 마땅하고 죽어도 그 죄는 씻을 수 없다는 생각으로 자살을 기도했다.

대개 이런 증상에 빠져 있는 환자들의 가족들의 말을 들어 보면 아무리 아니라고 설명해 주어도 소용이 없을 정도로 초조해 한다고 한다. 자신의 우울한 감정 때문에 자기가 불안해 하고, 불안한 원인이 존재하기 때문이라는 강변을 한다.

불안의 원인이란 게 대개 잘못 예견된 것이거나 아니면 사실이라해도 과장되게 예견하는 경우로부터 온다. 폐암이 걸렸다고 신체망상을 갖는 것도 전혀 무관한 데서 출발하는 것은 아니다. 자신이 담배를 많이 피우는데 담배 많이 피우는 친구가 폐암에 걸렸다고 하자. 그래서 사망했다면 자신도 그런 전철을 밟게 된다는 생각으로 확대되고, 그렇게 예견되는 불안을 확고히 믿음으로써 불안·긴장·초조로 이어지게 된다.

이런 갱년기 우울증은 대개 여성은 40대, 남성은 50대 후반에 많이 발생하는데 여성은 폐경, 남성은 정년퇴직과 연관이 있는 것으로 알려져 있다. 갱년기는 신체적으로 내분비나 생식선의 감퇴로 전체적인 조건이 젊을 때 같지 못한 상태이다. 신체적 조건들이 떨어진다는 뜻이다. 그러니 자율신경계의 평형이 자연히 깨어질 수밖에 없다.

여성은 특히 지금까지 유지되어 오던 월경이 없어지게 되니까 확연한 신체적인 분기점을 인식하지 않을 수 없다. 월경이 있다는 것은 생식능력이 있다는 뜻이었는데 이런 월경이 없어졌다면 여성이 갖는 한 가지 역할을 수행할 수 있는 기능이 없어진다는 의미를 지닌다. 여성으로서 만년 여성적 기능을 갖고 싶은 소망을 깨뜨리는 폐경, 신체적으로 소멸되어 버리는 폐경은 그런 소멸을 너무도 확실하게 우리에게 알려주는 기준이 된다.

남성에게선 여성처럼 눈에 확연히 보이는 현상은 상대적

으로 적지만 가령 현상에 따르는 모든 신체적 조건이 감퇴하는 것을 서서히 인식하지 않을 수 없다. 그래서 신체적인 변화를 인식하는 심리적인 표현에서 가장 두드러지게 나타나는 것이 초조감, 심한 우울감정, 그리고 사소한 지난 과거지사에 매달리고 지나친 후회를 하고 자책하는 증상으로 표현된다.

많은 연구에 의하면 이런 심리적 현상은 가령화에 따르는 필연적인 현상으로 이해되긴 하지만 개인차이가 대단히 큰 것으로 알려져 있다. 대개 초조성 우울증의 일반적인 증상은 폐경이 있은 후 곧 발병하는 경우보다 대개 2~3년 이후부터 발병하는 경우가 많고 독신여성, 특히 배우자를 사별했거나 별거 중에 있는 사람들에게서 상대적으로 더 많이 일어난다.

처음에는 무언지 모르게 재미가 없고 우울해지며 사소한 자극에도 눈물이 자주 난다. 어줍잖은 텔레비전의 연속극을 보고도 전에 없던 눈물이 솟는다. 식구가 하는 별 의미가 없는 소리도 마음에 섭섭하게 와닿는다. 누가 아프다는 소리만 들어도 내가 꼭 그렇게 될 것 같은 느낌이다. 아들을 결혼시켜야 되는데 며느리가 내 말을 안 들으면 어쩌나, 손자는 어느 학교에 넣어야 할텐데… 별의별 사상누각을 다 짓는다. 잠도 못잔다. 곰곰이 생각하면 나만 이 세상에 외톨이처럼 따돌려진 것 같다.

이렇게 확대되어가는 불안은 긴장감을 자연히 고조시킬

중년 여성 이야기

수밖에 없다. 이렇게 살 바에는 이렇게 가치없는 인생으로 취급받기 보다는 차라리… 하고 자책하면서 도달하는 결론은 대개 자살감이나 자살기도다. 초조성 우울증에서의 자살감은 대개 전환자가 한 번 이상은 해보는 생각인데 치료하지 않고 그냥 두면 70％ 수준에서 자살기도를 하게 된다.

안 그런 사람들도 많던데 왜 나만 그런가 하고 생각되는 사람이 있다면 당신 자신의 평소의 성격양식이 어떤가를 한번 되돌아볼 필요가 있다.

대개는 아주 강박적인 성향이 강한 성격의 소유자들이 그렇지 않은 성격에 비해 초조성 우울증에 걸릴 위험이 높다. 매사를 완벽하고 정확하게 철저히 해내던 강박적 성격은 가령화로 신체적 조건이 이를 감당해낼 수 없게 됐을 때 다른 사람들보다 훨씬 커다란 좌절감을 느낀다. 이런 좌절감은 마침내 그로 하여금 바로 인생의 끝이라고 단정해 버리고 우울증에 빠져 들게 한다.

발병하는 데는 대개 그럴싸한 계기가 있게 마련이지만 이는 대개 유발인자일 뿐 갱년기 우울증의 원인이라고 하긴 어렵다. 주로 계기가 되는 유발인자는 실망과 좌절, 실패 등이 있겠고 오히려 원인이라면 자신의 융통성 없고 지나치게 책임감을 강조하는 양심적인 성격유형에 있다. 치료는 전문의의 지도로 약물치료가 우선이지만 정신치료도 함께 병행해야 한다.

갱년기는 젊음의 건강 같지 않고 죽음에 대한 공포가 현실로 다가서는 한계성과 맞부딪치는 것이기 때문에 평소 강박성으로부터 벗어난 융통성 회복이 증상을 최소화시킬 수 있는 예방책이 될 것이다. 융통성과 한계성에 대해 평소 익숙해 있지 않으면 반드시 부딪치는 문제가 초조감임을 명심하고 마음을 잘 다스려야 할 것이다.

기억 장애와 건망증

"누구시더라…"

어디서 본 듯하기도 하지만 생소한 느낌을 주는 상대에게 우선 이런 말로 중얼거리게 된다. 기억이 아삼아삼하다. 꼭 기억을 해야 될 사람에게 이런 표현을 한다면 당사자는 얼마나 서운해할까 싶지만 기억력이란 게 우리에게 무한정 보장되는 것이 아니고 보면 낭패를 겪는 일이 드물지 않다.

"글쎄 오늘 아침에 고깃국을 자셔 놓고 한 달 동안 고기라고는 구경도 못했다니…"

시어머니의 서운한 말씀에 가슴이 막힌 며느리는 기억력이 없어서 그러시는 게 아니라 자기가 미워서 그러시는 게 틀림없다고 하소연한다. 그도 그럴 것이 다른 시시콜콜한 것은 죄다 기억하면서 유독 고깃국만 혼돈할 이치가 없지 않느냐는 항변이다.

"오늘이 무슨 날인지 아세요?" 남편에게 이런 푸념이라도 할 때면 "아, 오늘이 참 당신 생일이지?…."라며 어쩌구 회상해 주면 풀릴 마음도 "글쎄, 오늘이 무슨 날이던가…." 그럴라치면 부부싸움을 일으키게 할 충분한 이유가 된다.

"아이구 참, 부엌에 국을 끓이다 말구…." 가스 불을 끄지 않았다고 이제서야 기억하는 분도 많다.

기억, 의학적 의미로서의 기억은 획득된 정보를 주의깊은 관찰을 통하여 무의식 속에 저장하였다가 후에 의식 속으로 다시 불러내는 일련의 과정을 말한다.

기억에 장애가 있는 것을 기억력 장애라고 하는데 크게는 두 가지 유형으로 나눌 수 있다. 하나는 기질적 기억 장애고 다른 하나는 심리적 기억 장애가 있다. 기질적이란 말은 기억에 관계되는 감각기관이나 저장하는 뇌세포 또는 회상에 관계하는 신경세포가 생물학적인 병변이 있어서 기억에 장애를 일으키는 것을 말한다. 자극을 받아 정보를 획득하자면 오관 이탈이 없어야 한다. 감각기관 자체가 탈이 나 있으면 정보를 받아 들이는 첫 자극을 받을 수 없기 때문에 기억과 연결시킬 수가 없다.

예를 들면 눈에 탈이 나 있으면 보지 못한다. 사물을 보지 못한다면 사물에 대한 정보를 획득하지 못할 것이다. 아무리 뇌세포가 발달되어 있어도 획득하지 못한 정보를 사물로 시각적 정보로 수용하지는 못할 것이다. 그래서 기억이 불가능해진다.

감각장치는 모두 완벽해도 감각정보를 뇌에 전달해 주는 신경장치에 고장이 있으면 역시 기억하기가 어렵다. 이와 같이 기억에 관여하는 우리 몸의 어떤 기관에 탈이 생기면 기억에 장애가 오는 것이다.

이 모든 기억장애를 편의상 기질적 기억장애라고 부른다. 대개 뇌의 질병이나 감각기관의 장애 또는 뇌에 영향을 줄 수 있는 여러 형태의 질병과 연관하여 기억장애가 온다.

홍미있는 기억장애로 심리적 기억장애가 있다. 이는 앞서 설명한 기질적 기억장애와는 다르다. 기질적 기억장애가 우리들의 기억과 연관된 장기 병변에 의해 발생하는 데 비해 심리적 기억장애는 그런 병변이 하나도 없다는 것이 특징이다. 감각기관도 정상이고 신경체계도 정상이고 뇌세포도 정상인데 기억이 안된다는 뜻이다. 말하자면 신체적인 이상은 없는데도 불구하고 기억에만 장애가 있다는 뜻이다.

기억이 되는 입력의 기제를 생각한다면 기질적 기억장애와 심리적 기억장애는 쉽게 이해할 수 있을 것이다. 기억이란 과정은 처음 단계에서 감각기관을 통해 감지한 정보를 등록해야 한다. 컴퓨터로 말하자면 입력하는 과정과 같다. 두번째 단계는 입력된 정보를 보존하여 보관하는 것이다. 아무리 입력을 열심히 하여도 그 정보들이 저장될 수 없다면 입력은 시키나 마나한 노릇이 된다. 세번째 단계는 보존된 정보를 필요에 따라, 필요한 시간에, 필요한 양만큼 재생시켜 활용할 수 있어야 한다. 이때 재생 내지 상기시키는 과정을 합쳐 이 세 단계 모두를 기억이라고 이해하면 되겠다.

자, 그렇다면 이 세 단계의 과정이 신체적이든 정신적이든 어떤 이유에 의해 손상 또는 방해를 받게 된다면 기억은 온전하게 회상되어질 수가 없을 것이다. 손상의 원인이 신체적인 것이라면 '기질적'이라는 이름을 쓰고 또 그 손상의 원인이 정신적인 것이라면 '심리적'이라는 표현을 쓴다.

세 단계의 손상을 구체적으로 생각해 보자. 감각기관의 기질적 손상은 입력을 방해한다. 눈이 멀었으면 시각적 정보를, 청각이 멀었으면 듣는 정보를, 후각이 손상되었으면 냄새 맡는 정보를, 촉각이 손상을 입었다면 접촉을 통한 정보를, 미각이 손상을 입었다면 맛을 통한 정보를 입력하지 못할 것이다. 정보를 얻는 것은 우리 몸의 오관을 통해 얻기 때문에 그렇다.

이런 기질적 이유 말고도 오관은 하나도 손상을 입지 않았는데 기억에 장애가 있는 경우가 있다. 사람을 몇번 보고도 모른다거나 같은 말을 여러 번 듣고도 기억을 못한다는 등의 경험은 우리 주변에서 심심치 않게 본다. 감각기관에 손상은 없지만 심리적으로 집중력이 떨어지거나, 편집증적 생각에 사로잡혀 있거나, 집착이 심하다거나, 아니

면 혼자 엮어나가는 공상이 많다거나 한다면 그런 심리적
인 연유들 때문에 오관이 성해도 올바르게 지각하는 능력
이 떨어질 것이다. 신경증이나 정신증이 여러 형태에서 기
억 손상이 있거나 왜곡이 있게 되는 원인이 거기에 있는
것이다. 혼자 깊은 공상에 빠진 사람에게 시각적으로 무엇
을 보여 준다 해도 보여 준 내용을 간추려 기억하지 못한
다. 눈뜨고 보지만 공상에 밀려 건성으로 보기 때문에 입
력에 장애를 받는다.

입력과 등록을 통해 들어온 정보는 두번째 과정인 보존
이 필요한데 이 보존은 주로 뇌세포가 담당한다. 뇌세포가
병변이 있으면 보존이 불가능하다. 비유하자면 창고가 불
이 나고 없는데 물건을 쌓아둘 곳이 어디란 말인가. 그러
나 문제는 보존시킬 뇌세포에 아무런 장애가 없어도 신경
증이나 정신증과 같은 심인성 장애의 증상으로 기억장애가
온다는 것이다. 이때는 보존 기명(記銘)에 문제가 있기 때
문에 그렇다.

세번째 과정인 회상 단계는 보존된 정보를 다시 의식상
태로 끌어 올려 원래 입력 단계와 같은 상황을 경험하는
것이다. 이 단계도 물론 뇌세포가 온전치 못하면 보존 자
체가 어려우니까 보존이 안 된 내용을 아무리 회상시킨다
해도 떠오를 게 없을 것이다. 그러나 보존이 잘되어 있는
정보라도 심리적인 요인에 의해 캄캄한 채 무의식 속에 남
을 수도 있다. 즉, 기질적인 손상이 없는데도 기억장애가

있다는 것은 심리적 영향을 받고 있다는 증거가 된다. 가령 만나기 싫은 빚쟁이를 만났다고 생각해 보자. "누구시더라…"하고 만난 상대방의 실체가 기억으로 금방 떠오르지 않는 게 편할 것이다. 이는 기억이 생생하다면 괴롭기 때문에 회상되는 정보를 방해함으로써 자신의 괴로움을 연기시켜 보자는 무의식적 과정 때문에 일어나는 것이다.

반대로 보고 싶은 애인과의 여러 가지 기억은 시시콜콜한 것까지 모두 과다하게 떠오른다. 이런 현상은 회상을 독려함으로써 애인과 지녔던 행복한 순간들을 더 많이 더 오래 간직하고 싶은 심리적 현상 때문에 일어난다. 그래서 기억장애라고 통칭되긴 하지만 기억상실, 기억과다, 기억착오 등과 같은 모든 형태를 포괄한다.

40대 중반 이후의 기억장애들은 뚜렷한 심리적 원인이 선행하는 경우도 있지만 대개는 가령화 현상 때문에 비쳐지는 자연현상으로 이해되어진다. 나이들수록 젊었을 때 같지 않은 기억력을 실감하게 되는데 이는 앞서 말한 가령화 현상 즉 노화와 관계가 있다.

노화에 의해 오는 기억장애는 최근 상황을 기억하지 못하는 대신 옛말에 입력된 정보는 보다 오래 전의 일까지 회생이 가능하다. 이런 기적을 이해할 수 있다면 시어머니가 일부러 자기가 미워 고깃국도 안 끓여 주었다고 그러신다는 억울한 감정은 풀릴 것이다. 아침은 최근의 정보이기 때문에 기억에 없지만 어릴 때의 기억은 오래전에 입력된 것이기 때문에 시시콜콜 기억하게 된다.

 "내가 무엇하러 냉장고 문을 열었지?" 이런 기억장애가
있거든 당신도 이제 나이 들었구나 하고 당신을 되돌아 보
자.

인격 미성숙의 표현, 신경질

"아이 신경질나." 이런 표현은 굳이 말로만 표현되어지는 게 아니다. 신경질이 나는 정도에 걸맞는 행동이 따르게 마련이다. 어느 개인에게나 신경질이 날 만한 유발 요인을 제공하면 각자의 표현 양식에 따라서 신경질을 내게 마련이다.

원인이 밖에서 제공되는 것이면 신경질 내는 사람이 무엇 때문에 신경질이 났다고 하는 것을 쉽게 인식하지만 개인 내면의 심층 심리와 연관되는 것이면 자신도 무엇 때문에 신경질이 나는지 가늠하지 못할 때가 많다. 원인이 명백한 것도 설명이 없으면 타인이 이해하기 어렵다. 하물며 자신이 자신의 신경질의 원인을 설명할 수 없다면 그 신경질을 받는 상대방은 더 이해하기가 어려울 것이다.

"그때 너한테 신경질을 내곤 곧 후회했는데 사과를 할 수도 있었지만 그게 그렇게 되지 않더라구. 그러다 보니

기회를 잃었어." 자신이 낸 신경질을 상대방에게 사과하는 친구에게 "그 문제는 우리 두 사람 문제니깐 나중에 이야기 하자."고 시큰둥하게 대답했다. 사과를 받기엔 내 마음이 아직도 풀리지 않았다는 신경질이다.

건강한 사람들에게도 흔히 보여지는 신경질이지만 정신과 환자에게서의 신경질은 훨씬 두드러진다. 골이 깊고 빈도가 잦고 아주 하찮은 일이거나 겉보기에 이유가 없어 보이는 경우가 더 많다.

"선생님, 감사합니다. 신경질이 훨씬 줄었어요." 치료적 진전을 눈으로 확인한 환자 보호자로부터 인사를 받는다. 환자의 신경질 특히 가족들에게 이해되지 않는 신경질적 행동이 치료에 의해 줄어 들면 주변 가족구성원은 지내기가 훨씬 수월해진다. 그래서 감사의 표시를 하는 거다.

이런 환자의 신경질은 사실 환자 자신의 내면적 갈등 때문에 스스로가 속박한 제어에 저항하는 것이다. 남이 뭐라고 해서가 아니라 자신이 설정하고 자신이 행동하고 자신이 좌절하는 결과를 가지고 예민하게 반응하는 데서부터 신경질은 표출된다.

치료는 이런 내면적 불균형이 잡혀감으로써 표출되는 신경질이 줄어들게 된다. 내면적 안정은 굳이 신경질을 통해 표출할 필요를 상실한다는 뜻이다. 신경질도 따지고 보면 불균형의 소산이긴 하지만 유기체가 살아남으려는 부적절한 몸부림으로 해석된다.

"선생님 환자를 치료하라고 입원시켰지 더 악화시키려고 입원시킨 게 아니잖습니까?" 신경질과 연관하여 이런 항의를 받을 때도 있다. 입원할 땐 조용했는데 신경질이 더 늘어났다는 표현이다.

이런 경우는 입원 당시 조용했다는 의미를 새길 필요가 있다. 모든 것을 포기했던 의욕상실 상태에서 생의 의미도 가치도 포기한 채 표현하는 행동이 있다면 무엇일까. 아마도 무관심이 아닐까 싶다. 그래서 조용한 것이다.

화를 낼, 신경질로 자신의 갈등을 표현할 의욕마저 포기한 그런 조용함이다. 이런 상태에서 치료적 호전이 있게 되면 억압했었거나 포기했었던 정서가 살아나게 되어 갈등에 직면하게 되고 그 직면에서 느끼는 바를 신경질을 통해 상대방에게 표출하게 된다.

지금까지 조용했던 환자가 비록 부적절한 표현이긴 하지만 신경질을 낸다는 것은 그만큼 생의 의욕이 되살아났다는 증거도 된다. 끽소리도 못하던 조용함이 끽소리 하는 신경질로 바뀌었으니 치료로 인한 진전된 모습이라 볼 수 있다.

이처럼 신경질은 그 자체를 놓고 어떻다고 가늠하긴 어렵지만 경과의 패턴에 따라 질병의 진행을 예고해 주는 기준이 되기도 하고 반대로 질병의 호전을 암시해 주는 판단 기준이 되기도 한다. 일반적으로 신경질은 신경이 과민하거나 또는 병적인 상태에서 감동하기 쉽고 불안한 성질이

나 증상을 말한다. 이런 개념은 주로 병의 진전을 예고하는 선행증상으로 이해하려는 쪽이다.

일반인들 사이에 평소의 그의 성질답지 않게 과민성을 보이거나 과민성에 따르는 행동을 표출한다면 당하는 상대방에서는 두 가지 측면에서 고려해야 한다.

첫째는 어떤 외부적 스트레스 요인이 그로 하여금 신경질을 내도록 내부 평형을 깼을까 하는 관심이다. 일이 힘에 지나쳐서 생길 수도 있다. 감당할 능력은 적은데 일의 무게가 지나치다면 응당 짜증이 날 것이다. 명백한 스트레스 요인이 있다면 함께 공감하는 것도 이해의 폭을 넓힐 수 있다. 다른 사람에겐 자극이 안 되는 것인데 유독 그에게서만 그렇다는 내용이 있다면 그 점이 바로 신경질을 내는 사람의 성격 구조상 취약점이라는 것을 이해해야 한다. 취약성은 개별적이고 다양하다.

둘째로는 주변상황이나 스트레스 요인이 명확하지 않은데도 불구하고 신경질이 표출된다면 그것은 대개 신경질을 내는 당사자의 내면적 갈등 때문에 그렇다. 주변 스트레스와는 관계가 없다. 오히려 자신의 무의식이나 잠재의식과 관계되는 독특한 것이다.

이런 신경질은 당사자나 이를 받는 대상자 모두가 이해하기 힘든 것이 많은데 숨어 있는 신경질 부리는 자의 핵심 감정이나 독특한 경험, 도덕적 기준 등을 이해하지 못하고선 상호교통이 어렵다. 이런 논리를 신경질 때문에 고

생하는 당사자로 돌려본다면 누구든 신경질이 나면 나로 하여금 신경질나게 유발시킨 요인을 외부에서 찾아 보고 특별한 것이 없는데도 불구하고 신경질이 난다면 그것은 내부의 쌓인 갈등 때문이구나 하고 짐작해야 한다. 이미 환자 수준에 이르면 그골이 너무 깊기 때문에 직면하기가 피차 간에 어려워질 뿐이다.

"신경증은 항상 근본적인 의존과 자유를 위한 탐구 간의 충돌을 해결하기 위한 하나의 시도, 즉 본질적으로 성공할 수 없는 하나의 시도로써 일어난다."

에릭 프롬이 지적한 말인데 이를 원용하여 대비해 본다면 신경질의 근원을 쉽게 이해할 수 있을 것이다. 또하나 기억해야 할 것은 신경질은 반드시 언어적 표현만으로 표출되어지는 것은 아니라는 사실이다. 말은 없지만 표정, 행동, 제스춰 따위를 통해 표현되어지는 신체적 표현도 있다. 신체증상으로도 표현된다. 그래서 언어적이건 비언어적이건 신경질의 표출은 모두가 포함되며 전체적으로는 미성숙한 표현 반응에 속한다. 병적 증상이나 과민성의 표현이 아니더라도 생활 습관상 신경질을 앞세우는 사람들이 흔히 있다. 이런 미숙성을 따지고 보면 에릭 프롬의 지적대로 성공할 수 없는 시도라는 점에서 건강하지 못한 지표가 된다.

신경질이 많은 사람은 신경질로써 모든 갈등, 좌절, 분노, 의존욕구와 같은 것을 해결하려는 반복적인 성공할 수 없는 시도를 한다. 이 점이 검토되어야 한다. 신경질은 갈등의 표출이긴 하지만 적절하지 못하고 부조화스러운 게 많다는 것을 직면해야 한다. 서두의 사례처럼 금방 부적절함을 알고 미안해하지만 시기를 놓치는 일이 없는가를 검토해야 한다.

신경질을 표출하는 방법으로 항상 적응하려면 습관화가 된다. 잘못된 표출의 습관은 또다른 불가능을 되돌려 받게 되는 역기능에 부딪친다. 신경질이 아닌 보다 적절한 말과 행동으로 표출할 수 있는 '안정'을 얻기 위해 모든 방법을 훈습해 보아야 한다. 이런 훈습은 성공할 수 있는 시도로 바꾸는 원동력이 될 것이다. 어릴 때는 욕구 충족을 무엇이나 다 하던 것을 차츰 어른이 되면서 '성공할 수 없는' 것을 포기하는 타협이 현실적으로 이루어져야 한다.

자기중심적인 자아영역이 이타적인 영역으로 바뀌어 나가는 인격성숙의 단계가 원만하고 건강하지 못하면 그게 바로 성공할 수 없는 표현에 집착하는 것이다. "아이 신경질나"이런 표현은 나의 정서나 성숙에 직면할 수 있는 좋은 기회가 된다. 신경질만 내고 있으면 또다른 성숙에로의 한 단계 이동을 해 낼 기회를 잃고 만다.

만성 정신장애, 편집증

박정희 대통령이 살아계셨을 때의 일이다. 아름다운 미혼의 두 따님을 가졌던 박 대통령은 복에 넘치게 많은 사위를 갖고 있었다.(?) 이 말은 실제로 사위가 많았다는 뜻이 아니라 자칭 사위들이 청와대를 찾아와 '장인을 위해 헌신할 일이 무엇인가'를 알려달라고 졸라대는 청년들이었다.

이 청와대의 사위들은 박대통령의 따님과는 아무런 관계도 없을 뿐만 아니라 일면식도 없는 남자들이었다. 그러나 제가끔 자기가 따님 누구의 남편임을 주장했다. 당시에 곧잘 놀란 청와대에선 이런 청년들을 정신과에 보내어 정신을 감정케 하거나 치료를 의뢰한 적이 종종 있었다.

"청와대의 사위가 어디 이 사람뿐입니까? 전국적으로 치면 아마 수도 없을 겁니다." 환자를 의뢰하기 위해 데리고 온 당국자에게 그런 말을 해줬더니 나보고 그런 사람의 명단을 적어달라는 웃지 못할 주문을 한 것이 기억된다. 편집증 증상이 애정적 형태로 표현된 좋은 사례다.

환자는 우연히 보거나 만났던 명성 있는 사람이나 부자인 당사자를 사랑한다고 믿는다. 편지를 보내기도 하고 전화도 하며 직접 찾아가서 자기가 배우자(?)임을 대중 앞에서 주장하기도 한다. 당사자가 아니라고 하면 자신의 애정을 시험해 보기 위해 그런다고 생각하면서 애정 고백 행각을 더욱 강화한다.

어떤 한 환자는 아예 청첩장을 찍어 하객을 초청한 사례도 있고 호적에 혼인신고를 해버리는 해프닝도 저지른다. 어떤 대상으로부터 자신이 무지무지하게 사랑을 받고 있다는 잘못된 믿음을 지니고 있다.

오해와 의심이 지나쳐서 피해망상으로 발전하는 사례도 많다. 자기 집에 누군가가 도청장치를 했다거나 자신의 신체구조에 도청장치를 함으로써 자신의 생각이 온 세상에 노출된다는 피해의식을 갖는다.

편집증의 주된 사고는 피해적인 경우가 대부분인데 이때 환자는 자신의 적대적이거나 공격적인 동기를 다른 사람의 탓으로 돌리고 그렇게 함으로써 자신의 불평을 옹호해 나간다. 자신은 중요한 사람이기 때문에 정보기관에서 미행하여 죽이려고 한다든지 같은 직장 안에서의 어떤 특정인이 자신만을 못살게 군다고도 표현한다.

대개 피해망상을 지니는 편집증 환자는 의심이 많고 오

해를 잘하며 악의에 찬 보복적 행동을 하기도 하며 한 가지 일에 집착하여 까다로운 반추를 거듭하는 특성을 지닌다. 자신이 피해를 받았다는 확고한 신념이 있기 때문에 관계요로에 진정서를 내거나 재판을 청구하는 일이 흔하다.

"이분 정신과적으로 문제가 있는 것 아닙니까?" 언젠가 친지를 방문했을 때 젊은 검사 한 분이 자신이 맡은 소송의 당사자에 대해 자문을 구한 적이 있었다. 소송자가 지금까지 30회도 넘게 같은 문제를 가지고 재판을 청구한 사례인데 무슨 추리소설 같다는 이야기다. 검사가 판사와 짜고 자신의 주장을 묵살한다며 직무유기까지 들먹이며 소송을 진행 중인데 그 내용은 자신을 도청하며 괴롭히는 자를 잡아 달라는 거다. 이런 편집증 환자를 소송형 편집증이라고 부르기도 한다.

망상적 피해의식이 지나치게 되면 확대적인 과대망상으로 이행하는 경우를 흔히 본다. 편집증의 앙양된 한 모습이기도 한데 특히 오랫동안 지속된 피해망상의 뒷끝에 나타나거나 아니면 편집증을 앓기 시작한 시초부터 나타나는 경우도 많다.

"선생님도 참여하세요. 재벌이 될테니깐." 한 환자는 거창한 사업 계획서를 만들어와서 나에게 함께 동참하기를 권했다. 석유생산에 관한 계획이다. 당시 우리나라에선 석유를 갈망한 나머지 우리도 석유생산국이 된다는 사회적

중년 여성 이야기

꿈에 부풀어 있었던 시대였다.

환자의 계획은 자기 집 뒷마당에서 파이프를 박아 나간다는 비교적 간단한 구상이다. 계속 파이프를 박아 나가면 지구의 반대편쪽에 있는 사우디아라비아에 도달한단다. 사우디 하면 석유의 보고인데 이렇게 파이프만 박으면 석유는 자기 집 뒷마당으로 솟을 것이라는 것이다.

이런 횡재를 나에게 나누어준다니 여간 고맙지 않다. 하지만 그 긴 파이프를 무슨 기술로 박으며 박는다고 석유가 자기 집 뒷마당으로 솟을까도 의문이다. 고개를 갸우뚱해 보이는 나를 빤히 쳐다 보면서 그는 말했다. "선생님 갈릴레오가 지구가 돈다고 했을 때 믿어준 사람이 누가 있었나요?"

이와 유사하게 자기 자신이 대단히 중요한 사람이라는 인식이 과대망상으로 이어지는 경우도 많다. 대개 종교적으로는 자신이 예수라거나 부처님이라는 주장을 하기도 하고 더러는 정치적으로 대단히 중요한 인물이라는 믿음을 갖기도 한다. "나보고 자주 유엔사무총장을 하라고 그러는데…."

대개 이런 과대망상은 일상적인 생활방식을 무시하고 실제인 양 계획을 짜고 모델을 작성하는데 시간을 다보낸다. 더러 이런 계획을 다른 사람들이 알아채고 방해하려 한다는 의심을 함께 동반하기도 한다.

과학적으로나 현실적으로 불가능한 사고내용들도 환자는

중년의 삶과 나의 행복

깊은 사명감이나 소명감을 갖고 열중하며 실현불가능한 목표를 추구한다.

일상생활 속에 묻혀 '성격이 그렇다'는 식으로 지나쳐 버리는 편집증 가운데 의처증과 의부증이 있다. 소위 부정망상이라고도 부르는 이 편집증은 부부생활에서 성적인 정조를 의심하는 것을 특징으로 한다.

세익스피어의 명작 『오셀로』를 보면이 오셀로가 부정망상에 사로잡혀 서서히 인격이 붕괴되는 모습을 적나라하게 볼 수 있다. 그래서 부정망상을 주증으로 하는 편집증을 일반에선 오셀로 증후군이라고도 부른다. 부정망상은 정신증적 질투가 체계화되어 자신의 배우자나 애인에게 국한하여 폭력적 행동을 유발시키기도 한다. 오셀로가 데스데모나를 죽이듯이.

이상 여러 형태의 편집증을 사례로 들었는데 의학적으로 진단되자면 적어도 다음에 열거하는 진단 기준을 충족해야 한다.

첫째, 지속적인 피해망상이나 질투망상이 있어야 한다. 둘째로는 감정과 행동이 망상 체계의 내용과 일치해야 한다. 셋째로는 편집증적 장애의 지속 기간이 적어도 일주일 또는 일주일 이상이어야 한다. 넷째로는 정신분열증 망상형에서 볼 수 있는 괴상한 망상이나 지리멸렬 또는 연상이완과 같은 증상이 없어야 한다. 이 말은 같은 망상이라고 하더라도 보다 체계화되어 있고 연상이완이 없는 쪽이 편집중이라는 뜻이다. 편집증은 망상을 나타내고 정신분열증에서도 망상을 나타내기 때문에 이의 구분을 위해 설정한 기준이 된다.

다섯째로는 환각이 현저하지 않다. 여섯째로는 조울증과 같은 조증 또는 우울증은 존재하지 않으며 있다 해도 일시적이다. 마지막으로는 뇌의 기질적인 병변이 없어야 한다. 뇌에 기질적인 병변이 있다는 것은 그 자체로 연유해서 편집증과 유사한 증상을 나타내기 때문에 유의하여 구분해야 한다.

결론적으로 편집증은 서서히 발병하여 지속적이고 변함이 없으며 체계화되어 있고 논리적으로 합리화될 망상들로 특징지워지는 만성정신장애다. 망상이 행동에 중요한 영향을 끼치고 또한 특정한 개인을 대상으로 하고 있다면 입원을 권유해야 한다.

정신과에서 진료하는 여러 정신장애에 비해 치료는 상당히 까다로운 점을 지니고 있다. 여느 장애도 마찬가지이겠지만 치료자의 도움이 절대 필요한 장애이며 치료 상황까지 오도록 만드는 데 상당한 인내가 필요하다.

'나는 당신이 어떻게 느끼는지 이해하고 있지만 나에게는 그렇게 생각되지 않는다'는 암시를 지속적으로 환자의 망상에 던져야 한다.

흥이 최고에 다다랐을 때
그만두어야 할 도박

최근 도박으로 인한 범죄들이 텔레비전이나 신문지상을 통해 심심찮게 보도되고 있음을 본다. 도박을 하다가 재산을 탕진한 한 사장이 재산을 돌려 달라고 법에 호소한 사건으로 이에 연루된 도박꾼들이 들통나게 되었고 경마장의 부정과 도박 때문에 두 사람이 자살을 하고 수사를 넓히는 사회 문제도 발생했었다.

또한 주부 도박꾼들의 이야기는 어제 오늘의 이야기는 아니지만 판돈의 규모가 가히 천문학적인 수치로 증가해 가고 있다는 보도다.

"벌써 각서를 수도 없이 썼어요. 절대로 안 그런다고 맹세해 놓고도 또다시 도박을 하니 이게 병이 아니고는 이해할 수가 없어요."

한 부인이 남편과 함께 정신과 외래를 찾아와서 호소하

는 내용이다. 말려도 안 되고 패가 망신에 까지 이르렀으니 이혼을 할까도 생각했는데 그래도 우선 고쳐 놓고 볼 일이라고 생각되어 병원을 찾았노라고 했다. 이와 비슷한 내용을 호소하면서 병원을 찾는 경우는 드물지 않다.

"처음에는 의욕도 없어 하고 인생에 회의를 느껴 살아갈 의욕이 없어 보여 오락실 찾는 것을 별로 개의치 않았는데 이젠 오락실에 붙어앉아 하루종일 도박에 미쳐 있어요. 회사에 전화를 걸어도 나오긴 나왔는데 어딜 가고 없다는군요. 며느리 보기도 창피해서… 선생님 이것도 병이지요?"

혼자 찾아와서 이렇게 하소연 하는 어머니도 있다.

몇 해 전에 중국에서 학회가 있에 방문한 적이 있다. 연변에 있는 사회정신병원의 한 분원을 찾았을 때 신기한 일 두 가지를 목격하였다. 하나는 환자끼리 결혼을 시켜 분원 안의 독립된 주택에서 결혼 생활을 하고 있는 점과 다른 하나는 환자들이 도박을 할 수 있다는 점이었다. 중국은 도박이 사회 문제의 근원이 된다는 생각에서 인민이 도박을 할 수 없도록 법으로 엄하게 규정해 두고 있다. 이런 엄한 법률적 제한에도 불구하고 환자는 예외로 도박을 공개적으로 할 수 있다니 신기하지 않을 수가 없었다.

치료자는 환자에게 생에 대한 동기를 부여할 수 있는 일이기 때문이라고 설명했다. 말하자면 도박을 치료적인 수단으로 삼아 정신장애의 무의욕을 자극한다는 말이다. 그러나 그들도 우리의 사회면을 어지럽히는 그런 수준의 도박이 아니라 정말 치료적인 동기 부여의 범위를 넘지 않는 수준으로 오락삼아 하고 있는 것을 목격하였다.

"처음에는 그나마 흥미를 가지는 것 같아 희망을 가졌는데 도박에 빠질 줄 누가 알았겠습니까?" 안타까운 가족의 호소다.

정신의학적으로 병적인 도박이란 진단을 붙일 수 있는 질병이 있다. 우선 참고삼아 어떤 정도의 도박 행위라야 병적 도박이란 진단이 붙을까를 살펴 보기 위해 진단 기준에 나와 있는 것을 살펴보자.

진단 분류 가운데 충동조절장애라는 것이 있다. 인간의 충동을 적절히 조절하지 못해 일어나는 것들 가운데 도박이나 훔치는 것, 불지르는 것 그리고 공격성의 폭발 따위가 있다. 병적 도박, 절도광, 방화광, 폭발성 장애 등의 이름이 붙게 되는 충동조절장애 가운데 병적 도박을 제일 흔하게 볼 수 있다.

첫째, 환자가 도박을 하고자 하는 강한 충동을 억누르지를 못한다. 마음으로는 다시 하지 않겠다는 다짐을 스스로에게나 가족에게 여러 번 다짐하지만 충동을 이기지 못한다. 말일 뿐 행동으로 옮기지 못한다.

둘째, 이런 충동을 충족시키는 도박 행위는 결국 안정된 가족생활을 위태롭게 할 뿐만 아니라 종국적으로는 가정 파괴는 물론 사회적인 병폐의 주범이 된다.

대개 이런 환자는 성격 특성상 다음의 몇 가지를 본 바탕에 지니고 있다.

도박에 필요한 돈을 마련하기 위해 파렴치한 행위를 서슴지 않는다. 가령 거짓말을 한다거나 공금을 횡령하거나 지폐를 위조하거나 세금을 포탈하는 것을 다반사로 하며 고리(高利)로 돌을 빌려 쓰는 등 상식을 벗어나는 행동을 한다. 이런 형편이니까 채무관계가 깨끗할 리가 없고 책임감이 없으니 흔히 사기와 연관이 많게 된다. 자기가 한 행동은 모르고 자산을 잃고 나니 분해서 고발을 하는 사례가 일어나게 되는 것이다. 가정의 붕괴뿐만 아니라 개인의 사회적 추구랄 수 있는 직업활동이 원만하지 못하다.

"직장 상사분이 좋은 분이셔서 어떻게든 사람을 만들어 보려고 애써 주시지만 이젠 지쳤나 봐요." 직장에서 해직 통보를 받은 환자 가족의 말이다. 도박 때문에 생기는 상습적인 결근, 작업수행의 저하, 책임감의 결여 등 어느 하나도 책임있는 직업인으로서의 자세를 갖출 수가 없게 된다. 실업 상태에 들어가니 경제력을 잃을 수밖에 없고 경제력이 없으니 일확천금을 꿈꿀 수밖에 없다.

세계적으로 유명한 도박사가 임종을 맞았는데 의사로부터 내일 아침 7시를 넘기지 못한다는 진단을 받았다. "선생님, 내기할까요? 내일 아침 9시까지 살면 선생님이 100달러를 내셔야 합니다."고 했다는 거다. 물론 지어낸 말이긴 해도 도박의 강박성과 집요함을 설명해 주고도 남는 이야기다.

　인간이 오락을 통해 즐거움을 갖고 스트레스를 풀며 새로운 활력을 얻으려는 사람이 있는 반면 그 도가 지나쳐 병적인 상태까지 이르는 사람들이 있다. 오죽했으면 도박을 법률로 정하여 원천적인 봉쇄를 시도한 나라들이 있을까?

　시인 보들레르는 "인생에 있어서 참된 매력은 하나밖에 없다. 그것은 도박의 매력이다."하고 극찬한 것이 있는가 하면 파스칼은 "도박하는 자는 불확실한 것을 얻기 위해 확실한 것을 건다."는 표현을 쓰기도 했다.

　도박은 원래 요행수를 바라고 위험하거나 불가능한 일에 손을 대는 것을 말한다. 요행수를 바래 행동하는 것은 대개 사회가 바람직하지 못하다고 하여 그 행위를 금기시하는 것들을 통해 하는 경우가 더 많다.

　영국의 영국다운 속담 가운데 "도박은 흥이 최고에 다달았을 때 치우는 게 좋다."라는 것이 있다. 그 최고조에 달한 쾌락 감정을 스스로 제어하거나 그것을 치료받기 위해 치료소를 찾는 경우는 대단히 드물다. 이로 인해 패가 망신하거나 사회적인 고통으로부터 벗어나기 위한 이차적 이득을 얻기 위해서 올 뿐이다.

　재미있는 것을 안 하게 고쳐 달라는 것은 모순이다. 그러나 그 재미의 절정을 통해 개인이나 가족, 사회의 병폐가 되어 이차적으로 고통을 받게 된다면 그 쾌락은 없는 것만 못하다. 인간의 충동은 마음대로 충족하라고 한다면 쾌락에 쉽게 탐닉해 버릴 소지가 얼마든지 있다. 문제는 도박은 오락을 위한 행위가 아니라 요행수를 바라는 위험하고 반복된 행위이기 때문에 문제가 되는 것이다.

오락은 재창조의 의미가 있는 반면 도박은 자신의 충동을 강박적인 행동으로서만 반응하려는 문제점이 있다는 데에 그 차이가 있다. 인간 생활사의 주변에 널려 있는 갈등들은 인간이 지니고 있는 여러 다양한 적응기제를 갖고 살아가기 마련인데, 병적 도박자는 단지 한 가지 도박의 행위와 그로 인한 쾌락만을 추구한다.

이러한 도박은 원천적인 충동 조절에 대한 훈련이 있어야 하겠고 다른 강박증과 같은 것이 병행해 있다면 그런 질병치료를 병행해야 나을 수가 있다.

소위 도박자 익명단체란 것이 있는데 강박적인 도박자들의 조직으로 상호이해와 경험의 공유 그리고 감정적 지지를 통해 도박에 대한 충동을 자구적으로 조절하고자 하는 단체이다. 이런 단체의 힘을 빌어서라도 자신의 충동을 조절하는 노력이 선행되지 않고서는 타의에 의한 치료만으로는 회복이 어렵다.

담담한 마음을 지니는 참선이나 그와 유사한 과정의 자기 수양을 통한다면 많은 것을 조절할 수 있겠지만, 그 또한 높은 수준의 근기가 필요하니 금방은 권할 것이 못된다.

다른 방법으로 일단 도박 상황으로부터의 격리가 필요하

다. 인위적인 격리는 자신의 충동을 타의에 의해 조절시키는 손쉬운 방법이다. 이렇게 하여 마음의 안정을 도박이 아닌 사회가 긍정적으로 승화하는 방법으로 대체할 수가 있다.

새로운 사회 적응을 위해 도박은 나에겐 적합하지 않은 수단이라는 것을 염두에 두고 그런 충동을 이겨내는 꾸준한 노력이 필요하다.

흔히 자신의 삶은 성공적으로 이루었으나 사회적인 환경이나 제도가 다시 도박에 물들게 만들었노라고 말하는 이도 있다. 그러나 근본적인 문제는 자신의 충동을 자신의 의지로 조절이 가능하도록 자신의 내적인 힘을 키우는 데 있고 그 성패가 도박으로부터 탈출할 수 있느냐 없느냐의 기준이 된다.

마음의 밑둥치에서
자라오르는 혐오감

"음식은 보기도 싫어요. 냄새만 맡아도 구역질이 올라와요." 음식에 대한 각별한 혐오감을 표현하는 환자의 호소다.

혐오는 싫어하고 미워하는 느낌인데 자기 자신의 욕구나 생각에 거슬려 싫어진다면 혐오감으로 이어진다. 싫어할 뿐만 아니라 적극적으로 미워져서 행동으로 반응하게 된다.

"죽어도 그 꼴 못봐!"라거나 한동안 혐오감을 표현하는 유행어로 '아더메치'란 말이 돌기도 했었다. 아니꼽고 더럽고 메스껍고 치사하다는 준말이다.

사람들은 세상을 살아가면서 죽고 못살게 좋은 사람이나 대상도 있지만 반대로 죽지 못해 볼 정도의 혐오스런 대상도 있게 마련이다. 사람의 마음이 한결같지 못해 누구에게

나 좋고 나쁜 것이 있게 마련이지만 이런 감정 때문에 죽고 못살거나 차라리 죽지도 살지도 못하는 경지에 이르면 이로 인하여 여러 증상을 일으키게 된다.

좋아서 죽고 못사는 것이야 눈이 삐었다고 제쳐두면 될 일이지만, 싫고 미워하는 느낌은 사람의 힘으론 어떻게 해볼 수 없는 게 아닌가 하고 생각하는 사람들이 많다. 서로 죽고 못살아 만난 부부도 어떤 상황이 계기가 되어 남남으로 갈라설 때를 보면 그 싫어하고 미워하는 마음이 불 같다.

우리 속담에 "준 것 없이 밉다."는 말과 "밉다고 차버리면 떡고리에 넘어질까봐 그러지도 못하겠다."는 것을 당신이 혹 느끼고 있다면 이는 당신 마음속에 혐오스런 대상을 지니고 있다는 고백과도 같다. 왜 그럴까? 몇 가지 생각해 볼 필요가 있다.

첫째는 개인의 경험소산이다. 경험된 과거가 무의식 속에 잠재되어 있으면서 실생활에서 직면하게 되면 혐오감이 발생한다.

내 친구와 중국학술모임에 함께 참석한 적이 있는데 식사 때마다 상 위에 올라오는 고소한 튀김이 있었다. 우리 둘은 참 고소하고 맛이 있다고 생각되어 이 요리는 무엇으로 만든 것인가 물었다. "뱀이요, 뱀을 말려 튀긴 것입니다." 이 말을 들은 내 친구는 지금까지 여러 날을 맛있다고 먹었으면서 갑자기 배가 불편하다고 하며 변소를 들락

중년 여성 이야기

거렸다. 며칠 동안 밥맛을 잃기도 했다.

그 친구는 어릴 때 자기 부친이 뱀을 수도 없이 잡아 잡수시는 것을 보고 자라면서 이 많은 뱀들이 틀림없이 자기에게 복수하려 올 거라는 상상을 하면서 자랐단다. 이것은 과거의 경험이 되살아나면서 느끼는 극도의 혐오감은 공포와 이어져 신체적인 증상을 일으킨 좋은 본보기다.

경험은 지워지는 것이 아니라 희미한 상태로 무의식에 잠재되기 때문에 회상에 필요한 자극이 가해지면 의식수준으로 의식화된다. 이때 부정적 경험의 소산은 대개 혐오감과 연관된다.

둘째는 자기 자신의 일부에 혐오 대상과 동일시할 수 있는 부분을 지니고 있을 때 발생한다.

"딸만 보면 무슨 살이 낀 것처럼 싫어요. 걸음걸이가 꼭 제 외할머니 닮았거든요." 한 주부는 그런 표현을 하면서 딸을 미워하는 자기의 감정이 근거 없는 게 아니라고 호소했다. 사실 깊이 이야기를 들어 보면 지금 딸의 결함이라고 꼬집으면서 비난하고 있는 여러 면면이 바로 자기 자신이 지니고 있는 것을 설명하고 있다는 것을 깨닫지 못하고 있다.

자신이 덮어 두고 싶고 나아가선 지니고 싶지 않은 일면을 딸을 통해 본다는 것은 불쾌한 일이다. 자신의 내부에만 있다면 부정하거나 억압함으로써 자신이 보지 않아도 될텐데, 딸의 행동을 통해 비쳐지는 바로 그 점이 자신의 무의식을 자극한다. 딸의 행동이 거슬리고 눈밖에 난다는 것은, 감추고 있는 자신의 일부가 세상에 들통나는 것이나 다를 바 없다고 여겨지는 것이다. 그래서 죽어도 보기 싫어지는 거다.

이런 면들은 사회적인 현상에서도 많이 보여진다. 무엇이 혐오스럽다고 여론이 다그치는 것을 조용히 생각해 보면 다그치는 사람의 내재한 속성이 강할수록 강도가 높은 것을 볼 수 있다. 자신의 혐오스런 일부를 다른 대상을 통해 보게 되는 것이 마음에 걸린다는 뜻이다. 그래서 그런 마음을 지우기 위해 더 강하고 더욱 극단적인 혐오감을 표현하게 된다.

셋째로는 편견을 들 수 있다. 편견이라면 공정하지 못하고 한쪽으로 치우친 생각을 말하는데 주로 부정적인 게 많다. 사실을 또는 대상을 정확하게 파악하기 전에 내리는 정곡을 벗어난 판단으로 이어진다. "그 사람 보기완 다르던데…"하는 말과 "생각했던 것과는 다르다."는 말을 우린 곧 잘한다. 미리 생각했던 게 한쪽으로(그나마 부정적으로) 치우쳤던 편견이 실재에선 옳지 않은 것이 많다는 일깨움이다.

이런 선입견이나 편견은 일상생활에서 대단히 많다. 실제 개인이 체험하지 않더라도 집합무의식적 이론으로 설명되는 종족의 오랜 경험의 소산이라고 지적하는 사람들도 있다. 뱀을 본 사람도 아닌데 뱀에 대하여 부정적으로 편견을 갖는 것은 자신의 체험이라기보다는 종족의 경험이 무의식화되어 그렇다는 논리를 편다. 편견적 혐오는 실제의 경험에서 교정되기도 하지만 자신의 편견이 더욱 강화되는 계기로 만든다.

넷째로는 주입된 교육의 탓이다. 어떤 동물은 혐오스럽다고 어릴 때부터 가르쳐 보라. 그리고 어떤 사람은 나쁜 사람이라고 어릴 때부터 가르쳐 보라. 이런 교육의 목적적 대상이 되었던 개체는 성장 후에도 그 테두리를 벗어나지 못하는 경우가 대단히 많다. 이데올로기를 앞세워 냉전시대에 살았던 세대는 그가 어느 쪽에서 흑백논리적 교육을 받았느냐에 따라 편견적 존중과 편견적 혐오를 행동화하고 살게 되는 것이다.

혐오감을 불러 일으키고 공감을 얻기 위해서는 그 대상이 지닌 부정적인 사실과 측면을 과장하여 주입시키게 된다. 세뇌가 바로 그런 집약되고 집요한 반복적 교육의 소산이다. 그래서 당사자는 대개 그런 혐오의 대상과 관계를 갖지 않고도 혐오감을 앞세워 더욱 대상을 피하게 만드는 효과가 있다. 동물이나 식물에 인간의 자기 소망과 부정을 투사시켜 그 대상이 실제 그런 것처럼 믿고 사는 인간의 혐오감은 실제에 대한 공정하지 못한 교육의 부산물이다.

다섯째로는 자신의 소망의 좌절이 어떤 대상으로 인해 발생했다면 바로 그 대상이 혐오감의 대상이 된다. 항상 개인의 소망을 성취시켜 주는 대상이라면 혐오감의 대상은 되지 않는다. 의존하고 싶은데 의존의 욕구를 충족시켜 주지 못한다면 그 대상은 혐오의 대상이 된다. 자신의 욕구를 충족시켜 주지 못하는 무능력자는 싫게 마련이며 내가 원하는 대로 이루어주지 못하는 대상이라면 밉다. 그래서 혐오의 대상이 되는 것이다. 자신의 미움과 싫음을 다른 사람이 들어 공감할 수 있는 측면만 부각시킨다면 공감대를 형성하는 것은 어렵지 않을 것이다.

결국 욕구의 좌절이란 분노와 적개심을 내재하게 만든다. '아이 징그러워' 당신의 마음속에 물건이든 동물이든 그런 느낌이 먼저 들거든 이 혐오스런 느낌의 뿌리가 어디서부터 발생했는가 하는 것을 침착하게 검토해 볼 필요가 있다.

죽고 못사는 애착이나 죽었으면 죽었지 살지 못하는 혐오감의 뿌리가 모두 내 마음의 밑둥치에서 함께 자라오른 동전의 앞뒷면과 같다는 것을 인식해 보자.

어떻게 벗어나 볼까 하는 길은 세 가지가 있다. 하나는 피하는 길이다. 안 보면 된다. 하지만 내가 안 본다고 안 볼 수 있는 게 아니지 않는가. 그런 사람을 위해선 직면하는 습관을 들일 것을 권하고 싶다. 혐오스런 것도 자꾸 보다보면 조금은 둔해지지 않겠는가. 보면 볼수록 더 심해지고 그러한 입장에 처한 사람이 당신이라면 또 다른 한 길로서 원인된 것을 잘라야 한다는 것이다. 원인이 없는 결과는 없는 법이므로 그 원인이 무엇인가를 직면하여 그 사

슬을 끊어야 한다. 그런 어려움을 어떻게 하나 하고 움츠
리는 분은 고통을 안고 평생 살아갈 수밖에 없다.

한(恨)을 푼다?

'한.' 한문으로 '恨'이라고 쓰기보다 한글로 한이라고 쓰는 것이 더 실감이 난다. 우리 문화에서 한은 우리 민족의 고유한 정서라고도 일컬어질 만큼 보편적인 정서다. 상담실이나 정신과 상황이 아니더라도 서로 일반적인 대화를 나누는 일반인들 사이에 곧잘 질병의 원인이 '한이 맺혀서 그렇다'는 진단을 잘 내린다. 우리 전통의서인 『동의보감』에 이런 사례가 실려 있다.

"어떤 여인이 약혼한 뒤에 그 배우자가 장사하러 나가서 오 년이 되어도 돌아오지 않으니 그녀가 식음을 폐하고 곤와하여 정신이 나간 것도 같다. 이외에 다른 병증은 없으며 다만 골방 같은 음침한 곳을 택하여 기거하기를 좋아한다. 이것은 상념의 과다로 인하여 기결이 된 것이어서 약으로만 치료하여 낫는 것이 아니요, 무슨 기쁜 일이 있어야 자연치료가 되는 것이다."

중년 여성 이야기

이런 형태의 사례는 동의보감 곳곳에 여럿 실려 있다. 의학에 종사하지 않는 사람이라도 이런 사례에 접하면 '남편과 헤어져서 오죽했으면 그런 증상이 일어날까… 한이 맺혀서 그런 게지…' 당장 그런 투로 이해를 한다. 이렇게 맺힌 한이 몇 알의 약으로 풀어질 이치가 없다.

한이라고 통칭되는 이런 정서로 대개 오래 전의 경험이 누적되어 생긴 마음의 응어리다. 좋은 경험이라기보다는 상처가 되는 경험이 누적되어 한이 맺힌다. 사람이면 누구나 경험할 수 있는 생활경험의 누적이다.

하지만 같은 생활경험이라고 하더라도 어떤 사람은 한이 맺히고 어떤이는 대수롭지 않은 생활경험으로 스쳐지나간다. 그만큼 한은 개인 차이가 있다는 뜻도 되겠다. "내 눈에 흙이 들어가지 전에는 잊을 수 없다."는 표현도 간간이 듣게 되는데 다분히 주관적인 느낌이다. 같은 상황이라도 이런 주관에 연관된 감정은 보편적인 것도 있지만 보편성과 거리가 먼 것이 더 많다.

사실 한이 맺힐 정도의 생활경험이 있다고 하더라도 그런 상황을 벗어나 이젠 성취한 경험을 지니는 사람에게도 한은 역시 한으로 남아 있는 경우를 흔히 본다. 객관적인 사실로 미루어 보면 이젠 한과는 거리가 멀어야 할텐데도 아직까지 한의 영향을 받고 있는 사람을 본다.

이토록 오랜 배후 조종자로 남는 한은 서양의학에서 말하는 아동기의 감정양식과 대단히 유사하다. 성년이 되어 행동하는 모든 행동양식이나 사고, 감정, 판단 등의 양식은 기실 그 개인이 아동기에 어떻게 부모로부터 교육되어지면서 양식화되었느냐에 따라 달리 나타난다.

이런 양식화 뒤에 숨어 개인의 모든 일거수 일투족을 조종하는 핵심감정이 부정적으로 뭉쳐 있으면 그것을 한이라고 해도 좋을 것 같다. 대개 이런 한은 자신의 문제라고 생각하기보다는 한을 맺게 만들어준 외부사람이나 환경에 원인이 있다고 생각한다.

시집살이를 심하게 해서 한이 맺혔다거나, 가난에 너무 찌들려서 돈에 한이 맺혔다거나, 부모를 사별해서 등의 설명을 한다. 그래서 대개는 '억울하다 못해 분하다'는 감정도 있다. '분함을 이기지 못해 우울하다'는 감정도 있다. 불안하고 초조하다는 증상도 있다. 그러나 이런 종류의 증상조차도 따지고 보면 개인의 한으로부터 출발한 공격성을 은폐하지 못하여 의식수준으로 노출되면서 발생한다. 공격적 분노를 무의식 속에 억압하는 심적 기제를 철저히 하지 못하는 데서 비롯된다. 불완전한 방어를 뚫고 의식화되려는 변화에 대한 두려움이 불안과 초조로 변한다.

흔히 '화병'이라고 통칭되는 이런 형태의 증상 복합은 대개 한과 아주 밀접한 관계를 지니게 된다. 어떤 학자들은 한이 개인적인 것이기도 하지만 민족이나 종족적인 고유한 감정양식으로 생각하는 분들도 있다. 한이라고 일컬어지는 이런 특유의 감정양식이 우리나라를 제외하곤 세계의 어떤

종족에서도 볼 수 없다고 전제하면서 한민족 특유의 현상
이라고 주장한다.

다른 비슷한 주장들은 민중의 역사적인 계층의식이나 정
동체험으로부터 이루어진 것이란 주장도 있고 오히려 개인
의 의도와는 무관하다고 하는 주장도 있다. 가령 자신으로
서는 넘지 못할 숙명적인 힘에 의해 좌절되는 것은 개인으
로서도 어쩔 수 없는 일이 아닌가 하는 항변도 있다. 한은
불의부당한 일로부터 발생하여 그래서 개인 자신의 의도와
는 상관없이 생긴다는 주장이다.

어쨌든 한은 장기적인 쌓임에 의해 발생하는 것이지 지
금 당장 갑자기 발생하는 것은 아니다. 한은 가랑비에 오
래 젖어 생기는 것이지 소나기를 맞고 생기는 것은 아니
다. 그렇기 때문에 한이 맺히는 근원적인 상황을 보면 객
관적으로 보기엔 하찮은 것으로 비춰지기도 한다.

아주 사소한 상황이라 할지라도 장기적으로 불완전한 억
제를 통해 자신을 방어해 오다보면 어느덧 장기적인 불완
전성 때문에 쌓이고 쌓인 감정의 응어리가 풀지 못하는 암
덩이로 남는다. 신체적인 암세포가 처음엔 아주 작고 국소
적이지만 대단히 치명적인 것으로 번지는 것과 마찬가지
다. 암세포가 건강한 세포의 힘을 못쓰게 만드는 것과 같
다.

한도 처음엔 사소한 생활경험의 불완전한 억제로부터 출
발하여 별것 아닌 것처럼 쌓이지만, 바로 그 감정이나 감

중년의 삶과 나의 행복

정양식 때문에 개인의 정신적 통합기능을 잃게도 되어 버린다. '기나긴 아픔의 축적으로 가라앉혀진 음기'란 표현을 쓴 문학가도 있다.

자, 이런 한들은 사실 개인의 인격 발달 과정중에서 어느 단계의 상처 때문에 개인의 한으로 남는 감정양식이란 점에서는 명백하며 또 한 종족이 현재까지 살아남아 이어오기까지 체험하는 종속적이고 집합적 감정양식과도 무관하지 않다는 견해들이 지배적이다. 그래서 한을 우리나라 사람들 개인이나 민족의 보편적 감정복합으로, 그리고 그 자체를 우리 심성의 전형적인 유형으로 보려는 시각이 지배적이다.

언젠가는 학자 출신의 한 재상이 취임사에서 '굽은 것은 펴고 맺힌 것은 풀어가면서'란 표현을 쓴 적이 있다. 맺힌 것이 한이라면 푼다는 것은 치료적 의미를 지닌다. 어떻게 풀어 볼까 이런 생각들을 많이 하지만 대개 노력해도 안 풀린다거나 지울 수 없다는 표현을 많이 쓴다.

사실 한은 지우개로 지우듯 그렇게 쉽게 지워지지도 않으려니와 흔적이 남게 마련이다. 문제는 흔적은 남아도 그 흔적이 핵심감정을 이룰 만큼 '음기의 덩어리'가 안되도록 희미하게 만드는데 있다. 흔적은 있어도 영향을 줄 수 없다면 그것은 이미 한이 아니기 때문이다.

한이 맺히면 흔히 두 가지 형태로 반응하게 된다. 하나는 가장 흔한 것으로 적개심이나 분노, 좌절감을 자신에게

중년 여성 이야기

내재화시킴으로써 화병의 증상을 일으킨다. 둘째로는 분한 마음이나 증오를 성공의 원동력으로 삼아 새로운 성취를 전환시킨다. 억울하면 출세하라는 동기가 바로 적개심의 전환 사례다.

오뉴월에도 서리를 내리게 만드는 한풀이는 쉽게 할 수는 있지만 자신에게나 주변에게 또다른 한을 심는 한의 쳇바퀴 구실을 한다. 한편 한을 동기화시켜 새로운 성취를 이루는 것은 매우 바람직한 일이다. 한을 사회가 용납하는 또다른 성취를 통해 승화시키는 힘은 전자보다는 훨씬 힘이 든다. 하지만 그런 힘을 쏟은 뒤의 결과는 달다.

"마음이 원래 없는 것인데 없는 마음에 무엇이 맺히랴." 싶은 높은 불가의 마음을 스스로 깨닫는다면 한은 처음부터 맺히지 않으련만… 하지만 어디 그게 우리 같은 범인에게 말로서 이루어질 경지인가 싶다. 승화로 바꿀 수 있는 힘만 있어도 범인에겐 건강한 정신이다.

한은 가혹한 스승이기도 하고 가혹한 파멸자이기도 하다. "고난이 있을 때마다 참된 인간이 되어가는 과정을 마치 비온 뒤에 땅이 굳어지는 것과 같다.'고 설파한 괴테의 경구를 새겨봄 직하다.

죽음에 대한 공포심

일생 동안 남녀의 무리를 속여서
하늘을 넘치는 죄업은
수미산을 지나친다.
산 채로 무간지옥에 떨어져서
그 한이 만 갈래나 되는지라
둥근 한 수레바퀴
붉음을 내뿜으며
푸른 산에 걸렸도다.

—성철 큰스님 임종게

조계종의 종정 성철 큰스님의 열반이 온 나라의 화제가
되었다. 한 사람의 죽음이 이토록 많은 사람들의 마음을
차지하는 데는 그만한 이유가 있을 것이다.

불교도들에겐 마땅한 관심이겠으나 종교가 없거나 이교
도인 여러 사람에게도 성철 스님 열반은 각기 나름대로의
의미를 던져 주었다는 점에서 마음을 차지하고도 남음이
있다. 짐짓 마음속에 죽음에 대한 두려움을 갖고 있는 여
러 사람들에게 성철 큰스님의 깨달음으로 일관된 삶과 맑
고 고귀한 죽음은 큰 감동을 불러 일으켰던 것이다.

진실로 죽고 싶지 않은 것은 인류 공통의 소망이지만 생
자필멸(生者必滅), 태어나면 언젠가 죽는다는 것은 바로 진
리이다. 그렇지만 누구나 죽는다는 사실을 알면서도 죽음
을 두려워하고 피하고 싶어하는 어리석음을 범한다. 죽음
에 대한 두려움이 지나쳐 공포심으로 까지 확대 된다면 정
신과적 치료를 받아야 할 것이다.

"선생님, 이 나이에 죽긴 정말 싫은데요…."

한 중년 부인은 중년이 될 때까지 계속된 죽음의 공포
때문에 병원 신세를 져온 분이다. 지금 부인이 앓고 있는
병으론 생명을 잃을 걱정은 안해도 된다거나, 죽게 되면
내가 책임을 지겠노라는 터무니없는 약속을 해주어도 말을
들을 때뿐 다시 죽음의 걱정 속에 휩싸인다.

죽으면 어떻게 하나 하는 걱정이 지나쳐서 정신적으로나
신체적으로 이름 붙인 질병을 앓게 되는 것이다. '아무 데
도 아픈 데가 없는데요.' 이 말은 가족들에 의해 병원으로
끌려 왔으면서도 자신의 병적 사고나 감정, 행동 등을 병
이라고 받아 들이지 않는 데서 비롯된 말이다.

중년의 삶과 나의 행복

아무 데도 아픈 데가 없다고 강변하는 이 중년의 환자도 따지고 보면 마음 깊숙이에는 죽음에 대한 공포가 있다. 지나간 선지자와 고승대덕들이 한결같이 인생의 유한함이 뜬구름이 일었다가 스러지는 것과 같다는 것을 반복해서 설파했지만 살아 있는 누구도 그것을 자신의 것으로 받아들이진 않나 보다.

다른 사람은 그런 찰나 같은 인생일지 몰라도 적어도 자신에겐 적용되지 않는다고 믿고 싶은 게 속인들 대다수의 마음이다. 죽음은 타인에게나 있지 자신에겐 없다고 믿는 것이나 죽음이 당장 앞에 와서 그림자를 드리우고 있다고 생각하는 것이나 나타나는 모습은 양극단이지만 그 뿌리는 하나이다.

많은 정신의학자들이 신경증이나 정신증의 뿌리를 연구하면서 도달한 결론 가운데 하나는 인간의 기본적인 불안을 이미 여러 형태로 지적하고 있지만, 자연과학에서의 탐구는 그렇게 오래된 세월이 아니다. "이 나이에 죽긴 싫은데…."하는 절규나 "아픈 데가 없다."고 강변하는 절규 모두가 우리에게 죽음이라는 유한성이 없었다면 나타나지도 않았을 증상들이다.

어느 한 모임에서 겪었던 이야기인데 스승을 모시고 후학들이 회식을 하는 자리였다. 좌중의 이야기가 '죽음'에 이르자 화제가 무거워지기 시작했다. 이 가운데 누가 먼저 죽게 될 것인가 하는 가정적 화제에 이르자 제각기 의견이

분분했다. 나이 40이 넘으면 죽음에는 선후배가 없다는 말이 나왔다. 사실 주변을 살펴봐도 죽음이란 게 꼭 나이 순서대로 가는 것이 아니고 보면 그건 사실이다.

그래도 순리대로 하자면 나이 순서대로 이 세상을 하직하는 게 옳지 않겠는가 하는 반론도 나왔다. 그랬더니 좌중에서 제일 연장자이신 스승이 역정을 내셨다. 오늘 이렇게 즐겁게 초청해 놓고는 나보고 먼저 죽으라는 거냐고. 그러나 대화의 초점은 일반론적인 것이었지 스승이 먼저 돌아가셔야 한다는 논리는 아니었고 보면 이러한 스승의 역정에 모두들 당황해 하지 않을 수 없었다.

“선생님, 선생님은 100살까지 사세요. 그리고 지금 건강하신 걸 보면 100살은 문제가 없겠습니다.” 재치 있는 한 제자가 100살이란 나이를 제안했다. 보통사람은 이르지 못할 나이를 들먹이면서 스승의 역정을 풀어볼 심산이었다.

“그러면 나보고 100살에 죽으란 말인가?”

여전히 역정을 내시는 스승께서 감정을 풀지 못해 되물었다. 도대체 어떤 표현을 쓰면 선생님의 노여움이 풀어질 수 있을까를 물었다.

“100살도 넘어 살아라.” 이런 말로 표현되어야 한다고 일러 주셨다. 물론 그 스승이 인생의 유한함을, 크게는 인생이란 게 뜬구름 같다는 진리를 모르는 분이 아니면서 역정을 내신 건 이성적인 생각과 느끼는 감정이 항상 일치하지 않는다는 것을 설명해 주신 거다. 100살도 더 살라는

중년의 삶과 나의 행복

뜻은 무의식적인 영원에의 희구를 충족시켜 주지만, 100살까지 살라는 뜻은 비록 100살이 고맙긴 하지만 '까지'라는 유한성이 마음에 걸리는 것이다.

성철 스님은 남을 속인 죄업 때문에 만 갈래나 되는 한을 무간지옥에서 풀려고 하지만 속인들은 자신의 생명이 유한함에 한을 품는다. 생각하는 깊이가 다를 뿐 고승대덕도 죽음에 대한 불안이 있긴 마찬가지다. 이 만고에 변하지 않는 순리를 어느 누구도 거역하거나 극복했다는 것을 본 일이 없으니, 우리 또한 그렇게 되리라는 극명한 사실 앞에 거부하거나 굴종함으로써 발버둥쳐 본다.

"지금 우리는 비행기를 타고 있다고 생각하세요. 이 비행기가 고장이 나서 저 아래 바다 한가운데로 떨어집니다. 그러면 우리 모두가 죽습니다. 바다에 떨어질 때까진 10분 정도 걸립니다. 이런 가정하에서 남기고 싶은 유언을 써 보세요." 나는 평생교육원의 40대 학생들에게 진리를 실감시키면서 하고 싶은 말을 적어 보라는 숙제를 낸 적이 있었다. 이런 가정은 물론 실제 상황이 아니기 때문에 깊은 자기 마음과 연계되진 못하지만 그때 쓴 그 말이 가장 자신에겐 긴요한 말임에 틀림없을 것이다.

40대는 죽음에 대해 진지하게 생각할 나이다.

필연의 죽음에서 벗어나려면

"선생님, 불안해요. 가슴이 두근반 세근반하는데요." 금방 죽음이라도 닥칠 것 같은 표정을 지으면서 묻는다.

"무엇이 불안한가요?"

"…" 불안하지만 부인은 정작 무엇이 불안한지 종잡을 수 없다고 했다.

"죽을까봐 겁이 나세요?" 조심스럽게 이런 지적을 해 보면 대개의 환자들은 그게 아니고 그냥 불안하단다. 불안한 것만 없애주면 되겠다고 조른다.

"기분이 좋아 보이는데 무슨 일이 그렇게도 좋으세요?" 요즈음 들어 갑작스레 행동이 과다해지고 재치가 번득이고 유머러스해진 한 부인을 보고 그렇게 물어 보았다. 인생은 한 번 나서 한 번 죽는 것인데 즐겁게 살아야 하지 않겠냐며 되묻는다.

사람들이 이 세상에 와서 살면서 지금까지 불변하는 진

중년의 삶과 나의 행복

리가 있다면 그것은 사람은 나서 죽는다는 것이다. 생명을 가진 모든 생물은 일정한 시간이 지나면 모두 생명이 소멸되어 죽게 된다는 사실이다. 생물의 생명이 없어지는 현상, 즉 죽음을 그토록 주변에서 보고 가슴 아파하지만 정작 그 죽음은 자신과는 그리 가까운 곳에 있다고는 아무도 생각하고 싶어하지 않는다.

이 세상에 죽음만큼 확실한 것은 없는데도 믿으려 하지 않는다. 얼른 생각에 진시황 같은 절대군주도 한 세상을 살면서 원하는 모든 것을 성취했지만 죽음만은 어떻게 해 보지 못했었다. 흔히, 진시황의 불로초를 운운하면서 그의 우둔을 교훈삼지만 그 우둔이 우리 모두의 마음속에 잔존해 있다는 것 또한 사실이다. 죽음은 직면하기 싫은 상황이기 때문에 평소엔 모른 체하고 지낼 뿐이다.

그러나 신경이 조금 예민한 사람은 크게 두 가지 형태로 죽음 인식에 대한 영향을 받는다. 첫째, 불안해진다. 한번 생각해 보라. 한순간인들 마음이 편하겠는가. 몸이 아파 병원을 방문하게 되면 의사로부터 어떤 진단이 내려질까 겁이 난다. 불치의 병이라도 선고받게 되면 죽음에 직면하지 않을 수 없을 것이다. 그러나 이런 병이 아니더라도 이 세상에 나면 생명 있는 모든 생물체는 죽음으로 소멸한다. 병들어 죽으나 늙어 죽으나 죽음이란 피하지 못할 상황인데도 그 두려움을 억압하고 살아간다.

무의식 속에 억압해 둔 이 두려움이 억압의 힘을 밀치고 의식수준에서 지각될 때 인간은 굉장한 두려움을 갖는다. 억압이 실패하면 근본적인 죽음에 대한 두려움에 직면해야 하기 때문에 불안이라는 증상으로 표현된다. 억압이 깨지는 초기 과정에 조차 어떻게든 직면을 피해보고자 하는 안간힘이 불안과 공포라는 증상으로 나타나는 것이다.

이 불안증상은 기본적으로도 확실한 죽음에 대한 두려움이다. 그래서 불안증에 걸리면 죽음을 외면하려는 노력과 언젠가는 닥칠 상황에 대해 지금부터 철저히 걱정함으로써 불안이 가중된다. 불안의 근원이 죽음으로부터 연유되었다는 것을 스스로 인식할 때가 있고 어떤 이는 그로부터 생긴 증상에 매달림으로써 불안 그 자체를 앞세워 손바닥으로 하늘을 가리려고 한다. 모든 불안의 근원은 생명의 소멸, 즉 죽음에 있다.

둘째로는 죽음에 대한 불안을 반대되는 생각, 감정, 행동 등으로 상쇄하거나 이겨 보려는 자세다. 물론 이런 자세도 의식적으로 이루어지는 것이 아니고 무의식적으로 이루어진다. 서두에 사례를 든 것처럼 일생을 즐겁게 지내야 된다는 뜻도 죽음에 대한 불안을 피해 보려는 안간힘으로 해석된다.

불교 경전 속의 일화 한 가지가 생각난다. 외아들을 잃은 한 부인의 슬픔과 아들을 살려 달라는 호소를 듣고 있던 부처님께서 "지금까지 가족 가운데 아무도 죽은 이가 없는 가정을 찾아 쌀을 동냥받아 오면 당신 아들을 살려주겠다."고 약속을 해주셨다. 허겁지겁 온 동네를 찾아 헤매지만 그런 조건에 합당한 가족을 발견하지 못한다. 그래서 아들 잃은 슬픔에 잠겨있는 그 어머니가 스스로 깨닫게 된다는 일화다. 찾아가는 집집마다 어느 한 집도 자기와 같은 슬픔을 당하지 않은 집이 없음을 보고 자식의 죽음을 받아들이게 된 것이다.

우리 정신의학에서 정신이 건강하다는 지표를 현실검증 능력에 두기도 한다. 현실검증 능력은 자아가 주변과의 관계를 올바르게 인식하는 능력을 말한다. 나 자신과 대상과의 있는 그대로를 보태지도 말고 덜지도 말고 인식할 수 있는 능력이야말로 대단한 건강이다. 돌이켜 한번 생각해 보자. 나에게 유리한 것이면 더 보태서, 불리하면 외면하거나 줄여서 지각하는 착각 속에 얼마나 많은 사람들이 살아오고 있는가. 이런 삶이 양식화되어 버린다면 진정 산너머 산일 것이다. '사람은 누구나 나서 죽는다'는 이 확실한 진리 앞에서도 '나는 …'하는 예외를 믿고 싶어하고 그 예외를 실천하기 위해 의식적·무의식적으로 안간힘을 쓰면서 일생을 지낸다.

죽음이 무의식적인 바탕이 되어 보기엔 서로 다른 두 가지 양상, 즉 일생을 걱정하면서 살거나 아니면 자신에겐 죽음이 영원히 없는 것처럼 낙천적으로 철저히 위장하고 사는 것이다. 서양사람의 연구 가운데 홈즈의 사회적응척도를 측정하는 심리검사도구가 있다. 말하자면 우리들이

중년 여성 이야기

일상생활을 하는 가운데 어떤 생활 스트레스가 제일 강할
까. 또 스트레스를 점수화하여 어느 정도 받은 경험이 있
으면 앞으로 질병을 앓을 확률이 얼마나 될까 하는 것을
통계적으로 다루어 만든 검사다.

제일 스트레스를 강하게 받는 생활경험 30가지를 나열했
는데 이 가운데 죽음과 연관된 것이 첫째다. 사별, 살아가
면서 가까운 사람과 죽음에 의해 헤어지는 경험이다. 부모
와 사별하고 배우자와 사별하고 더러는 자식과 사별하는
등 갖가지 사별의 경험이 있다. 하지만 같은 죽음이라도
대상에 따라선 우리 가슴 속에 잠깐의 파문은 일지만 부모
와 사별하는 것과 견주긴 어렵다. 그 검사를 보면 배우자
와의 사별 경험이 가장 스트레스 점수가 높다. 둘째가 자
식과 사별하는 경험, 별거하는 경험 등이 있고 가족 또는
친한 친구의 죽음 등도 앞쪽 서열의 스트레스에 속한다.

우리나라의 경우 죽음이 스트레스 점수가 높긴 해도 그
순서가 자식, 부부, 부모와의 사별로 서양의 통계와는 조금
다르다. 인생의 어떤 시기든 그 시기의 특성대로 위기가
다르지만 중년이 되면 죽음 특히 일생을 무의식 속에 담고
살아온 죽음에 대한 현실검증이 피부에 와 닿게 된다. 가
까운 가족 특히 부모와 또는 배우자와의 사별 경험들을 지
켜 보면서 중년 특유의 경험을 하게 된다.

지금까지 살아온 어느 시기보다 인생의 황금기를 구가하
면서 젊은이에 비해 죽음의 벼랑에 가깝게 서있는 자신을

어느날 문득 의식하게 된다. 이런 의식은 자신에게도 닥칠지 모를 그 죽음을 너무 깊이 받아들인 나머지 불안 속에 휩싸이든지 아니면 어색한 방어로 불안을 이기고자 할 것이다.

초상집에 가서 슬피 우는 문상객을 보고 지었다는 두보의 시 가운데는 조만간에 자신에게 닥칠 죽음을 모르고 남의 죽음만 슬퍼한다고 읊은 게 있다. 사실 남의 죽음을 슬퍼하지만 무의식적으로는 자신의 죽음에 대한 불안이 걸리기 때문에 그렇다.

"사람은 나서 죽는다."라는 불변하고 확실한 진리는 겉으로 모르는 사람이 없다. 가슴으로 받아들이는 사람이 적을 뿐이다. 생로병사의 고통으로부터 자유로울 수 있다는 것이 해탈이 아닌가. 하루 일을 열심히 한 사람은 하루의 잠자리가 편안하듯 일생을 후회없이 산 사람에겐 모르긴 해도 죽음이 평안할 것 같다.

중년 여성 이야기

암공포증

"두려우세요?"

몇마디의 문진 끝에 핵심을 찔러 보았다. 오늘따라 이런 환자가 신환으로 서넛은 지나갔기 때문에 그렇게 짐작하고 물어 보았다.

"선생님, 암이 젊은 나이에도 걸릴 수 있지요?"

사람들은 암에 대한 두려움을 가졌다고 표현하기 이전에 그런 질문을 흔히 한다. 오늘따라 이런 환자들이 외래를 메우는 이유를 살펴보니, 암에 관한 어느 신문의 칼럼을 읽고 찾아오는 경우가 대부분이었다.

인간이 갖는 두려움이 어찌 암 하나뿐이랴만, 근본적으로는 죽음에 대한 공포이다. 두려운 것은 죽음이나 고난이 아니라 고난과 죽음에 대한 공포라고 갈파한 사람도 있다. 사실 죽음 이후의 상황이 우리에게 확실하기만 하다면 어쩌면 두려움은 적어질는지도 모른다. 죽음 이후의 불확실

중년의 삶과 나의 행복

성 때문에 많은 사람들이 두려워하고 그 두려움의 늪에서 헤어나지 못한다.

암뿐만 아니라 일련의 두려움을 주증상으로 하는 질병 가운데 정신과에서 치료하고 있는 질병이 몇 가지 있다. 넓게는 신경증이라고 불리우는 것으로 일반에게는 노이로제나 신경쇠약 또는 신경성이란 말로 통용되는 그런 질병이 있다.

질병에 대한 불안은 정도의 차이는 있겠지만, 누구에게나 실제로 존재하는 불안이다. 불안의 정도가 심하여 공포나 공황상태를 유발하는 경우도 있고 비현실적인 반응으로 불안을 은폐하는 증상이 나타나기도 한다. 이런 모든 외견상 각기 다른 증상의 표현도 기실은 불안이 뿌리가 된다.

편의상 불안이라면 막연하지만 자신에게 불행이 닥칠 것 같은 지나친 걱정을 말하는 것이라고, 공포는 그에 대한 뚜렷한 대상이 있다. '무엇이 두렵다'라는 뚜렷하고 명확한 대상을 지니는 것이 공포이다. 가령 임상적으로 막연하게 죽을 것 같은 느낌이 든다면 이는 불안이라고 표현하고 암에 걸렸다는 구체적인 불안이 있다면 암에 대한 공포라고 표현한다. 불안이나 공포 모두 실제보다 막연하고 불확실할 때가 더 많다.

오늘날에는 의학이 많이 발달하고 의학에 관한 정보가 대중화되어 누구나 쉽게 접할 수 있게 되었다. 이런 정보의 과다는 의학적인 바탕이 적은 일반인에게는 잘못 전해

중년 여성 이야기

지거나 혹은 올바르게 전해졌다고 하더라도 보고 듣는 사람의 혼돈으로 잘못 이해하는 경우도 얼마든지 있다. 암에 대한 불안과 공포는 근간에 와서 많아지고 있는 추세다.

질병 가운데 어떤 질병은 고통스럽긴 하지만 치유가 되는 것이 있고 그런가 하면 어떤 질병은 생명과 직결되는 질병도 있다. 암이라는 것이 일반인에게 알려진 바로는 생명과 직결되는 것으로 이해되어지고 있기 때문에 불안과 공포와도 무관하지 않다.

그러면 이렇게 치명적이라고 하는 암에 대해 좀더 자세히 알아 보자.

암에는 양성적인 암이 있고 전이되는 악성암이 있는데, 일반인은 암이라 하면 모두 악성 종양인 것으로 이해한다. 암에 대한 공포를 크게는 두 가지로 나누어 생각할 수가 있다. 하나는 실제 진단 결과 어떤 종류의 암이 발생했다는 진단을 받을 수가 있는데, 이때 자신의 병이 불치가 아닐까 하는 불안과 공포를 갖는다. 이런 경우의 불안과 공포는 실제의 질병에 대한 반응으로 이때도 물론 정도의 차이는 있다. 불안과 공포를 실제에 적응하여 적극적인 치료로 대응하는 사람이 있는가 하면, 그 불안과 공포를 위장하는 증상에 매달려 또다른 고통을 받는 사람도 있다.

다른 하나는 실제로는 암에 걸려 있지 않은데도 불구하고 자신이 암에, 그것도 불치의 암에 걸렸다고 지레 짐작함으로써 공포 속에 헤맨다. 병원에서 모든 검사를 통해 암과는 무관하다는 진단을 받지만, 자신은 그것을 믿지 않으려고 한다. 대개의 환자는 자신을 진찰한 의사가 미숙하거나 진단에 사용한 기구가 성능이 좋지 못해 발견하지 못한 것으로 생각하여 다른 병원을 전전하게 된다. 암이 아니라는 진단이 환자의 불안과 공포를 씻어주기엔 미흡하다.

"암이 아니에요? 그러면 머리는 왜 아파요?"

보통은 자신이 불안해 하던 암이 아니라는 진단을 받으면 좋아한다. 이젠 살았구나 하는 안도감이 있지만 암에 대한 공포증 환자는 꼭 자신이 암환자임을 확인받아야 할 사람처럼 주장한다. 이는 암에 대한 불안 때문에 진단하는 의사가 놓치면 어떻게 하나 하는 데 대한 반응이다. 대부분 이런 환자는 실제로는 암이 아닌데도 불구하고 암이라고 지레 짐작했거나 암에 걸렸다는 전제를 확고히 믿고 그렇게 행동한다.

대개 신체적인 확진이 없는데도 불구하고 암에 대해 지나치게 예민한 반응을 보이는 것으로는 불안 반응이 있고 강박증을 보이는 환자도 있다. 암에 대해 걱정하는 자신의 생각이 잘못된 것임을 알지만 그것을 떨쳐 버릴 수가 없다. 검진을 반복하는 환자들이 대개 이에 속한다. 검진 받을 때는 없었지만 그 이후에 발생할 수도 있지 않은가. 이런 기우 때문에 이를 핑계삼아 다시 검진을 해야 안심할 수가 있다.

중년 여성 이야기

공포장애라고 부르는 의학적인 원래의 뜻은 불안 발작으로 괴로워하는 만성적인 염려감이 있는 사람에게 잘 나타난다. 실제의 더 큰 두려움을 은폐하기 위해 보다 수월한 공포에 매달리는 기전을 갖고 있다. 그러므로 공포반응은 특정한 생각이나 사물 또는 일상적인 상황으로부터 불안을 분리시키고 그와 연관되는 사항, 생각에로 특이한 신경증적 두려움을 전치시키는 것이다. 때로는 건강염려증이란 진단도 받게 된다.

이는 개인의 건강이나 기관에 대한 강박적인 집착 또는 개인적인 관심이 특징을 이룬다. 환자는 자신이 지목한 기관이나 신체장기에 질병이 있다고 호소한다. 특히 치유가 불가능한 암과 같은 질병이 있다고 믿고 있다. 사실이 아닌 일을 사실이라고 믿기 때문에 망상에 가깝다. 아주 사소하고 보통은 그냥 스쳐 지나갈 신체적인 변화도 암과 연관시켜 자신이 암이란 것을 증명하려고 든다.

어쨌든 불안신경증, 강박신경증 또는 공포장애 아니면 건강염려증 등 다양한 이름으로 진단을 받게 되는 독자가 있다면 일단 자신의 염려가 지나쳐 강박 상태에 와 있다는 것을 인식해야 한다. 전반적으로 불안이나 공포 또는 건강염려증과 같은 증상들은 여성에게서 더 많이 볼 수 있는데 남성에 비해 거의 배에 가깝다.

특히 중년에 이르면 주변에서 암으로 사망하게 되는 이웃을 직접 목격하게 되는 경우가 빈번해짐으로써 '남의 일

중년의 삶과 나의 행복

만은 아니구나'하는 불안상황에 이르게 되고, 한 개인이 스트레스나 좌절 그리고 갈등상황과 같은 어려운 상황에 부딪쳤을 때 쉽게 불안과 공포에 빠지게 된다.

이런 주변의 환자에게 충고를 줄 때는 병원에서 진찰을 철저히 받아보도록 권하는 것보다는 우선 그 검사가 철저하고 정밀하다는 것을 믿도록 권고해야 한다.

꿈, 내면 세계의 거울

꿈은 꿈일 뿐이다. 그러나 그 꿈은 자세히 곱씹어 보면 그 꿈이 자신에게 들려 주고자 하는 말이 숨어 있지만 사람들은 바로 그 자신에게 해 주는 말을 알아듣지 못하는 경우가 있다.

"돼지꿈을 꾸었는데 복권에 당첨되려나?"하고 낙천적인 경험을 표현하는 사람이 있는가 하면, "죽은 사람이 보이던데…."하고 불편한 심기를 나타내는 환자들도 많다. 대개 중년이나 갱년기가 되면 어릴 때에 비해 난해하고 뒤숭숭한 꿈을 많이 꾸게 된다. 지금까지 알려진 것으로는 스트레스나 개인의 욕망과 연관된 것이라는 연구가 많은데, 앞으로 뇌의 연구가 발전하여 뇌를 시각적으로 객관화시켜 볼 수 있는 장치까지 만들어 낸다면 자신이 꾸는 꿈을 녹화(?)해 두었다가 의식상태에서 되돌려 볼 수 있는 세월도 오지 않을까 두렵다.

학자들에 의하면 '꿈'이란 말의 어원을 '말'과 같은 의미에서 찾고 있는 것은 대단히 재미있다. 소위 '신이 보여주는 말'로 생각했던 것인데 이를 증명이라도 하듯 그리스에 남아 있는 여러 유적 가운데는 재미있는 것이 있다. 원통형의 미로를 몇 바퀴 돌게 한 후 낮잠을 재우면 그 환자의 꿈에 의신 아스크레피우스가 나타나 어떻게 어떻게 치료하라는 말을 일러 준다. 이런 꿈을 꾼 환자가 신의 말대로 이행을 하면 낫는다고 믿었으며 그 당시 치료방법이 유행했다.

우선 과학적이고 의학적인 체계에서 꿈의 연구를 시작한 것은 아마도 프로이드의 '꿈의 해석'이란 책이 나오면서부터 효시를 이룬 게 아닌가 싶다. 그 이전에 생각한 꿈은 동서양을 막론하고 표현은 다르지만 '신의 말'로 이해했던 흔적이 있고 심지어는 사람이 잠을 잘 때 코로 영혼이 빠져나가 독자적으로 행동하는 것이 꿈이라고 인식되었던 시절도 있었다. 신의 말이든 아니면 상징이나 응축된 내용이든 같은 꿈의 내용이라도 반드시 같은 '말'을 담고 있지는 않다. 가령 돼지꿈을 꾸었다고 해서 돼지꿈을 꾼 모든 사람들이 복권에 당첨되거나 횡재를 하는 것은 아니다.

꿈이 뒤숭숭하다고 해서 모두 죽을 꿈인 것만도 아니다. 말하자면 꿈의 보편적인 상징성보다는 그 개인이 갖고 있고 개인에게서만 의미가 있는 상징성이 더욱 중요하다는 뜻이다. 같은 내용의 꿈을 정반대로 해석한 유명한 꿈 이

중년 여성 이야기

야기 하나가 『삼국유사』에 실려 있는 게 있다.

신라 12대 원성왕이 왕이 되기 이전에 이런 꿈을 꾸었다. 꿈에 머리에 쓴 복두를 벗고 소립을 바꾸어 쓰고 열두 현금을 들고 천관사 우물로 들어 가는 그런 꿈을 꾸었다. 한 점성가는 죽을 꿈이라고 풀이했다. 복두를 벗는다는 것은 실직할 징조고 우물 속에 들어간 것은 옥에 갇힐 징조라고 했다.

그러나 다른 점성가는 복두를 벗은 것은 위에 아무도 없다는 상징이고, 소립을 쓴 것은 면류관을 쓸 징조요, 열두 현금을 탄 것은 곧 12대 왕위에 오를 것과, 우물에 들어간 것은 궁궐로 입궐할 꿈이라고 해몽했다.

상징의 추상적인 해몽을 놓고 보면 둘다 그럴싸한 추리이긴 하지만 결과적으로는 후자의 해몽이 맞았는데, 이는 원성왕이 처해 있던 당시의 주변 사정을 염두에 두었다면 쉽게 이해가 가는 해몽들이다. 어쨌든 꿈의 해몽은 응축된 상징만을 모든 꿈꾼 이에게 적용할 수 있는 것이 못된다는 뜻이다. 개인이 꾸는 꿈은 그 개인이 지니는 독특한 무의식과 관계가 있기 때문에 나타나는 꿈과 보편성과는 상반된다.

우선 꿈을 이해하기 위해 몇 가지 설명이 필요하다. 흔히 꿈이라고 하면 잠자는 동안에 생시처럼 행동하거나 말하는 일체를 두고 말하는데 사실 꿈은 그것만이 아니다. 우리가 흔히 꾸는 꿈은 '나타나는 꿈'이라고 부른다. 잠을 자면서도 의식수준에 가깝게 떠오르는 사건의 내용을 '나타나는 꿈'이라고 한다.

　그렇다면 나타나지 않고 원형으로 잠재되어 있는 소위 원자에 가까운 것도 있다. 꿈으로 나타나지 않았지만 언제든 꿈으로 나타날 수 있는 잠재력이 있기 때문에 이를 '잠재되어 있는 꿈'이라고 부른다. 잠재되어 있는 꿈은 우리가 꿈속에서 현상으로 볼 수가 없다. 볼 수 없는 것을 보도록 만들자면 잠재된 꿈을 일깨워 보여지는 꿈 즉 '나타나는 꿈'으로 바뀌어야 한다. 이 바뀌는 과정을 '꿈의 작업'이라고 부르는데 여기에도 상당한 에너지가 필요하다.

　그래서 나타나는 꿈, 잠재되어 있는 꿈의 원형, 그리고 잠재물을 현재 몸으로 바꾸는 꿈의 작업, 이 세 가지 모두를 합하여 꿈이라고 부른다. 꿈은 쉽게 말하면 세 가지의 말을 전해 준다.

　옛날에 생각했듯이 꿈은 신의 말이 아니라 바로 자기 자신의 무의식이 자신에게 해 주는 언어이다. 그렇다면 왜 하필 깨어 있을 때 해 주지 않고 잠잘 때 알아듣기 어려운 상징으로 말을 해주는 것일까. 첫째로 꿈은 자신의 주변 환경과의 관계와 연관하여 꾼다. 추운 곳에서 잠을 자면 눈속이나 빙판길을 걷는 것과 같은 꿈을 꾸게 되고, 배가 고파 잠이 들면 꿈에 게걸스럽게 음식을 포식하는 꿈도 꾼다. 비교적 꿈과 자기 주변의 현실을 쉽게 연관시켜 해석할 수가 있는데 이는 대개 개인의 생리적인 욕구와 관계가 많다.

두번째로는 개인의 과거 경험이 재생되는 것이다. 인간은 지금까지 살아 오면서 경험된 결과가 무의식 속에 입력되어 잠재되어 있기 때문에 유사한 자극을 낮에 받으면 과거의 경험이 재생되는 꿈을 꾼다. "낮에 그 친구를 봤더니 꿈에…." 그런 상관성을 조금만 염두에 두면 쉽게 해몽된다.

가장 어려운 것이 자신이 생각해도 얼토당토 않은 꿈의 내용이고 또 도무지 뜻을 헤아리기가 어려운 난해한 꿈을 꿀 때가 많다. 이런 꿈의 대부분은 인간의 무의식적인 본능과 관계가 있고 특히 성적 본능과 관계가 깊다고 연구되어지고 있다. 의식수준에선 성을 약속된 문명수준으로 억압하고 지내지만 꿈에서는 억압의 기능이 완화되기 때문에 이 성적 본능을 상징적으로 꿈을 통해 충족한다.

꿈이 난해한 이유는 꿈속에서도 문명의 영향을 받아 도덕적인 검열을 하기 때문에 이해하기 어렵다. 마치 가위질을 많이 당한 한편의 영화를 보는 것처럼 앞뒤 연결이 잘 안되니 해몽이 어려울 수밖에 없다. 그러나 그런 꿈일수록 무의식적 성과 연관이 깊다는 것을 생각하면 중년이나 갱년기의 여성에게 뒤숭숭한 꿈이 많다는 것은 쉽게 이해할 수 있을 것이다.

사람에 따라서 난해의 정도가 다른 것은 오직 자신이 꿈속에서 성을 도덕적으로 어느 수준까지 허용해 주느냐에

달려 있다. 꿈을 지나치게 도덕적으로 꾸는 주부는 정신건
강에 문제가 있다.

도서출판 한강수는 인간심성의 아름다운
면을 찾아 드러냅니다.
밝고 긍정적으로 다가올 미래를 향해
한 발 앞서 맞는 자세를 견지합니다.
도서출판 한강수는 쉬지 않고 흐르는
강물처럼 사람과 사람의 가슴을 흐르며
두둥실 넘쳐나는 감동의 잔잔한
물결이 될 것입니다.

遊 ― 선의 그림 선의 시

김남희 편저

선(禪)은 불교의 본 고장인 인도보다도 동양에서
그 빛을 발하였다. 이 책은 동양 삼국인 중국, 한
국, 일본의 대표적인 화가, 작가, 선승들이 선의
경지를 노래한 시와 그림의 모음집이다.

　소음어는 버리고 절제된 언어로 노래한 詩와 불
립문자(不立文字)의 세계를 먹과 여백의 조화로
표현한 수묵화가 禪畫一味의 경지를 펼쳐 보이고
있다.

　메말라가는 현대인들에게 이 한 권의 책『遊』
를 권하고 싶다. 유유자적한 禪의 세계가 갈피마다
배어있는『遊』는 지친 현대인들의 생활 속에 여유
로운 삶의 윤활유가 되어 줄 것이다.
＊신국판/222면/값 4,000원

행복은 어디에서 오는가

도체 夫婦 지음/혜전 스님 옮김

이 책에서는 개인의 의식을 바꿈으로써 개인에게
주어진 운명을 바꿀 수 있다는 점을 일관되게 주장
하고 있다. 가령 의식을 어느 일정한 방향으로 신
념하고 있다고 할 때, 그 일은 그 사람이 의도하는
방향으로 반드시 도달한다고 하는 것이다. 세계 도
처에서 발생하는　불가사의(不可思議)라는 이름
의 물질중심의 사고로는 풀리지 않는 문제들이, 이
책에서는 사람들의 신념과 마음의 작용을 설명함
으로써 간단히 풀려나간다.

　이 책은 미국에서 처음 간행되고 수십 년이 지난
오늘까지도 지은이 부부에게 독자들의 감사 편지

가 쇄도하고 있다고 한다. 심지어 잘 알려진 『갈매기의 꿈』이나 『베스트 프렌드』 등의 베스트셀러는 바로 이 책을 읽음으로써 얻은 영감에 기인했다고 전해지고 있기도 하다.

＊신국판/208면/값 4,500원

사막을 건너는 사람은 별을 사랑해야 한다

이재운 지음

작가 이재운의 『소설 토정비결』을 능가하는 또 하나의 역작!

작가는 대승 불교의 대표적인 경전 화엄경 입법계품에서 얻은 소설의 모티브를 비슷한 작업을 한 어느 누구보다도 감성적이고 아름답게 살려나가고 있으며, 주인공 도담동자의 눈을 통해 드러내는 삶의 예지를 작중에서 한껏 따사롭게 빛내고 있다.

특히, 쌩떽쥐뻬리의 어린왕자가 서양적 과학성과 성서적인 세계관에 기반하고 있는 '고독한 동심'의 표현이라 한다면 이 소설은 범 동양적인 세계관과 그 인간상을 기반으로 한 진취적이고 긍정적인 동심의 모습을 그려내고 있다고 볼 수 있다.

＊신국판/176면/값 4,000원

목불을 태워 사리나 얻어볼까

이재운 지음

부처님 이후 현대의 우리나라에 이르기까지 면면히 이어 내려오는 선불교(禪佛敎)의 전통은 그 자체가 바로 가장 소중하고 가장 오래된 인류정신 사상사의 정수이자 금자탑이다.

이 책은 『소설 토정비결』의 작가 이재운이 끊이지 않고 도도히 이어 흐르는 선(禪)의 전통을 오도송·열반게를 중심으로 쉽고 재미있는 이야기로 재구성한 것이다.

동양사상의 확대된 저변을 이루고 있는 선(禪). 이 선사상의 심오한 깊이와 광대한 넓이를 이 한 권의 책은 응집력 있게 담아내고 있다.

＊신국판/300면/값 4,500원

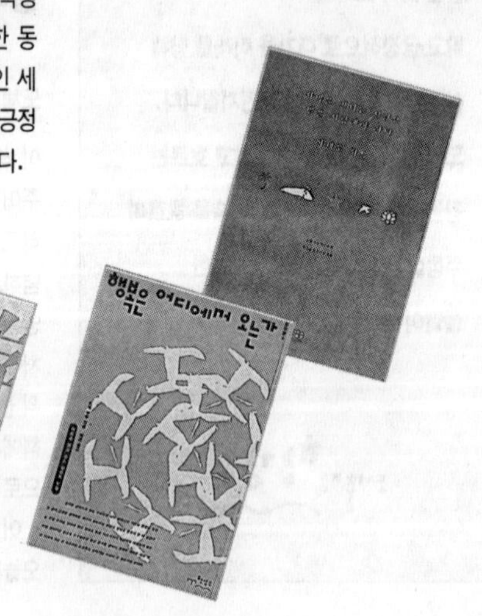

이판사판 야단법석

안길모 지음

우리들 일상생활 속에서 별다른 뜻없이 그냥 쓰여지고 있는 불교용어들을 마치 수필을 써내려가듯 쉽고도 재미있게 풀어 써내려간 이 책은 불교에 대한 폭넓은 이해와 그동안 우리가 어렵게만 느껴왔던 불교를 알기 쉽게 접근해갈 수 있는 좋은 길잡이가 될 것이다.

"불교에서 나온 말 알고나 쓰자."라는 취지 하에 쓰여진 이 책은 저자 안길모 씨의 해박한 불교 지식과 이해와 삶의 철학이 돋보이는 책이기도 하다.

* 신국판/466면/값 8,000원

양치는 성자 상, 하

백운 지음

서산대사의 의발을 전수받은 편양언기(鞭羊彦機) 선사의 일대기!

옛부터 평양근교에서는 3대 신화가 전해 온다고 한다. 그 첫째는 단군신화요, 둘째는 기자신화며, 셋째는 바로 편양 선사를 지칭하는 '이 먹고 노장' 신화라 한다.

'이 먹고'는 시심마(是甚麼) 즉 '이것이 무엇인고?'를 뜻하는 '이 뭣고'가 민초들의 입과 입으로 전해지며 와전된 것으로 매양 '이 뭣고, 이 뭣고'라고 읊고 다니던 편양 선사의 보림(保任) 행적을 보며 사람들이 부르게 된 별호이다.

편양 선사는 깨달음을 증득한 후 오랫 동안의 보림기간을 통해 양지기와 거지왕초로 수많은 사람들의 가슴속에 새겨지는 자비행을 실천하였으며 이후 금강산과 묘향산에서 많은 수법제자를 길러 오늘날 승려들의 90% 이상이 선사의 문도가 되게끔 했다.

* 신국판/각권 302면, 275면/값 각권 5,000원

중년 여성 이야기

1994년 6월 16일 초판인쇄
1994년 6월 23일 초판 발행

지은이/이근후
펴낸이/고병완
펴낸곳/도서출판 한강수

138−190 서울 송파구 석촌동 157−2
대표전화 421・3161
팩시밀리 420・3400
ISBN 89−85411−56−X
등록번호 제 22−133호(1992. 10. 27)

※ 잘못된 책은 바꾸어 드립니다.
값 5,500원